ESPRIT

DE

LA JURISPRUDENCE

INÉDITE

DU CONSEIL D'ÉTAT

SOUS LE CONSULAT ET L'EMPIRE.

TOME Ier.

IMPRIMERIE DE GUIRAUDET,
RUE SAINT-HONORÉ, N° 315.

ESPRIT

DE

LA JURISPRUDENCE

INÉDITE

DU CONSEIL D'ÉTAT

SOUS LE CONSULAT ET L'EMPIRE,

EN MATIÈRE D'ÉMIGRATION, DE DÉPORTATION,
DE REMBOURSEMENTS,
DE DOMAINES NATIONAUX, ETC.

PAR

Ed. Petit des Rochettes,

AVOCAT.

TOME PREMIER.

PARIS,

CHARLES-BÉCHET, LIBRAIRE,

ÉDITEUR DES OUVRAGES DE MM. CARRÉ, DUVERGIER, ETC.,

QUAI DES AUGUSTINS, N° 57.

1827.

L'intelligence du texte des lois politiques et administratives rendues pendant le cours de la révolution, sur des matières d'exception, ne suffit pas toujours.

Le complément de ces lois, c'est la jurisprudence intermédiaire. Trop souvent on a vu cette jurisprudence, travaillée par les caprices du pouvoir, se subroger de vive force à la loi; l'expliquer ou la suppléer; l'étendre ou la resserrer; la corriger ou la vicier; imposer aux juges ses interprétations; conclure du particulier au général, et se faire règle; enfin, se teindre des différentes couleurs d'opinions que parcouraient ces gouvernements éphémères dans les phases de leur existence.

Sous ce rapport, l'étude des lois d'exception, et surtout de leur jurisprudence, importe même aux historiens. Dans nos temps modernes, l'histoire des peuples est celle de leurs lois. Malheureusement nos historiens ne considèrent guère que le côté dramatique des événements. Ils savent les effets sans savoir les causes; ils ne connaissent pas assez le fond de la constitution du corps politique, et les lois qui, comme autant d'organes, le servent et le mettent en mouvement.

Parmi les lois politiques de la révolution, celles

qui veulent le plus être étudiées sont relatives à l'émigration et aux domaines nationaux.

En effet, ces lois ont changé la face de nos mœurs, de nos habitudes, et même de notre territoire. Elles ont, en maintenant les confiscations, engendré l'indemnité, et, par un étonnant renversement de choses, rendu le peuple propriétaire et la noblesse capitaliste. Elles ont fondé les droits nouveaux de plusieurs millions de Français; elles ont réglé les transactions des familles, soit avec leurs membres régnicoles ou amnistiés, soit avec l'état. Leur prodigieuse influence, qui, à la fois, a fait trembler et a raffermi le sol de la France, se fera sentir à l'infini, et survivra peut-être de plusieurs siècles à leur application. Mais cette application, renouvelée par la loi du 27 avril 1825, sera long-temps vivante. Elle est donc encore aujourd'hui un objet très digne d'attention.

D'abord livrée à l'instruction des bureaux du ministre des finances, sous la convention et sous le directoire exécutif, l'application de ces lois en fut retirée quand le gouvernement consulaire s'établit. On créa, pour l'examen de ces sortes d'affaires, un département spécial des domaines nationaux. Les projets de décisions préparés par ce département, que surveillait un conseiller d'état, étaient par lui soumis à la section des finances, puis lus dans l'assemblée des sections réunies, et convertis en arrêtés ou décrets, après leur adoption par le conseil d'état.

Sans doute l'instruction de ces affaires ne suivait pas la marche régulière qu'a prise la commission du contentieux, depuis qu'un collége d'avocats instruits fut chargé de la défense des parties, et que le règlement du 22 juillet 1806 eut emprunté aux tribunaux les formes plus rassurantes de leur procédure.

Nous ajouterons que l'esprit de fiscalité domine avec trop de sécheresse dans plusieurs de ces décisions ; que d'autres respirent beaucoup trop de rigueur ; que plusieurs ont fait une fausse application des lois et des règlements.

Enfin, on doit dire que la délibération du conseil d'état était de pure forme, et n'offrait pas la garantie d'une nouvel et mûr examen, puisque ces nombreuses décisions, lues rapidement, passaient presque inaperçues et sans débat à travers la multitude de lois et d'affaires générales dont le conseil d'état était surchargé.

C'était aussi un autre vice de ces décisions de n'être presque jamais motivées, quoiqu'elles constituassent de véritables jugements.

Telles sont les principales irrégularités de cette jurisprudence intermédiaire.

Mais, d'un autre côté, il faut reconnaître que cette jurisprudence ne manque pas de conformité, et que la chaîne des mêmes principes en unit assez bien toutes les parties ; que les défendeurs étaient toujours avertis, par la voie des communications administratives, de présenter leurs moyens et les pièces à l'appui ; que les rapports préparatoires en contenaient la sincère analyse ; que les décisions du ministre des finances, les arrêtés des préfets et ceux des conseils de préfecture, étaient transcrits dans ces rapports, et visés dans les projets : et qu'ainsi, la section des finances avait sous les yeux les éléments suffisants de sa détermination.

Que si le conseil d'état ne donnait qu'une attention fugitive à la lecture rapide de ces décrets, il ne faut pas oublier que le comité du contentieux, dans le cours de la première restauration, ne portait pas même ses projets d'arrêts au conseil d'état.

Enfin, si la jurisprudence de ces decrets est quelquefois arbitraire, c'est qu'indépendamment de ce que les matières d'exception y prêtent toujours par leur propre nature, elle fléchissait ici sous les inspirations politiques du gouvernement.

Si elle est fiscale et dure, c'est qu'elle n'exécutait que trop fidèlement les prescriptions de lois dures et fiscales.

Certes, si le passé nous appartenait, c'est de toute notre indignation et de toutes nos forces que nous repousserions le principe barbare et insensé de la confiscation, sur lequel cette jurisprudence repose. Mais nous n'avions pas à la reconstruire : nous avons dû nous borner à l'exposer telle que les décrets l'ont faite.

C'est un spectacle curieux d'envisager avec attention la jurisprudence de cette longue époque.

Elle a suivi de plus près la promulgation des lois révolutionnaires, et, par conséquent, elle a dû mieux connaître leur véritable sens, et c'est sous ce rapport que le jurisconsulte doit la considérer.

Émanée du gouvernement lui-même, elle a dû réfléchir les secrets et la mobilité flottante de ses pensées, et c'est sous ce rapport que les historiens peuvent l'étudier.

Elle a confirmé tous les droits acquis, et, sous ce rapport, elle intéresse la classe nombreuse des acquéreurs de biens nationaux, ainsi que les parents et les femmes, les créanciers et les débiteurs des émigrés, des condamnés à mort et des déportés.

Elle a dirigé dans leurs solutions les préfets, les conseils de préfecture et le ministère des finances, et, sous ce rapport, les administrateurs y puiseront des instructions utiles et variées.

Enfin elle est restée enfouie dans les archives du ministère, et, sous ce rapport, c'était une lacune indispensable à combler dans les fastes de la jurisprudence administrative, qui va s'enrichir d'une multitude de précédents inédits.

M. le vicomte de Cormenin avait rassemblé les matériaux de cet immense travail, qui n'est que la conférence analytique et raisonnée de plus de quatre mille décisions.

Il le destinait à servir de commentaire aux matières qu'il a traitées, sous des titres correspondants, dans ses *Questions de droit administratif.* (1)

Mais il reconnut bientôt qu'un tel commentaire dépasserait les proportions rigoureuses de son livre, et il m'a abandonné ces matériaux, que j'ai refondus et distribués dans un ordre méthodique et sous la forme de questions.

La solution de toutes ces questions de droit administratif s'appuie toujours sur des arrêtés du gouvernement consulaire ou sur des décrets impériaux.

Considérés comme jugements, ces arrêtés et décrets ont, entre les parties, force de loi. (2)

Considérés comme jurisprudence, ils n'empruntent leur autorité que de leur nombre et de leur concordance.

Lorsqu'ils sont isolés, ils ne tirent nécessairement leur puissance que de leur conformité à la loi.

---

(1) *V. Questions de droit administratif,* 3ᵉ éd., aux mots *Domaines nationaux, Émigrés,* et *Remboursements.*

(2) « Considérant qu'avant le règlement du 23 février « 1811, les décrets rendus par le chef du gouvernement, en « matière de domaines nationaux, n'étaient susceptibles d'au- « cun recours par la voie contentieuse, et qu'ils sont du nom- « bre des actes maintenus par l'art. 1ᵉʳ de la loi du 5 décem- « bre 1814. »

V. ord. du 6 septembre 1825. — *Recueil des arrêts du conseil,* par *M. Macarel,* tom. 7, pag. 570.

Mais lorsqu'ils reproduisent le même principe à des époques différentes, on peut les regarder comme l'expression véritable de ces lois d'exception.

Quelquefois je les ai analysés et rassemblés en un faisceau, pour mieux faire sentir la force de leurs déductions.

Quelquefois j'ai suivi et marqué, à traits rapides, les variations de la jurisprudence.

Il n'y a pas un seul des *considérants* de ces décisions souveraines dont je n'aie reproduit littéralement le texte *inédit*.

Malheureusement plus des trois quarts de ces arrêtés et décrets ne sont pas motivés. Il a donc fallu recourir à des conférences très laborieuses et très ardues, pour retrouver et exprimer le motif véritable, quoique omis, de chaque décision.

Mais, si je n'ai rien voulu retrancher d'essentiel, je n'ai rien voulu ajouter de superflu. J'ai élagué toutes les surabondances de citations, de raisonnements et de faits, pour ne présenter que la *question*, le *débat* et la *solution*, d'une manière brève, abstraite et substantielle.

C'est, en un mot, l'esprit de la jurisprudence *intermédiaire*.

ESPRIT

DE

LA JURISPRUDENCE

INÉDITE

DU CONSEIL D'ÉTAT

SOUS LE CONSULAT ET L'EMPIRE.

TITRE PREMIER.

DES ÉMIGRÉS.

DIVISION DE LA MATIÈRE.

Nous n'avons point à considérer l'émigration sous le rapport des lois pénales qui ont frappé la personne des émigrés. Nous ne l'envisagerons ici que quant aux biens et dans les relations que la mort civile a établies entre l'émigré et l'état, la famille, les tiers.

I. En ce qui regarde l'état,

L'émigré doit être considéré comme inscrit sur les listes d'émigration. Il faut donc voir quelles étaient les conséquences immédiates de cette inscription ou des mesures qui en tenaient lieu, c'est-à-dire les caractéres et les effets généraux de la prévention d'émigration et du séquestre.

L'émigré doit ensuite être considéré comme radié, éliminé, amnistié. Il faut donc exposer quelles conditions et restrictions ont été mises à cette radiation, élimination, amnistie; ce qui comprend les prohibitions de restituer les fruits et revenus, les affectations à des hospices, à la Légion-d'Honneur, à la caisse d'amortissement et aux autres établissemens publics; les réserves de bois inaliénables et autres objets, les transferts de rentes, et les retenues de biens de successions échues pendant la mort civile.

II. En ce qui regarde la famille,

L'émigré doit être considéré comme fils, ce qui a engendré les partages de présuccession;

Comme père ou frère, ce qui comprend les questions relatives au tiers coutumier, aux dots et aux légitimes;

Comme époux, ce qui a rapport aux reprises, douaires, répétitions de dots et autres créances matrimoniales exercées par les femmes;

Comme héritier, soit direct, soit collatéral, ce qui embrasse les questions relatives aux partages de successions.

III. En ce qui regarde les tiers,

L'émigré doit être considéré comme créancier, ce qui a rapport à l'extinction et au paiement de ses créances par voie de confusion, compensation, remboursement, aux usufruits et rentes viagères qui lui appartenaient;

Comme débiteur, ce qui a rapport à la reconnaissance, à la liquidation et au paiement des dettes dont il était grevé et à leur extinction par confusion ou compensation;

Comme vendeur, testateur, ou donateur, ou bailleur, ce qui a rapport à la validité des actes faits par lui avant ou depuis la mort civile;

Comme copropriétaire, ce qui a rapport aux partages et aliénations de biens indivis ;

Enfin comme mort civil représenté par l'état, ce qui a rapport aux actes passés pendant son absence entre l'état et des tiers.

C'est d'après ce plan et dans cet ordre que nous avons distribué en dix-sept sections toute la matière de l'émigration, telle qu'elle a été travaillée par la jurisprudence du conseil d'état, et que nous allons examiner successivement :

1° La compétence des autorités ;

2° Les effets généraux du séquestre ;

3° Les restitutions de fruits ;

4° Les affectations de biens aux hospices, à la Légion-d'Honneur, etc. ;

5° Les réserves de bois inaliénables et autres biens ;

6° Les transferts de rentes ;

7° La retenue des biens de succession ou d'échute ;

8° Les partages de présuccession ;

9° Les tiers coutumier, dots et légitimes ;

10° Les actions et reprises des femmes ;

11° Les partages de successions ;

12° Les effets de la compensation et de la confusion, à l'égard des émigrés, soit créanciers, soit débiteurs ;

13° Les usufruits et rentes viagères ;

14° La nature et l'étendue des droits des créanciers d'émigrés ;

15° La valeur des actes et dispositions faites par des émigrés, soit avant, soit depuis la mort civile ;

16° Les droits des copropriétaires régnicoles ;

17° L'irrévocabilité des actes antérieurs à l'amnistie.

SECTION PREMIÈRE.

DE LA COMPÉTENCE DES AUTORITÉS.

QUESTION UNIQUE. — *Quelles étaient, en matière d'émigration, les règles de la compétence quant aux personnes et aux biens des émigrés.*

Les lois de la révolution avaient ordonné que les personnes des émigrés seraient inscrites, jugées et rayées par l'autorité administrative, et que leurs biens seraient régis, vendus et liquidés par elle.

De cette double juridiction sur les personnes et sur les choses on a conclu que l'autorité administrative devait se ressaisir sur les tribunaux, par la voie du conflit,

1° De toutes difficultés sur les préventions, inscriptions et radiations de noms, et sur les faits et actes qui constituaient l'émigration ; (1)

2° De toutes contestations relatives à la validité, à l'étendue et aux effets du séquestre national ; (2)

3° Des actions en prélèvement de douaire ou en remploi des fonds dotaux aliénés, du consentement de la femme, et généralement de la liquidation des avantages matrimoniaux et reprises quelconques de femmes d'émigrés ; (3)

---

(1) Arr. des 27, *id.* messidor an 8.

(2) Lois des 28 mars, 25 juillet 1793, art. 16, — 1er floréal an 3, — 24 frimaire an 6, — 27 messidor an 8 ; — Arr. des 23, *id.* frimaire, 6 floréal an 10.

(3) On se fondait sur ce que « l'autorité administrative « est seule compétente pour régler toutes les prétentions

4° De toutes actions entre copartageants, dirigées, par voie de garantie, et par suite de partage, contre l'état, détenteur des biens des émigrés; (1)

« dirigées contre le trésor public, quand elles se résolvent en « créances ou indemnités ;

« Et sur ce que ces demandes tendaient à constituer l'état « justiciable des tribunaux ordinaires dans une matière administrative. » Arr. des 27 messidor an 8 et 13 messidor an 9.

(1) Arr. des 19 thermidor an 9, — 27 ventôse an 10.

Un décret du 4 décembre 1810 a décidé, dans le même sens, « que les contestations relatives au paiement des rentes « poursuivi contre les débiteurs originaires, et laissé à la « charge du gouvernement par l'événement des partages « administratifs, étaient du ressort de l'autorité administra- « tive ». Autre décret, du 18 septembre 1807, dans le même sens.

Mais les contestations qui pouvaient s'élever entre l'amnistié et ses frères et sœurs, à raison d'un partage sous seing privé fait entre eux des biens compris ou non dans un partage administratif antérieur, et qui touchaient à la validité ou à l'exécution de ce partage sous seing privé, étaient du ressort des tribunaux; leur effet ne touchait en rien l'état. Déc. du 11 juillet 1810.

De même, s'il y avait eu partage privé, entre les cohéritiers d'un père émigré, d'une succession ouverte avant l'amnistie, et que ce dernier réclamât contre ce partage, si ladite succession n'avait été l'objet ni d'un séquestre ni d'aucun acte administratif, il n'y avait pas de motif pour que l'autorité administrative statuât sur le débat. Décr. du 23 mai 1806.

5° Des poursuites à fin de paiement des fermages de biens séquestrés, et des oppositions y relatives; (1)

6° De la liquidation de toutes les dettes des émigrés; (2)

7° Des actions relatives aux droits successifs exercées après le partage consommé et par des tiers ; (3)

8° Des actions dirigées contre un copartageant, fils du débiteur émigré, en paiement d'une créance déclarée dette nationale par un partage administratif; (4)

------

(1) Arr. du 27 fructidor an 9. *V.* titre 5, sect. 1re, 2e quest.

(2) Loi du 1er floréal an 5, art. 52, 53, et arr. du 5 vendémiaire an 10.

(3) Arr. du 19 germinal an 10.

La raison en est que, « quoique les copartageants ne puis-« sent pas être rangés dans la classe des acquéreurs de do-« maines nationaux qui en ont versé le prix dans les caisses « de l'état, ils ne sont néanmoins détenteurs de leurs por-« tions héréditaires dans la succession de leurs auteurs qu'en « vertu d'un partage fait avec l'état ».

Les questions sur la dévolution des successions par voie de déshérence, soit à l'état, soit à des tiers, d'après les lois in-termédiaires, statuts, coutumes, etc., étaient du ressort des tribunaux. Décr. du 30 vendémiaire an 13.

(4) La raison en est « qu'il s'agit de déterminer les effets « d'un partage administratif ». Décr. du 14 mars 1808.

C'est dans le même sens qu'un décret du 4 juin 1809 a dé-cidé « qu'il n'appartient pas aux tribunaux de connaître de « la question de savoir si la loi d'exception du 6 floréal an 10 « est applicable à un individu rayé de la liste des émigrés, ni

9° De toutes répétitions à la charge d'une succession partagée par l'état; (1)

10° Des demandes faites par les prévenus contre les tiers, pour répétition de loyers acquittés pendant le séquestre; (2)

« de juger de l'effet des actes administratifs qui ont aban-
« donné des biens à des cohéritiers régnicoles, ni par con-
« séquent de dire si ces biens n'excédaient pas ou excédaient
« la légitime afférente aux régnicoles dans l'hoirie pater-
« nelle, ni dès lors de procéder à la composition de la masse
« héréditaire, et de statuer sur les demandes de l'amnistié à
« fin de paiement de dot ou de légitime ».

(1) La raison en est « qu'une telle demande est subordon-
« née à l'examen préalable des actes de partage, dont il
« faut déterminer le sens et l'effet ». Décr. du 26 octobre
1810.

Un autre décret, du 18 brumaire an 13, établit que « tout
« ce qui peut porter atteinte à un partage administratif, à le
« faire reviser, ou modifier, ou annuler, ébranle indirecte-
« ment des actes administratifs »;

Un troisième, du 30 septembre 1807, « que les tribunaux
« ne peuvent connaître ni des effets d'un séquestre adminis-
« tratif, ni des effets d'un partage de présuccession.

(2) La raison en est « que l'administration est seule com-
« pétente pour juger du mérite des paiements faits à la caisse
« nationale, et régler le compte des recouvrements prove-
« nant de biens séquestrés ». Arr. du 6 vendémiaire an 8.

Mais la question de savoir si des baux passés par l'administration devaient être maintenus ou annulés sur la demande

11º De l'extinction des créances sur l'état par voie de confusion ; (1)

---

des émigrés était du ressort des tribunaux. Arr. du 27 messidor an 11.

Pareillement, les contestations qui pouvaient s'élever entre les tiers et le fisc, soit sur la propriété des biens corporels et incorporels confisqués à raison de condamnation aux fers, ou pour crime de faux, soit sur la nature, l'existence et la validité des titres de créances des condamnés sur les tiers, étaient du ressort des tribunaux. Décr. du 17 septembre 1807.

Ici la juridiction ordinaire ne fléchissait pas devant la raison politique.

De même encore, les demandes des amnistiés contre des jugements par défaut, pris par voie d'arbitrage, au profit des communes, étaient, si l'état se trouvait sans intérêt, du ressort des tribunaux. Décr. du 7 mars 1808.

(1) Une abbaye emprunte une somme à un émigré. — Des tiers garantissent solidairement l'emprunteur. — L'état succède par la nationalisation à l'abbaye débitrice, et par la confiscation à l'émigré créancier. — Le prêteur amnistié demande aux coobligés solidaires le paiement de la somme. — Ceux-ci allèguent que la créance s'est éteinte par la confusion. — Quelle était l'autorité compétente ? L'administration, 1º sous le rapport de la validité de la créance contre l'état par voie de garantie, 2º sous le rapport de l'extinction par voie de confusion. Décr. du 11 janvier 1808.

Un autre décret, du 19 mars 1810, décide, dans le même sens, que la question de savoir si la liquidation d'une créance sur émigré, par un arrêté administratif, en opérait le

12° Des contraintes décernées par le domaine, pour avoir paiement d'arrérages échus d'une rente viagère, constituée par un régnicole au profit d'un émigré; (1)

13° Des demandes en validité de saisie de la moitié des fermages d'un domaine dont la totalité avait été comprise dans un partage administratif; (2)

14° Des poursuites à fin de paiement et de règlement du prix d'un bien vendu par un émigré, quoique frappé de séquestre; (3)

15° De l'audition et des débats des comptes de jouissances provisoires et de gestion, par des cohéritiers régnicoles, de biens indivis séquestrés; (4)

---

paiement et l'extinction, était du ressort de l'administration, attendu « qu'il n'appartient pas aux tribunaux de juger de « l'effet des actes administratifs ».

(1) Loi des 3 janvier 1793 , art. 21, — 2 nivôse an 11, — 13 germinal an 12.

La raison en est que, le propriétaire ayant émigré, la rente était devenue nationale; que la loi du 28 pluviôse an 8 mettait le contentieux des domaines nationaux dans les attributions du conseil de préfecture ; qu'il fallait apprécier les effets du séquestre d'après les lois spéciales , dont la connaissance n'appartenait qu'à l'administration. Décr. du 9 ventôse an 13.

(2) Décr. du 11 janvier 1808.

(3) Arr. du 12 brumaire an 9.

(4) Décr. du 28 août 1808 .

Un décret du 26 novembre 1808 établit en principe que « la régie, l'administration et l'aliénation de biens indivis

16° Des demandes, directes ou indirectes, des radiés, en rescision de partage, pour cause de lésion ou autres; (3)

17° Des demandes formées par le domaine, en annulation des baux consentis par des personnes frappées depuis d'émigration. (4)

« avec l'état et frappés du séquestre , sont du ressort de « l'administration ».

Un décret du 11 janvier 1808 décide aussi que , lorsque les comptes de gestion de biens d'émigrés avaient été rendus à l'administration, débattus et apurés par elle, et que le résultat avait été versé par le comptable dans les caisses de l'état , les créanciers de l'émigré ne pouvaient demander que le compte fût de nouveau recommencé devant les tribunaux. Décr. du 11 janvier 1808.

(1) Décr. des 31 mars et 16 juin 1806 , — 18 février 1808.

(2) La raison en est que « toutes les questions relatives à « l'émigration, soit quant aux personnes, soit quant aux biens, « sont essentiellement du ressort de l'autorité administrative». Décr. du 26 floréal an 10.

V. sur la compétence dans cette matière les *Questions de droit administratif,* par M. de Cormenin , tom. 2 , p. 288 et suivantes.

SECTION II.

DES EFFETS GÉNÉRAUX DE LA PRÉVENTION D'ÉMIGRATION ET DU SÉQUESTRE.

PREMIÈRE QUESTION. — *Quelles étaient les règles princi-* *pales établies par la jurisprudence, relativement aux* *caractères et aux effets généraux de la prévention d'é-* *migration et du séquestre?*

Il était établi en principe :

1° Que toutes les mesures et décisions relatives à l'apposition, la mainlevée et le rétablissement du séquestre,
étaient dans les attributions des préfets, et non des conseils
de préfecture; (1)

2° Que l'apposition du séquestre sur les biens d'un individu non inscrit opérait contre lui prévention d'émigration; (2)

3° Que la prévention d'émigration résultait également
de l'apposition du séquestre sur les biens des ascendants et
du partage subséquent fait avec l'état; (5)

4° Qu'en général toutes les mesures prises par les agents
du gouvernement, pour parvenir à le mettre en possession
des biens d'un émigré, tels que les états de biens d'émigrés
dressés par les municipalités, ou des assignations données
au nom de l'état à des tiers, relativement à ces biens,

---

(1) Arr. des 25 prairial an 9 et 29 vendémiaire an 10.

(2) Arr. des 11 pluviôse et 7 prairial an 9.

(3) Arr. des 4 pluviôse, 7 prairial an 9, — 25 frimaire
an 10, — 26 prairial an 11.

équivalaient à un séquestre de fait, qui tenait lieu du séquestre légal et entraînait les mêmes conséquences; et que,
dès que le domaine avait eu connaissance de l'émigration,
soit par ces états, soit par des demandes en partage des cohéritiers régnicoles ou autres, soit par les déclarations ex-
plicites des ascendants, il avait droit aux revenus; (1)

5° Que, quoique des capitaux n'eussent pas été matériellement séquestrés, la mainmise nationale pouvait s'induire
1° de la demande d'un certificat d'amnistie, 2° de la contrainte
du domaine en paiement des arrérages, 3° de la quittance
des intérêts délivrés par le receveur des domaines; (2)

6° Que le séquestre ou la mesure qui en tenait lieu
prenait les biens de l'émigré dans l'état où ils se trouvaient; c'est-à-dire que, comme le gouvernement était tenu
de toutes les dettes de l'émigré, tout ce qui était dû à l'é-
migré lui appartenait; en un mot, il le représentait dans
son actif et dans son passif; (3)

7° Qu'il ne pouvait être statué sur les demandes en mainlevée de séquestre et autres, ayant rapport aux biens,
qu'après que le personnel de l'émigration avait été définitivement jugé, et que les décisions provisoires des administrations locales qui déclaraient que le nom inscrit n'é-

---

(1) Arr. du 10 germinal an 11; — Décr. des 10 février,
4, 31 août 1806, — 16 mars, 15 juin 1807, — 17 juillet
1808, — 6 août 1809, — 6 février 1810. *V.* titre 1er, section 3, *des Restitutions de fruits.*

(2) Décr. du 9 oct. 1806. *V.* tit. 4, *des Remboursemens.*

(3) Décis. du ministre des finances du 5 ventôse an 12;
— Décr. du 17 juillet 1808.

tait pas applicable au réclamant avaient besoin, pour devenir définitives, de l'approbation de l'autorité supérieure; (1)

8° Que les arrêtés des préfets, portant mainlevée du séquestre, ne pouvaient recevoir d'exécution avant d'avoir été approuvés par le gouvernement; (2)

9° Que, comme administrateur des biens de ses enfants mineurs, un émigré ne pouvait réclamer la mainlevée du séquestre sur les biens de sa femme décédée en état de mort civile; qu'il ne pouvait ester en jugement; qu'il était incapable de faire aucun acte civil ou politique; (3)

10° Que le séquestre mis sur les biens des prévenus d'émigration ne pouvait être levé qu'après leur radiation, élimination ou amnistie, et leur promesse de fidélité à la constitution; que jusque là l'état exerçait les droits civils des prévenus, et qu'il était défendu de leur accorder la jouissance provisoire des biens, même à la charge de ne point

---

(1) Arr. du 3 brumaire an 10.

(2) Arr. du 18 fructidor an 11.

Avant l'arrêté des consuls du 13 frimaire an 10, relativement aux individus non inscrits, mais prévenus d'émigration par suite du séquestre, le préfet prenait un arrêté, le ministre de la police l'examinait, et son approbation faisait cesser la prévention et le séquestre; les prévenus demeuraient néanmoins soumis aux mesures générales de non-restitution de réserves de bois inaliénables; tout ce qui avait été fait en cette forme avant le 13 frimaire an 10 était régulier. *V.* arr. du 26 messidor an 10.

(3) Décr. du 28 messidor an 13.

les aliéner et de fournir caution solvable; enfin que le séquestre indûment levé devait être rétabli; (1)

Cette règle s'appliquait aux individus mis hors la loi, aux termes de la loi du 23 prairial an 3. (2)

11°. Que le séquestre assis sur les biens des ascendants d'émigrés ne pouvait être levé, à leur demande, qu'après la radiation définitive de leurs enfants, ou la consommation du partage, qu'ils pouvaient provoquer, de leur présuccession. (3)

Mais s'il n'y avait eu ni inscription du fils, ni séquestre, ni vente des biens, on ne pouvait refuser à l'ascendant remise immédiate de ses biens; on lui devait même la restitution des fruits versés dans les caisses de l'état. Le gouvernement avait pour principe, depuis l'amnistie, de ne revenir ni sur ce qui avait été fait, ni sur ce qui avait été omis.

12° Que le séquestre ne pouvait, à la demande du fils amnistié, être levé sur les biens de présuccession échus et réunis au domaine de l'état. (4)

------

(1) Décis. du ministre des finances, du 28 fructidor an 5 ; — Arr. réglém. du 28 vendémiaire an 9, art. 13, 20, 23 et 25; — Arr. des 29, *id.* frimaire, 3, 7, 9, 13, 15, 23 pluviôse, 9 ventôse, 23 germinal, 3, 6 floréal, 1er messidor, 2, 28 fructidor an 10; — Décr. des 30 frimaire, 18 nivôse, 16 messidor an 13.

(2) Arr. du 9 frimaire an 10.

(3) Lois des 9 floréal an 3, art. 18, et 8 messidor an 7, art. 3 ; — Arr. des 5, *id.*, 29 ventôse an 10.

(4) Arr. réglém. du 5 germinal an 10; — Arr. du 22 ventôse an 12.

La raison en est qu'avant l'amnistie les émigrés étaient, comme morts civilement, incapables de succéder, et qu'après l'amnistie, l'arrêté du 5 germinal an 10 prohibait la réintégrande; (1)

13° Que, nonobstant le partage des biens d'un inscrit entre l'état, représentant quelques héritiers émigrés, et des régnicoles, et nonobstant la vente nationale des biens compris dans le lot échu à l'état, le séquestre devait être rétabli sur les biens échus aux régnicoles, attendu que, jusqu'à la radiation définitive de l'inscrit, lesdits biens devaient être administrés par le domaine, et les fruits et revenus en provenants versés dans les caisses de l'état; (2)

14° Que, pour maintenir le séquestre sur des bois, il suffisait qu'ils fussent éloignés de moins d'un kilomètre d'une forêt de 150 hectares; qu'alors ils formaient massif; que la circonstance que les bois séquestrés contenaient beaucoup de landes et de places vaines et vagues ne changeait rien à l'application du principe; (5)

15° Que la disposition prohibitive de l'art. 2 de l'arrêté du 29 messidor an 8 s'appliquait aux domaines dont les ventes avaient été annulées, comme aux biens dont les acquéreurs auraient encouru la déchéance; (4)

16° Que la mainlevée du séquestre national devait être

---

(1) Arr. du 22 fructidor an 11; — Décr. du 30 thermidor an 12.

(2) Arr. du 27 nivôse an 10.

(3) Décr. des 22 brumaire an 14, — 21 août 1806.

(4) Arr. du 2 fructidor an 11 et 28 frimaire an 12.

accordée 1° sur les biens saisis par erreur sur un régnicole, 2° sur ceux dont un jugement avait évincé l'état, 3° sur ceux indivisément possédés par des propriétaires régnicoles avec des émigrés, et qu'un partage légal avait donné à ces copropriétaires le droit de réclamer; (1)

17° Que, si, par erreur et depuis l'amnistie, le séquestre avait été réapposé sur des biens provenant d'une succession ouverte avant l'émigration, il y avait lieu de le lever, avec restitution des fruits et revenus touchés depuis l'ordre de maintenue du séquestre; (2)

18° Que la circonstance du non-paiement par le domanier, entre les mains de l'état, de la redevance d'un domaine congéable, n'était pas un motif légal du refus de levée de séquestre. On rendait à l'émigré le domaine avec l'action en poursuite de la rente à ses risques et périls; si la rente était éteinte par le remboursement, le domanier devait le faire juger. (3)

19° Que, si la vente d'un bois ne comprenait que le sol et réservait les bois y excrus, ils devaient être remis à l'émigré, nonobstant toute réclamation de l'acquéreur; (4)

20° Que le gouvernement avait droit aux arrérages de rente échus avant la radiation du propriétaire, lors même qu'il n'y avait pas eu de séquestre de fait.

La raison en est que le séquestre de fait s'opérait ou par

---

(1) Arr. du 15 pluviôse an 10.

(2) Décr. du 20 mars 1810.

(3) Arr. du 25 brumaire an 12; — Décr. du 4 messidor an 13. — *V*. tit. 4, *des Remboursemens.*

(4) Décr. du 24 frimaire an 14.

l'action administrative contre le débiteur, ou par la déclaration de la dette de celui-ci vis-à-vis de l'administration. En acceptant l'offre du débiteur, antérieurement à
la radiation du créancier, l'administration frappait de la
saisine le capital et les intérêts de la rente. (1)

21° Que les fruits des immeubles non séquestrés devaient être remis; mais que, s'il y avait eu un fermier général dans le département où le séquestre avait été apposé, et
que ce fermier eût, à ce titre, versé une partie des fermages
dans la caisse de l'état, on ne pouvait admettre que le séquestre eût frappé sur une partie du bail, et non sur l'au_
tre, quoiqu'il n'eût pas matériellement atteint les biens
compris dans le même bail situés dans d'autres départements ; (2)

22° Que, comme le gouvernement rendait les biens dans
l'état où ils se trouvaient, et que les réintégrés ne pouvaient
pas demander la restitution des fruits et revenus versés
dans les caisses nationales, pendant la durée du séquestre,
de même aussi le gouvernement ne devait répéter aucunes
des dépenses qu'il avait faites et payées pendant le séquestre; (3)

23° Que les frais de séquestre n'étaient pas à la charge
des rayés, éliminés, amnistiés, même si les revenus (comme
les coupes de bois) n'avaient été réalisés que postérieurement.

La raison en est que, « dans le vœu de l'arrêté du gouver-

---

(1) Décr. du 11 thermidor an 12. *V*. tit. 4, *des Remboursements*.

(2) Décr. du 23 vendémiaire an 15.

(3) Décr. du 23 septembre 1806.

« nement du 29 messidor an 8, tous les frais payés par
« l'état, jusqu'à la radiation du prévenu, demeuraient com-
« pensés avec les divers produits dont cet arrêté prohibait
« la restitution ». (1)

Avant l'arrêté réglémentaire du 29 messidor an 8 , tous
les arrêtés de radiation chargeaient les propriétaires des
frais de régie, d'administration et de séquestre; mais alors
aussi les mêmes arrêtés ordonnaient que les fruits perçus
seraient restitués. (2)

24° Que les régnicoles, copropriétaires indivis , n'étaient
pas tenus des frais de séquestre après partage; que ces frais
étaient à la charge de l'émigré seul, qui en était la cause,
et de l'état, qui le représentait, et qui opérait compensation avec la retenue des produits ;

25° Que, quant aux frais d'administration faits par l'état,
celui des héritiers chargé, par la loi, de la régie des biens,
il avait droit de les répéter, mais non par la voie de la
mainmise, que la loi n'autorisait point, sans préjudice néanmoins des actes conservatoires, tels que saisies et oppositions, inscriptions hypothécaires, etc. (3)

DEUXIÈME QUESTION. — *Qui devait, du domaine ou des
émigrés rayés, supporter les frais de réparations des
biens séquestrés ?*

Il faut distinguer :
Les réparations sont une charge de la jouissance; le do-

____

(1) Arr. du 14 fructidor an 11.
(2) *V.* même titre, sect. 3, *des Restitutions de fruits.*
(3) Arr. du 17 nivôse an 12.

maine retenait les fruits jusqu'à la radiation : il devait, par conséquent, réparer le dépérissement de sa possession. Ce n'était pas la date de la réception des travaux qu'il fallait consulter, mais celle de leur réquisition et de leur adjudication, pendant le séquestre. Les frais de ces travaux se compensaient avec les produits des fermages ; mais si les travaux n'avaient été préparés par un devis, ou adjugés que depuis la radiation, ils retombaient à la charge personnelle du rayé. (1)

Ainsi, l'émigré rayé devait prendre les biens dans l'état où ils se trouvaient au moment de la radiation ; et de même qu'il n'aurait pu rien prétendre contre le gouvernement, pour raison de dégradations commises avant son amnistie, de même on ne devait rien répéter de lui pour les réparations faites, en son nom, à la même époque : il suit de là que les réparations adjugées et reçues avant l amnistie étaient à la charge du gouvernement, et celles postérieures, à la charge de l'amnistié. (2)

TROISIÈME QUESTION. — *Lorsque les arrêtés des préfets avaient fait restitution des successions, le domaine était-il irrévocablement dessaisi par la levée du séquestre ?*

Il faut distinguer :

Si le séquestre avait été levé antérieurement aux arrêtés du gouvernement des 5 brumaire et 24 frimaire an 11, le domaine était dessaisi ; mais si les biens de la succession

____

(1) Décr. du 24 frimaire an 14.
(2) Décr. des 24 frimaire an 14 et 10 mars 1807.

n'avaient pas cessé d'être indivis avec le domaine, comme saisi irrévocablement de la part d'un amnistié, postérieurement auxdits arrêtés, il y avait lieu de rétablir le séquestre, pour être procédé par le préfet au partage. (1)

QUATRIÈME QUESTION. — *Le séquestre a-t-il pu être apposé sur les biens d'un individu absent depuis l'an 10?*

D'une part, la loi du 12 ventôse an 8 mettait à l'abri de l'application des lois de l'émigration tout individu absent depuis le 4 nivôse an 8; d'autre part, la gestion des biens de l'absent était réglée par le Code civil : l'administration était donc étrangère à cette gestion.

C'est dans ce sens qu'il a été statué par un décret du 16 septembre 1806, portant « que l'absence postérieure au 4 « nivôse an 8, n'étant pas réputée émigration, n'a pu être « un motif de séquestre ».

CINQUIÈME QUESTION. — *L'état pouvait-il recouvrer les arrérages de rentes viagères échus avant l'amnistie du créancier ?*

Si le créancier avait été inscrit, l'état le représentait. Dès lors les arrérages étaient exigibles par lui, nonobstant l'amnistie (2). Il est vrai que, quand l'objet n'avait pas été séquestré avant l'amnistie (certificat d'), on ne pouvait inquiéter le fermier ni le débiteur qui avait été ignoré durant la mort civile ; mais s'il y avait eu contrainte décer-

---

(1) Décr. du 16 juin 1806. *V.* même titre, sect. 7, au mot *Retenue des biens de Successions.*

(2) Art. 17 du sénatus-consulte du 6 floréal an 10.

née pendant l'inscription , le droit s'établissait par l'inscription, le fait par la contrainte : le recouvrement était donc autorisé. (1)

SɪxɪèmE quEstɪon. — *Les fermiers d'un bien national invendu pouvaient-ils prétendre à n'être évincés qu'après l'expiration de neuf années , malgré la réintégrande de l'ancien propriétaire ?*

En vain disait-on que la règle générale était de donner neuf années de jouissance consécutives , pour l'exploitation des biens ruraux ; que la clause d'éviction après trois, six ou neuf années, n'était qu'une faculté réservée à l'état, dans la vue de ne pas gêner la jouissance des acquéreurs ; mais que l'état était lié, à défaut de vente.

On répondait que la loi du 5 novembre 1790 avait fixé, pour le bail des biens nationaux, le mode tertiaire. La condition de se dégager réciproquement était dans l'essence de la convention ; elle ne pouvait cesser d'être obligatoire pour aucune des parties. Ainsi, quel que fût le propriétaire de la chose louée , le locataire restait toujours soumis à l'exécution de ses engagemens , et ne pouvait vouloir excéder un terme qu'il avait volontairement limité. (2)

----

(1) Décr. du 12 décembre 1806. *V*. même titre , sect. 5 , au mot *Restitution de fruits ;* sect. 13 , au mot *Usufruits et rentes viagères.*

(2) Décr. du 11 prairial an 12.

Il semble que le jugement de cette question aurait dû être renvoyé aux tribunaux. *V*. même titre , sect. 1ʳᵉ , au mot *Compétence.*

Septième question. — *Y avait-il lieu de poursuivre un héritier d'ascendant d'émigré, pour le recouvrement d'arrérages d'une rente convenancière non séquestrée ?*

Si le séquestre n'avait pas été mis sur le domaine grevé de la rente, si le receveur n'avait perçu aucun des arrérages, et s'il n'avait formé la demande que depuis l'amnistie des cohéritiers émigrés, les poursuites devaient cesser. (1)

SECTION III.

DES RESTITUTIONS DE FRUITS.

Première question. — *La prohibition de restituer les fruits échus avant la radiation, l'élimination ou l'amnistie, s'étendait-elle aux répétitions de jouissances et revenus de toute nature ?*

L'application de l'arrêté réglémentaire du 29 messidor an 8 était absolue.

I. Ainsi, quant aux personnes, les dispositions de cet arrêté s'étendaient 1° aux individus qui, non inscrits sur une liste d'émigré, avaient eu cependant leurs biens séquestrés pour cause d'émigration.

La raison en est « qu'avant la loi du 12 ventôse an 8,

______

(1) Décr. du 30 ventôse an 13.

V., sur la matière, les *Questions de droit administratif,* par M. de Cormenin, tom. 2, p. 288, 291 et suivantes.

Loi du 5 décembre 1814.

« le séquestre opérait prévention d'émigration, indépen-
« damment de toute inscription sur les listes, et mettait
« le séquestré dans la nécessité d'obtenir une décision qui
« jugeât qu'il n'était pas émigré». (1)

2° Aux individus même rayés définitivement avant l'arrêté des consuls du 29 messidor an 8; (2)

3° Aux individus à la fois condamnés à mort et inscrits sur la liste des émigrés. (3)

La raison en est que le prix de la vente des biens, qui,
au premier titre, aurait dû être remis aux héritiers, demeurait confisqué au second titre, et non restituable.

4° Aux prévenus rayés par le directoire ou le comité de
législation. (4)

La raison en est que l'arrêté du 29 messidor n'admettait aucune distinction relativement aux causes, soit de l'inscription, soit de la radiation.

5° Aux radiés qui étaient en même temps débiteurs de
l'état.

La raison en est que, si la compensation était ici d'équité,
elle n'était pas de droit.

6° Aux rayés provisoires, même sous caution et avec
l'obligation de ne pas aliéner avant la radiation définitive. (5)

---

(1) Arr. des 11 pluviôse et 17 germinal an 9.

(2) Circ. du ministre des finances du 4 thermidor an 8; —
Arr. des 19 pluviôse an 10, — 29 thermidor an 11.

(3) Arr. du 13 brumaire an 10.

(4) Arr. du 19 floréal an 9.

(5) Arr. réglém. du 28 vendémiaire an 9; — Arr. des 19
messidor an 9, — 29 brumaire, 9 frimaire an 10.

7° Aux rayés, même avec clause de restitution de fruits, par des arrêtés du comité de législation, du directoire exécutif et des consuls. (1)

Le principe de la non-rétroactivité et le respect de la chose jugée cédaient ici devant la nécessité fiscale.

II. Quant aux biens, les prohibitions de l'arrêté du 29 messidor an 8 s'étendaient :

1° Aux fruits échus, quoique non perçus avant la radiation, élimination ou amnistie ; (2)

2° Aux répétitions des revenus, loyers, intérêts des capitaux antérieurs à la radiation, élimination ou amnistie. (3)

On ordonnait le rétablissement des sommes ou fruits indûment perçus, à moins que la prévention ne fût postérieure à la loi du 12 ventôse an 8.

Il résulte aussi d'une décision du ministre des finances du 9 vendémiaire an 9, et d'un décret du 17 floréal an 11,

―――――――――

(1) Arr. des 29 messidor et 5 ventôse an 9.

(2) Circ. du ministre des finances du 4 thermidor an 8 ; — Arr. des 23 messidor an 9, — 7 thermidor an 10, — 22 floréal, 20 thermidor an 11 ; — Décr. des 9 messidor an 13, — 23 mai 1806.

(3) Arr. des 13, 25 frimaire, 17, *id.*, *id.*, 25 nivôse, 7, 19 pluviôse, 5 ventôse, 9, 27, *id.*, *id.* germinal, 13, 26 floréal, 10, 29 prairial, 17, 28 thermidor, 7 fructidor an 10, — 9 frimaire, 25 fructidor an 11, — 13, 15 vendémiaire, 21 frimaire, 17 nivôse, 5 ventôse an 12; — Décr. des 26 floréal, 15, *id.*, 18, 23, 30 prairial an 5, — 14 messidor, 11 thermidor an 12, — 3 août 1808, — 21 novembre 1809.

que les jouissances provisoires, et les revenus touchés par les amnistiés avant l'arrêté du gouvernement du 29 messidor an 8, d'après un arrêté de levée de séquestre du préfet, ne pouvaient être répétés par l'état. (1)

Voici les distinctions alors établies à cet égard :

Quant aux fruits touchés en l'an 4, depuis la loi du 25 brumaire an 3, qui autorisait les prévenus d'émigration rayés provisoirement à jouir de leurs biens, ils n'étaient pas restituables à l'état. (2)

Quant aux fruits perçus depuis le 28 fructidor an 5, ils devaient être restitués à l'état, attendu que la loi du 19 fructidor an 5 avait prescrit de rétablir le séquestre sur les biens des individus rayés provisoirement. (3)

Quant aux fruits perçus an l'an 9, par les rayés provisoires, ils étaient par eux restituables à l'état, d'après l'arrêté du 29 messidor an 8. (4)

3° Aux restitutions de fruits accordées, mais non effectuées, telles que le paiement des ordonnances délivrées par le préfet, pour les produits d'un séquestre (5).

---

(1) Décr. du 29 messidor an 11.

(2) Arr. du 27 messidor an 11.

(3) Circ. du 28 fructidor an 5; — Arr. réglém. du 29 messidor an 8, et sénatus-consulte, art. 16.

Quelquefois, mais seulement à titre de grâce, on exigeait le compte des jouissances, non à partir du 18 fructidor an 5, mais du jour du rétablissement du séquestre. Arr. du 25 germinal an 12.

(4) Arr. des 8 vendémiaire et 29 fructidor an 11.

(5) Arr. du 6 thermidor an 11.

4° Aux fruits perçus depuis l'amnistie jusqu'à la délivrance du certificat ; (1)

5° Aux fermages payés à l'état par anticipation ; (2)

6° Aux arrérages de rentes viagères ; (3)

7° Aux fruits perçus par les ascendants, antérieurement à l'élimination de leurs enfants. (4)

La raison en est qu'à compter du partage, les biens ont dû être administrés par l'état.

Mais les ascendants avaient pu retenir les fruits et revenus échus dans l'intervalle de la radiation définitive de leurs fils au jour de l'arrêté du gouvernement du 5 germinal an 10. (5)

8° Aux arrérages de capitaux courus pendant la prévention et le séquestre ; (6)

9° Aux remboursements de fermages touchés avant l'amnistie ou l'élimination. (7)

---

(1) Arr. des 7 thermidor an 10, — 8 vendémiaire , 29 messidor, 29 fructidor an 11.

Il résulte d'un décret du 2 février 1811 que c'était la date seule de la délivrance du certificat d'amnistie qui déterminait l'époque de l'entrée en jouissance des fruits par l'émigré amnistié, quelque tardive qu'eût été cette délivrance.

(2) Arr. du 29 messidor an 11; — Décr. du 19 août 1808.

(3) Arr. du 29 germinal an 12.

(4) Arr. du 15 vendémiaire an 11.

(5) Arr. du 25 thermidor an 10.

(6) Arr. du 21 pluviôse an 11; — Décr. du 26 fruct. an 13.

(7) Arr. du 1er ventôse an 12; — Décr. des 22 fructidor an 13 , — 23 mai 1806.

Toutefois il faut distinguer :

On ne répétait pas , contre les émigrés rayés provisoirement, les sommes que les arrêtés de conseils de préfecture les avaient autorisés à toucher en cette qualité.

Quant aux fermages non perçus , ils devaient être versés entre les mains du domaine. (1)

Quant aux fermages ou paiements touchés par les rayés définitivement avant l'arrêté du 29 messidor an 8, ils étaient irrestituables. (2)

Il en était de même de ceux perçus par les amnistiés en vertu d'arrêtés de réintégrande provisoire. (3)

Il y a encore une distinction à faire : si les décisions administratives avaient , avant l'arrêté du gouvernement du 29 messidor an 8, ordonné le versement du fermage entre les mains des héritiers d'un prévenu, il y avait, d'après ledit arrêté, interdiction de donner suite aux demandes alors formées en restitution.

Quant aux héritiers régnicoles, ils avaient droit à toucher directement leur part proportionnelle des fermages, et l'état également, jusqu'à la radiation définitive. (4)

10° Aux remboursements de prix de ventes perçus avant l'amnistie ou la radiation; (5)

11° Au prix des coupes de bois faites avant la délivrance

---

(1) Décis. du ministre des finances de l'an 13; — Décr. du 2 pluviôse an 13.

(2) Décr. du 23 mai 1806.

(3) Décr. du 27 janvier 1810.

(4) Décr. du 4 juin 1806.

(5) Arr. des 15 brumaire et 17 nivôse an 12.

du certificat d'amnistie. Le prix entier en était acquis au trésor public. C'était la date de la vente des coupes qui déterminait le droit, et le paiement, quoiqu'il ne fût fait qu'en traites, était un paiement réel, que l'arrêté du 29 messidor an 8 ne permettait pas de restituer. (1)

Mais si les coupes avaient été adjugées par le préfet, postérieurement au certificat d'amnistie, le prix devait être restitué à l'amnistié. (2)

12° Aux intérêts d'un capital séquestré, quoique non perçus avant l'amnistie; (3)

13° Au prix de transferts de rentes faits avant l'amnistie; (4)

14° Aux fruits et revenus échus et non payés, même ceux dus antérieurement à la date de l'inscription ou du séquestre;

15° Aux revenus des biens dont l'usufruit appartenait aux ascendants, et la nue propriété au fils émigré, et qui avaient été versés dans les caisses du domaine. (5)

C'est dans l'esprit de ces règles générales que la jurisprudence a résolu les questions particulières dont nous allons développer la série.

---

(1) Décr. des 20 pluviôse an 13, — 10 brumaire an 14; — Ord. de 1826.

(2) Décr. du 25 thermidor an 11.

(3) Décr. du 28 octobre 1806.

(4) Sénatus-consulte du 6 floréal an 10; —Avis du conseil d'état du 26 fructidor an 12; — Décr. du 22 janvier 1808.

(5) Loi du 28 mars 1793; — Décr. du 7 février 1809.

DEUXIÈME QUESTION. — *Les fonds versés par un dépositaire, au nom d'un inscrit, dans les caisses de l'état, devaient-ils lui être restitués après sa radiation définitive?*

On objectait que la loi du 29 messidor an 8 ne s'appliquait qu'aux fruits et revenus perçus lors de l'inscription et avant la radiation définitive, ou aux sommes versées soit volontairement , soit en vertu de contraintes , ainsi qu'aux fonds provenant des ventes nationales de mobilier ou d'immeubles; mais le prix des ventes formait un capital aussi bien que des fonds déposés. L'arrêté du 29 messidor ne souffrait aucune modification; il ne distinguait pas; il prohibait toute restitution. Introduire des exceptions, c'eût été établir des classifications arbitraires; tout restituer, c'eût été excéder les forces du trésor : on n'admit aucune exception. (1)

TROISIÈME QUESTION. — *L'ascendant d'un émigré pouvait-il réclamer la totalité des fruits et revenus échus avant la radiation définitive de son fils?*

Il faut distinguer:
Aux termes de la circulaire du ministre des finances du 7 messidor an 5, les ascendants d'émigrés qui s'étaient mis en règle pour faire procéder, avec la nation, au partage de leur présuccession, étaient autorisés à demander, avant la consommation de ce partage, une jouissance provisoire

---

(1) Arr. du 15 germinal an 9.

dans les fruits et revenus séquestrés, proportionnée au lot
qui devait leur obvenir en définitive.

Si, par exemple, le lot était fixé, par arrêté des corps
administratifs, aux trois quarts, le séquestre devait être
levé pour cette portion.

Mais quant à l'autre quart qui avait dû obvenir à l'état,
du chef de l'émigré fils, aux termes de l'arrêté du 29 messidor an 8, les fruits et revenus perçus ou échus avant sa
radiation définitive appartenaient à l'état. (1)

QUATRIÈME QUESTION.—*L'arrêté du 29 messidor an 8,
portant refus de restitution de fruits et capitaux, et
ordre de revendre les biens de l'acquéreur tombé en
déchéance, s'appliquait-il seulement aux personnes
inscrites ou également à celles contre lesquelles il y
avait arrêté antérieur au 4 nivôse an 8, ordonnant
inscription, suivi, soit de séquestre, soit de vente, ou
enfin à toutes personnes dont les biens avaient été
séquestrés par ordre d'un corps administratif qui les
avait réputées émigrés?*

La raison de douter se tirait de ce qu'à la vérité, avant la
loi du 12 ventôse an 8, les inscrits, ou les simples prévenus non inscrits, étaient assimilés les uns aux autres; mais
la loi du 12 ventôse an 8 caractérisait ceux qu'elle considérait comme émigrés : ceux qui n'étaient point inscrits,
ou contre lesquels il n'y avait pas d'arrêté ordonnant textuellement l'inscription, encore bien qu'ils fussent frappés
de séquestre, comme prévenus d'émigration, ne devaient

______

(1) Arr. du 9 frimaire an 10.

pas être compris au nombre des émigrés. De même, l'arrêté du 29 messidor an 8 ne désignait que les inscrits : d'où il suit qu'il y aurait eu lieu de leur faire l'application de la règle *Inclusio unius, exclusio alterius;* et que, par conséquent, ils auraient pu réclamer les biens vendus dont les acquéreurs étaient tombés en déchéance.

Mais toutes ces distinctions ont été écartées par le conseil d'état. (1)

CINQUIÈME QUESTION. — *Était-ce à partir de l'arrété de mainlevée du séquestre, plutôt que de la radiation définitive, que les fruits et revenus appartenaient aux rayés ?*

On pouvait invoquer, à l'appui de la négative, l'arrêté du gouvernement du 29 messidor an 8, et une circulaire du ministre des finances du 4 thermidor suivant, portant que « *la date de la radiation définitive* était une ligne de dé- « marcation qui devait fixer l'étendue des droits de l'état, « en telle sorte que tous les fruits échus qui n'auraient pas « été payés, ainsi que ceux déjà versés dans les caisses na- « tionales, appartiennent dès ce jour aux rayés ».

Un arrêté du gouvernement du 25 nivôse an 8, rendu sur la pétition de la dame L***, portait également que les fruits et revenus des biens frappés du séquestre national n'appartenaient aux prévenus d'émigration et à leurs ascendants qu'à partir de la radiation définitive desdits prévenus.

Les consuls avaient déjà décidé, par un arrêté du 11 pluviôse an 9, que l'arrêté du 29 messidor an 8 s'appliquait

____

(1) Arr. du 25 nivôse an 10.

non seulement aux inscrits personnellement, mais encore aux biens séquestrés sur leurs père et mère.

Toutefois on pouvait dire aussi que les fruits n'étaient restitués qu'à partir de la mainlevée du séquestre, en se fondant sur quelques arrêtés ; mais ils étaient contraires au texte et à l'esprit de la loi, car la mainlevée n'était qu'une simple mesure d'exécution.

SIXIÈME QUESTION. — *Une mère a deux fils ; l'un d'eux émigre ; la mère décède en l'an 10 ; le fils émigré était mort en l'an 4 ; mais on n'obtient son amnistie qu'en l'an 11 ; alors le fils régnicole, héritier de sa mère, décédée, demande la levée du séquestre et la restitution de tous les revenus, attendu que l'émigré était décédé avant sa mère et avant la mise de fait du séquestre de l'an 10, après ledit décès.*
Sa demande était-elle admissible ?

La question a été résolue négativement par décret du 17 prairial an 11, portant « que les revenus antérieurs « au décès de la mère sont acquis à l'état, aux termes de « la loi du 17 frimaire an 2 (qui ordonnait l'apposition « du séquestre); que ceux postérieurs n'appartiennent à « l'état que pour la portion des biens qu'il a recueillis à « son profit, aux lieu et place de l'émigré; mais qu'à raison « de l'indivision subsistante jusqu'au partage (et non jus- « qu'à l'amnistie), les revenus de la succession doivent « être versés dans la caisse nationale, sauf à faire compte « de leur part de copropriété ». (1)

---

(1) Arr. du 17 prairial an 11.

Septième question. — *Les Vendéens ont-ils pu être poursuivis en restitution des fruits par eux perçus avant leur radiation définitive?*

La question a été résolue négativement par arrêté du 11 brumaire an 10 et décret du 10 prairial an 12.

Cette exception était fondée sur des conventions politiques. Ainsi, d'après le traité de la Mabilais, confirmé par la loi du 8 floréal an 5, et par un arrêté du directoire exécutif, du 23 nivôse an 6, les Vendéens n'étaient tenus à aucune restitution des fruits par eux perçus pendant leur jouissance provisoire; la réapposition du séquestre sur les biens était également interdite.

Huitième question. — *Le domaine avait-il droit aux revenus échus antérieurement et postérieurement au partage de présuccession, pour la portion de biens attribués au lot de l'état?*

Il faut distinguer :

Aux termes de la loi du 8 messidor an 7, et de l'arrêté du gouvernement du 29 messidor an 8, les revenus en totalité des biens des ascendants, jusqu'au jour de l'arrêté de partage, étaient attribués au domaine.

Quant aux biens partagés avant cette loi, il était de jurisprudence que, du moment de la remise de la déclaration de biens, l'ascendant avait droit aux revenus de la portion desdits biens qui devait lui revenir. (1)

____

(1) Décr. du 30 frimaire an 13. *V.* même titre, sect. 8, § 2.

NEUVIÈME QUESTION. — *A quelle époque les jouissances accordées, avant la loi du 19 fructidor an 5, aux rayés provisoirement, ont-elles cessé ?*
Des arrêtés de préfets qui, depuis le 29 messidor an 8, avaient consenti des jouissances provisoires, devaient-ils être annulés ?

1° La loi du 19 fructidor an 5 n'avait pas ordonné textuellement les réappositions du séquestre. A la vérité, cette induction avait été tirée par le ministre des finances ; mais c'était à partir seulement de la notification des contraintes aux fermiers et débiteurs, qu'ils n'avaient pu payer aux rayés provisoirement. Tous paiements antérieurs étaient valables.

Il résulte d'une circulaire concertée entre le ministre des finances, le conseiller d'état ayant le département des domaines nationaux, et le directeur de l'enregistrement, du 5 ventôse an 12, que ce qui avait été perçu par les rayés, éliminés ou amnistiés, pendant leur jouissance provisoire, devait leur rester, quel que fût le terme dans lequel cette jouissance avait eu lieu : d'où il suit qu'on devait écarter l'application de l'arrêté du 29 messidor an 8, qui interdisait toute répétition de fruits échus jusqu'au jour de la radiation définitive ; toutes les consommations de fruits faites par les possesseurs provisoires jusqu'au 5 ventôse an 12, ne pouvaient être répétées. (1)

2° Les jouissances accordées aux rayés provisoirement impliquaient la levée du séquestre. Mais celles accordées aux

____

(1) Décr. des 10 février et 19 avril 1806.

copropriétaires régnicoles, à cause de leur droit et à la charge de rendre compte, impliquaient au contraire la maintenue du séquestre, ainsi que l'obligation de remettre les arrérages représentatifs de la portion des copropriétaires émigrés.

Dixième question. — *Y avait-il lieu à la restitution du prix d'un cheptel versé dans la caisse du domaine, en exécution d'un arrêté du gouvernement, postérieur à la radiation du propriétaire du cheptel?*

Toute succession échue à l'émigré avant l'émigration était restituable. S'il s'agissait de simples fruits et revenus de cette succession échus pendant l'émigration, le rayé, éliminé ou amnistié, ne pouvait les répéter; mais la somme représentative d'un cheptel était une véritable créance mobilière, un capital, une obligation qui échéait à une époque convenue. Or souvent il a été décidé que la répétition des capitaux qui, quoique exigibles, n'avaient cependant pas été versés au trésor pendant la prévention, était permise. L'arrêté du gouvernement pris en l'absence du rayé, éliminé ou amnistié, et à l'égard du fermier seulement, ne changeait pas sa position, et ne détruisait pas le droit du premier. Seulement, la portion de prix du cheptel, versé pendant l'émigration, était irrestituable. (1)

____

(1) Décr. du 16 juin 1806.

ONZIÈME QUESTION. — *Devait-on permettre à l'amnistié le recouvrement de levées de rentes convenancières et autres revenus échus avant l'amnistie , si lesdites rentes ou capitaux n'avait pas été séquestrés ?*

C'était un principe constant que tout ce qui avait échappé au séquestre devait retourner à l'émigré.

Le sénatus-consulte du 6 floréal an 10 fut d'abord exécuté dans ce sens, que tous les revenus échus avant l'acte d'amnistie, même touchés par l'émigré en vertu d'arrêtés administratifs, étaient dévolus à l'état. On regardait ces arrêtés comme contraires à la loi. (1)

Mais bientôt après, et par décision du ministre des finances du 5 ventôse an 12, rendue sur les réclamations des émigrés, il fut établi que la restitution ne s'appliquait pas aux revenus touchés par les prévenus ou par leurs familles, en vertu d'arrêtés de corps administratifs, ni aux biens qui n'avaient pas été séquestrés.

Ensuite, l'arrêté du gouvernement du 28 floréal an 13, toujours invoqué depuis par les émigrés, reconnut que, lorsque l'existence des biens avait été ignorée et qu'ils n'avaient pas été frappés de mainmise nationale avant la radiation, le domaine était sans droit et sans action pour recouvrer les revenus échus pendant l'émigration du propriétaire.

Mais ce principe, introduit en faveur des tiers qui, à cause du non-séquestre, avaient payé ou transigé, se restreignait à l'égard de l'émigré.

Ainsi, il avait été établi qu'il suffisait que le domaine eût

____

(1) Arr. du 21 frimaire an 12.

eu connaissance suffisante des biens que l'on prétendait n'avoir pas été séquestrés, pour que son droit à toucher les revenus échus pendant la prévention d'émigration fût fondé.

Des états officiels de biens ou rentes dressés par les directoires de districts ou par les municipalités, des déclarations faites par des ascendants d'émigrés, des inscriptions hypothécaires prises sur les biens des débiteurs, des paiements faits par eux au domaine, constituaient cette connaissance suffisante. (1)

Dans ce cas, il n'y avait pas lieu à restituer, et l'inaction ou l'incurie des agents du domaine ne pouvait préjudicier aux droits de l'état. (2)

DOUZIÈME QUESTION. — *Le domaine avait-il droit au recouvrement des revenus arriérés pendant la prévention d'émigration de l'amnistié?*

C'était un principe certain que le séquestre ou la mesure qui en tenait lieu prenait les biens de l'émigré dans l'état où ils se trouvaient, c'est-à-dire que, comme le gouvernement était tenu de toutes les dettes de l'émigré, tout ce qui était dû à l'émigré lui appartenait; il le représentait dans les biens et dettes. (3)

------

(1) *V.* même titre, sect. 2, 1ʳᵉ question, nᵒˢ 3 et 4.

(2) Décr. des 10 février, 4, 31 août, 25 novembre 1806, — 6 mars, 15 juin 1807, — 1ᵉʳ juillet 1809, — 7 juillet 1811, et plus de vingt autres décrets dans ce sens.

(3) Décis. du ministre des finances du 5 ventôse an 12; — Décr. du 17 juillet 1808, et autres.

TREIZIÈME QUESTION. — *Les héritiers d'un ascendant d'émigré étaient-ils tenus à compter d'un reliquat de fermages de biens réunis au domaine ?*

La raison de douter se tirait de ce que les lois relatives aux ascendants d'émigrés ne défendaient que la restitution des revenus perçus par le domaine, mais n'obligeaient pas les ascendants à fournir le compte des revenus par eux touchés; que le séquestre mis sur leurs biens n'était qu'un simple dépôt, et non une confiscation; qu'il y avait prescription quinquennale d'après l'art. 3, tit. 3, de la loi du 20 août 1793.

Mais la raison de décider se tirait de ce que la circulaire du ministre des finances du 18 floréal an 6 avait prescrit de faire rendre compte, par les ascendants, des fruits par eux perçus sur les biens réunis au domaine public, depuis la loi du 9 floréal an 3, jusqu'au partage; que, si l'acte portait cette obligation, ils suivaient de plus la loi du contrat; qu'il n'y avait exception à la nécessité de rendre compte que pour les ascendants autorisés à toucher par des décisions administratives; qu'à l'égard de la prescription quinquennale, il ne s'agissait pas de fermages dus par des fermiers ou locataires, mais de sommes que l'ascendant avait ci-devant touchées, et dont, aux termes de son partage, il s'était obligé de compter, et par suite de payer le reliquat. (1)

____

(1) Décr. du 31 mai 1807.

QUATORZIÈME QUESTION. — *Les arrérages de rentes échus avant la radiation des émigrés propriétaires appartenaient-ils à l'état?*

En vain disait-on que l'arrêté du 29 messidor an 8 n'interdisait que la restitution des revenus touchés. Il avait au contraire été reconnu, en principe, que les rayés, etc., n'avaient droit aux revenus des biens qu'à compter du jour de leur arrêté de radiation : d'où il suit que tous les revenus échus antérieurement appartenaient à l'état. (1)

QUINZIÈME QUESTION. — *Les fermages échus avant l'émigration étaient-ils exceptés de l'effet du séquestre, et, par conséquent, sujets à restitution ?*

Le séquestre frappait indistinctement sur tout ce qui était en la possession actuelle de l'émigré, comme sur tout ce qui pouvait lui être dû à quelque titre que ce fût: ainsi, tous les fermages échus et non perçus lors de la mainmise nationale faisaient nécessairement partie du séquestre.

C'est dans ce sens qu'il a été prononcé par un décret du 28 août 1810, portant « qu'en principe, le séquestre frappe « sur tous les fruits, revenus, fermages et arrérages de « rentes dus à l'instant dudit séquestre au prévenu d'é- « migration ».

SEIZIÈME QUESTION. — *Etait-ce contre le propriétaire éliminé, ou contre le fermier, que le domaine devait*

---

(1) Décr. du 3 août 1808.

*exercer son action à fin de paiement de fermages échus
pendant l'émigration , et annoncés touchés par l'é-
migré ?*

En thèse, tous paiements effectués pendant la durée du
séquestre et avant la réintégrande ne pouvaient être faits
qu'au domaine.

Mais à qui le domaine devait-il s'adresser ?

Le fermier à qui la réapposition du séquestre sur les
biens de son bailleur avait été notifiée n'avait pu payer
qu'à personne capable de recevoir, c'est-à-dire au domaine.
Le droit de celui-ci ne pouvait être altéré par des paiements
illégaux et faits hors de sa présence. Peu importait que les
fonds eussent ou non passé dans les mains de l'émigré :
une contrainte ne pouvait être lancée contre un individu
qui personnellement ne devait rien. Celui-ci ne pouvait
donc être chargé d'aucune répétition de la part de la régie,
sans préjudice du recours à exercer, s'il y avait lieu, contre
lui, par le fermier actionné.

C'est dans ce sens qu'il a été statué par un décret
du 13 avril 1809 , portant que « la somme de..........
« a été payée par le sieur **, fermier, au fondé de
« pouvoir du sieur ***, avant que celui-ci ait obtenu l'ar-
« rêté qui l'a réintégré provisoirement dans ses biens ;
« qu'ainsi, la circulaire du 5 ventôse an 12 (autorisation
« provisoire) ne fait point obstacle à la répétition de la
« régie ;

« Mais qu'à raison de la réapposition du séquestre
« sur les biens du sieur ***, l'action de la régie pour
« la réclamation des fermages échus pendant la durée

« dudit séquestre ne peut se diriger que contre le fer-
« mier ». (1)

DIX-SEPTIÈME QUESTION. — *Y avait-il lieu de restituer
aux rayés le prix de leur mobilier vendu, ou une indemnité pour les effets employés à un service public ?*

1° Le prix d'aucun bien, meuble ou immeuble, vendu,
n'était restituable. C'était le vœu de l'arrêté du 29 messidor
an 8 ; c'était la condition de l'acceptation de l'amnistie.

2° Quant aux objets encore existants en nature, s'ils
avaient cessé d'être employés à un service public, il y
avait lieu de les restituer; mais il fallait avant tout justifier de leur existence.

S'ils étaient encore affectés, il n'y avait pas plus lieu à
indemnité que pour les immeubles réservés. (1)

Pareillement, les prévenus rayés n'avaient aucune action en compte des revenus et arrérages que le séquestre
avait saisis, et si le domaine avait reçu des à-compte de
l'agent préposé à l'administration des biens, c'était à l'autorité administrative seule à faire l'imputation; mais s'il y
avait lieu à division de droits, le reliquat de compte devait être versé dans la caisse du domaine. (3)

____

(1) *V.,* sur cette matière, la loi du 5 décembre 1814, art. 4
et autres, celle du 27 avril 1825 , art. 1er , et les *Questions
de droit administratif,* au mot *Emigrés,* tom. 2 , p. 302
et autres, *passim.*

(2) Décr. du 12 novembre 1806.

(3) Décr. du 16 mars 1807.

Dix-huitième question. — *Des héritiers régnicoles, dont les uns étaient majeurs et les autres mineurs, pouvaient-ils être privés des fruits provenant de biens de leur mère, décédée régnicole, sous prétexte que les biens de leur mère avaient été séquestrés en même temps que ceux de leur père émigré, et à cause aussi de l'émigration de l'un de leurs frères?*

En principe, le séquestre ne devait pas s'étendre au-delà des biens du séquestré; mais, la mère régnicole ayant un fils émigré, le séquestre de droit frappait aussi ses biens. Toutefois, comme elle était décédée en l'an 3, et que ses héritiers avaient la faculté de requérir partage avec l'état, représentant leur frère émigré, il y avait lieu à accueillir la demande en ventilation, et à leur faire raison des fruits de la portion maternelle.

Quant aux mineurs, à la vérité, le décret du 28 août 1792 a aboli la puissance paternelle à l'égard des majeurs. Mais si les fruits (et alors la question gisait en fait) avaient été perçus pendant la minorité, ils étaient acquis à l'état, parce que le père commun aurait été autorisé à les répéter, en vertu de la puissance paternelle.

Quant à la portion de fermages du chef du cohéritier émigré, elle était acquise à l'état (1).

----

(1) Décr. du 10 prairial an 13.

SECTION IV.

DES AFFECTATIONS DE BIENS A DES HOSPICES, A LA
LÉGION-D'HONNEUR, A LA CAISSE D'AMORTISSEMENT,
ET AUTRES ÉTABLISSEMENTS PUBLICS.

PREMIÈRE QUESTION. — *Les biens ou rentes qui, pendant qu'ils étaient sous le séquestre, avaient été provisoirement abandonnés à un hospice, pouvaient-ils être rendus aux anciens possesseurs?*
Quid *si l'exigibilité de la rente était contestée?*
Y avait-il lieu de revenir sur des arrêtés qui avaient rendu à des émigrés des biens désignés pour des hospices?

1° En vain l'amnistié aurait opposé, soit sa non-inscription, soit le défaut d'une affectation définitive.

En effet, le séquestre suffisait, indépendamment de toute inscription. (1)

2° La précaution sage de la loi du 16 vendémiaire an 5, qui soumettait les affectations de biens aux hospices, à la ratification du corps législatif, n'avait été prise que dans l'intérêt de l'état, et pour ne pas laisser aux administrations locales la faculté de disposer, en faveur des hospices, soit de valeurs trop considérables, soit d'objets qui auraient pu être utiles à d'autres établissements.

-----

(1) Loi du 23 brumaire an 5, tit. 5 ; — Arr. du 15 frimaire an 10.

A plus forte raison, s'il y avait eu inscription sur la liste des émigrés. Décr. 11 prairial an 13.

Mais, à l'égard des émigrés, toute affectation provisoire de biens, ou simple désignation de rentes, avait consommé leur séparation irrévocable du patrimoine de l'émigré rayé, éliminé ou amnistié; lesdits biens ou rentes étaient réputés affectés à un service public. (1)

Il avait déjà été établi en principe, par un arrêté du gouvernement du 1er floréal an 10, que la simple désignation en faveur d'un hospice était une disposition nationale, qui avait dépouillé l'ancien propriétaire émigré, soit que l'hospice eût ou non pris possession, ou que les biens ou rentes fussent restés entre les mains du préposé du domaine, soit que la désignation n'eût pas été convertie en affectation définitive. (2)

La raison en est que les insuffisances d'affectation ne concernaient que les hospices et le gouvernement, et étaient chose étrangère aux amnistiés.

Il résulte également d'un avis du conseil d'état du 1er floréal an 11, d'un arrêté du 8 floréal an 12, et d'un décret du 23 fructidor an 13, que la simple désignation en remplacement dépossédait; qu'ainsi, la réserve des biens affectés devait s'étendre à ceux désignés, et que toute réclamation était interdite à leur égard.

___

(1) Art. 16 du sénatus-consulte du 6 floréal an 10; — Arr. des 17 brumaire an 10 (au Bull.), — 7, *id.* thermidor an 10; — Avis du conseil d'état du 1er floréal an 11; — Arr. des 22 prairial, 9, 21 fructidor an 11, — 22 brumaire an 12; — Décr. des 18 août 1807, — 11 janvier 1808, — 25 avril 1809.

(2) Arr. réglém. du 19 brumaire an 10 (Bull.); — Décr. du 19 ventôse an 13.

De même, l'affectation de biens d'émigrés à un service public n'avait pas besoin d'être faite par arrêté spécial. Il suffisait qu'elle fût réelle, constante et continue depuis l'origine du séquestre, pour que le bien fût irrestituable. (1)

Au surplus, tout ce que pouvait faire l'administration, c'était de décider que la rente avait été légalement affectée aux hospices. Mais, si on la disait féodale ou prescrite, la contestation entre l'amnistié débiteur et l'hospice créancier, à ses risques et périls et sans garantie du gouvernement, était du ressort des tribunaux. (2)

3° Ces arrêtés de restitution étaient irrévocables, pourvu que les hospices n'eussent pas joui des biens, ou que les anciens propriétaires les eussent, après la remise, aliénés à des tiers.

La raison en est que les acquéreurs de bonne foi ne devaient pas être dépossédés, en vertu d'un principe que les préfets eux-mêmes avaient ignoré (3).

DEUXIÈME QUESTION. — *A-t-on pu affecter à un hospice des biens héréditaires précédemment destinés à payer la légitime des cohéritiers d'un émigré?*

L'attribution et le délaissement faits en faveur du légitimaire suffisaient, lors même que le séquestre eût encore tenu. Car alors le séquestre n'autorisait pas l'aliénation.

---

(1) Décr. des 11 pluviôse, 9 messidor an 15, — 7 février 1809.

(2) Décr. des 7 prairial an 13 et 18 août 1807.

(3) Décr. du 23 juin 1806.

Ici, il y avait eu reconnaissance du droit, promesse de délivrer : dès lors, indisponibilité de la chose, surtout si l'affectation n'était pas définitive. (1)

TROISIÈME QUESTION. — *Le vœu de la loi du 4 ventôse an 9 était-il qu'il ne fût fait abandon aux hospices que de biens ecclésiastiques usurpés sur le domaine, et non de ceux d'émigrés?*

Il a été établi que, d'après le § 2 de l'art. 7 de l'arrêté du 7 messidor an 9, on ne pouvait faire cette distinction; qu'il suffisait qu'il y eût usurpation, pour que la découverte profitât aux hospices. (2)

QUATRIÈME QUESTION. —- *Les biens des émigrés affectés à la Légion-d'Honneur ou à des sénatoreries, ou cédés à la caisse d'amortissement, dans l'intervalle de la radiation, élimination ou amnistie, à la mainlevée définitive du séquestre, devaient-ils être restitués?*
Était-il dû une indemnité et en quelle valeur?

Quoiqu'il n'y eût pas d'intérêt de tiers engagé, comme dans le cas d'une aliénation dans l'intervalle de la radiation à la mainlevée, et que l'état eût pu facilement pourvoir au remplacement, néanmoins ces affectations ont toujours été

---

(1) Décr. du 10 thermidor an 13.

(2) Décr. des 16 mars 1807, — 21 novembre 1810 ; — Loi des 5 décembre 1814, art. 8 ; — loi du 27 avril 1825, art. 16 et 17. *V. Quetions de droit administratif,* par M. de Cormenin, 3ᵉ édit. tom. 2, p. 331, nº 4, et p. 374, nº 2.

considérées comme définitives, lors même que les biens pouvaient être, de leur nature, restituables.

C'est ce qui résulte notamment d'un décret du 29 mai 1808, portant « que l'affectation des bois de M*** à la sé- « natorerie de P**, opérée dans le temps où ils se trouvaient « encore sous le séquestre, est une disposition irrévo- « cable ».

Il suffisait même, aux termes de deux décrets des 10 avril 1810 et 6 février 1811, que l'affectation procédât d'une désignation provisoire antérieure à l'amnistie, ou de l'inscription des biens sur les états de réserves dressés en vertu de la loi du 5o ventôse an 9, pour opérer une pleine dépossession et acquérir l'effet d'une disposition irrévocable.

Quant à l'indemnité, le décret précité du 29 mai 1808 repoussait tout dédommagement en faveur du propriétaire dépossédé.

Un autre décret, du 29 mai 1808, et 3 décrets des 25 vendémiaire, 12 germinal an 13 et 10 mars 1807, ont ordonné qu'une indemnité due à l'amnistié pour son éviction serait liquidée intégralement en 5 pour 100 consolidés.

Ces mêmes décrets reconnaissaient de plus que, si l'affectation n'avait eu lieu qu'après l'entier accomplissement de l'amnistie, elle était nulle, comme disposant, au nom de l'état, d'un bien qui ne lui appartenait plus.

SECTION V.

DES TRANSFERTS DE RENTES.

Première question. — *Le transfert, fait par l'état à un hospice, d'une rente due par un éliminé, était-il nul, et la rente devait-elle être admise en compensation avec le produit du séquestre ?*

Les questions élevées par l'amnistié ou éliminé sur la féodalité de cette rente ou sur la prescription de ses arrérages étaient - elles du ressort des tribunaux ?

Pendant l'émigration, ces sortes de transferts n'avaient pas d'objet : car, l'état étant à la fois créancier et débiteur, il y avait confusion. De plus, donner à l'hospice, en remplacement de ses biens vendus, une créance contre le gouvernement lui-même, c'eût été mettre une créance à la place d'une autre créance ; c'eût été s'endetter en s'acquittant. Au surplus, ce transfert, quel qu'il fût, aurait été irrévocable à l'égard de l'émigré, dont l'article 16 du sénatus-consulte paralysait l'action.

Si le transfert avait été fait après l'élimination de l'émigré, celui-ci pouvait dire, sans doute, que l'état n'avait pu disposer de son actif ; mais n'avait-il pas pu céder une créance contre un individu qu'il ne représentait plus et qui était rétabli dans ses droits civils ?

Si le transfert avait été fait après l'élimination, mais avant l'arrêté du 3 floréal an 11, c'eût été donner à cet arrêté un effet rétroactif que d'admettre la compensation de la créance transférée avec le produit du séquestre ; c'eût été opérer une restitution indirecte de fruits, proscrite par l'arrêté du 29 messidor an 8.

A la vérité, le but de l'arrêté du 3 floréal an 11 a été de remplir l'état de ses créances contre les émigrés, ce qu'il faisait au moyen des ventes : alors il s'opérait extinction jusqu'à concurrence. De plus, puisqu'on avait ôté, par les ventes, à l'émigré les moyens de payer, il était juste de l'admettre à compenser; mais, à l'égard des transferts consommés, l'état, antérieurement à l'arrêté, était dessaisi : il n'y avait donc plus lieu vis-à-vis de lui à compensation (1).

Un autre décret, du 17 prairial, établit également qu'il ne pouvait y avoir compensation que par rapport à une créance active, existante au trésor public à l'époque où le bénéfice de compensation avait été accordé au rayé. Si donc la rente n'appartenait plus à l'état, elle ne pouvait, à cause du transfert, être un objet de compensation vis-à-vis du domaine. Les préfets auraient excédé leurs pouvoirs en prononçant une compensation qui aurait annulé implicitement un transfert ou une disposition de propriété faite par le gouvernement. (2)

2° Quant aux prétentions élevées par l'émigré contre l'exigibilité desdites rentes ou arrérages, à raison de leur abolition pour cause de féodalité ou de leur prescription, c'était aux tribunaux seuls à en juger. (3)

---

(1) Décr. des 21 brumaire et 17 prairial an 13.
(2) Décr. du 21 brumaire an 13.
(3) Même décret.

Deuxième question. — *Les rentes ou biens corporels transférés aux hospices avant l'amnistie étaient-ils restituables.*

Quid *à l'égard des transferts de ces biens opérés après le sénatus-consulte, mais avant la délivrance du certificat d'amnistie ?*

Si les biens excédaient, comme valeur de remplacement, la valeur des biens aliénés, devait-on remettre l'excédant ?

1° Le transfert était un dessaisissement ; il valait aliénation au profit des hospices : le sénatus-consulte ne rendait aux amnistiés que les biens libres ; ceux-ci ne l'étaient plus. L'émigré était sans qualité. L'abandon était légal, car le bien appartenait à l'état. L'hospice jouissait de bonne foi. Une loi avait couvert par sa confirmation les irrégularités de ces aliénations. (1)

2° L'émigration était censée durer jusqu'à la délivrance du certificat, et non pas cesser à partir de la promulgation du sénatus-consulte. (2)

3° De plus, il n'y avait lieu ni à indemnité, ni à remplacement : d'abord, parce que l'indemnité aurait supposé un droit antérieur, qui n'existait pas ; ensuite, parce que l'arrêté du gouvernement du 29 messidor an 8 déclarait irrestituable le prix des biens vendus antérieurement à la radiation ou à l'amnistie. (3)

---

(1) Arr. du 5 germinal ; — Décr. du 22 floréal an 12.

(2) *V.* même titre, section 7, 16ᵉ question et autres.

(3) Décr. du 19 brumaire an 13.

TROISIÈME QUESTION. — *Etait-il dû une indemnité à l'amnistié pour des rentes indivises transférées par l'état à des tiers ?*

En était-il dû au propriétaire régnicole ?

Il faut distinguer :

1° Peu importait, à l'égard de l'amnistié, que les rentes fussent ou non indivises. Sa radiation provisoire antérieure n'aurait pu mettre obstacle aux transferts, et en ébranler l'irrévocabilité, quelles qu'eussent été les irrégularités de l'acte, et la lésion subie par l'état à raison de la somme reçue pendant la mort civile de l'émigré.

C'est ce qui résulte d'un décret du 12 novembre 1806, et d'un autre décret du 6 février 1810, portant « qu'aux « termes de l'art. 16 du sénatus-consulte, l'amnistié est « inadmissible à attaquer de tels transferts, qui sont libéra- « toires à l'égard du débiteur ».

2° Quant au copropriétaire régnicole, l'art. 96 de la loi du 1er floréal an 3 lui donnait quatre mois pour réclamer. Donc le transfert de la rente indivise avait pu être légalement opéré, à défaut de demande en partage dans le délai utile, sauf le droit proportionnel du copropriétaire dans le prix. (1)

QUATRIÈME QUESTION. — *Le transfert, fait à un tiers, d'une rente due, par un émigré rayé, à l'état, depuis que l'émigré avait été autorisé à compenser ladite rente avec ses créances directes sur l'état, était-il nul ?*

L'extinction par compensation d'une créance passive

____

(1) Décr. du 12 novembre 1806.

d'un émigré rayé avec les créances actives sur l'état ne s'opérait pas de droit. Avant même l'arrêté du 5 floréal an 11, lorsqu'il avait été vendu des biens appartenant au rayé, celui-ci restait le débiteur de l'état, et on ne liquidait pas les créances actives.

Pour opérer la compensation, il fallait, au préalable, justifier de l'état de son actif et de son passif.

Si le transfert avait eu lieu avant la liquidation définitive, qui elle-même ne pouvait venir qu'après ladite justification, il était valable : car dès que l'état était propriétaire de la rente, dont il ne s'était pas dessaisi, il avait pu la vendre, la céder ou la transférer valablement.

La notification de l'arrêté de liquidation provisoire, faite au domaine, en valant comme sursis au transfert, n'avait pu l'empêcher, pas plus que le sursis aux ventes ne les invalidait. (1)

SECTION VI.

DES RÉSERVES DE BOIS INALIÉNABLES ET AUTRES BIENS.

PREMIÈRE QUESTION. — *Quels étaient les biens exceptés de la restitution par le sénatus-consulte du 6 floréal an 10, et quelles distinctions la jurisprudence du conseil d'état a-t-elle introduites ?*

On exceptait de la restitution :

---

(1) Décr. du 25 novembre 1810.

1° Les intérêts dans. les canaux ; (1)

2° Les maisons servant de tribunaux ; (2)

3° Les rentes transférées ou cédées à la caisse d'amortissement, même depuis le sénatus-consulte.

La raison en est que la confiscation pesait sur les biens, et que, par conséquent, leur disposition, jusqu'à la délivrance du certificat d'amnistie, était libre dans les mains de l'état.

On ne restituait que les rentes non aliénées. (3)

4° Les. édifices affectés à des départements, préfectures, ou casernements de troupes, etc. (4)

L'exception opposée par plusieurs amnistiés, et tirée de ce que l'affectation n'était pas faite dans ce cas à un service national, mais. à un service local, a constamment été repoussée.

On déclarait, même que la jouissance de fait par. une commune, ou l'occupation d'un local par une municipalité, devaient être considérées comme un service public. (5)

5° Les objets exceptés de la vente nationale pour cause d'utilité publique.

Ainsi., l'on ne devait rendre aux amnistiés ni des arbres plantés par eux, anciens seigneurs, sur le bord d'une grande route, et faisant partie du. domaine national, d'a-

---

(1) Sénatus-consulte du 6 floréal an 10, art. 17 ; — Arr. du 10 prairial an 11.

(2) Arr. du 17 floréal an 11.

(3) Arr. du 27 messidor an 11.

(4) Arr. du 17 nivôse an 12 ; — Décr. des 17 floréal an 12, — 15 pluviôse, 9, messidor an 13.

(5) Décr. des 17 floréal an 12 et 4 juin 1811.

près la loi du 1ᵉʳ décembre 1790, ni des avenues ou chemins déclarés voies publiques, comme condition des ventes de leurs biens et pour leur exploitation, ou déclarés vicinaux dans l'intérêt des communes. (1)

La cessation d'utilité d'un bien affecté à un service public ne détruisait pas l'effet de l'exception de restitution, et ne donnait pas lieu à la mainlevée du séquestre au profit de l'amnistié. (2)

6° Les biens soumissionnés en vertu de la loi du 28 ventôse an 4, et qui étaient rentrés dans la main du gouvernement, par suite de la déchéance prononcée contre les acquéreurs.

L'arrêté du 29 messidor an 8, qui ne permettait pas la restitution des biens vendus avant la radiation définitive des inscrits, avait été étendu à ces derniers biens par les applications de la jurisprudence. (3)

7° Les bois inaliénables, soit à raison de leur étendue, soit à raison de leur proximité des forêts nationales. (4)

Ces bois restaient incorporés au domaine de l'état, sans aucune indemnité pour l'ancien propriétaire. La raison de cette exception à la remise était la condition de de l'amnistie.

---

(1) Décr. du 10 mars 1807.

(2) Décr. du 30 juin 1810.

(3) Décr. du 10 novembre 1807.

(4) Loi du 2 nivôse an 4; — Arr. du 8 floréal an 12; — Décr. des 17 prairial an 13, — 10, 22 brumaire an 14, — 23 janvier, 23 septembre 1806, — 11 janvier 1808.

Dans l'origine, on ne considérait pas la masse des bois , mais l'intérêt du réclamant dans cette masse. Si donc cet intérêt était de moins de 150 hect., on levait pour lui le séquestre. (1)

Cette interprétation était favorable, mais peu exacte et peu conforme à l'esprit fiscal de la loi, qui avait voulu retenir les grandes masses de bois.

Aussi la jurisprudence du conseil d'état changea-t-elle: on ne considéra plus que la masse intrinsèque des bois, sans acception de l'intérêt proportionnel des ayant-droit.

Deuxième question. — *Des bois inaliénables, aux termes de l'art. 17 du sénatus-consulte, et provenant d'un émigré décédé et amnistié, ont-ils pu être restitués à ses héritiers régnicoles?*

Si les bois inaliénables provenaient du père émigré, décédé et amnistié, l'art. 17 du sénatus-consulte les avait réunis à l'état, d'où il suit que le régnicole n'avait pas plus de droit que son père : le séquestre n'avait donc pu être levé.

C'est ce qui résulte d'un décret du 25 janvier 1807, portant que « le sieur ***, régnicole, ne pouvait pas être « envoyé en possession de bois qui, attendu leur proximité « d'une forêt nationale, n'auraient pu être restitués à son « père, émigré ». (2)

---

(1) Décr. du 12 floréal an 11.
(2) Arr. du 25 janvier 1807.

TROISIÈME QUESTION.—*Devait-on lever le séquestre d'un petit bois contigu à des bois inaliénables lors de l'amnistie, et qui, depuis, avaient été restitués à un autre émigré ?*

La loi du 2 nivôse an 4 a déclaré inaliénables les bois de 150 hectares.

L'arrêté du 24 thermidor an 9 a défendu de lever le séquestre.

Le sénatus-consulte du 6 floréal an 10 déclarait lesdits bois réunis au domaine de l'état.

Enfin il résulte d'une circulaire du ministre des finances, du 22 pluviôse an 11, 1° que les bois provenant de plusieurs émigrés, qui se trouvaient former un massif de 150 hectares ou plus, ne pouvaient être considérés comme plusieurs parties différentes, et qu'ils devaient être maintenus sous le séquestre; 2° à l'égard des petits bois non contigus entre eux, qu'une route nationale, un chemin vicinal, des fossés, des bruyères, n'étaient pas censés opérer une solution de continuité; qu'il fallait des séparations bien marquées, et un obstacle tel qu'un même homme ne pût faire facilement la garde des uns et des autres. (1)

Les événements survenus depuis l'amnistie ne changeaient rien aux dispositions de ces actes législatifs et réglémentaires. La concession de grands bois faite à un émigré ne profitait qu'à lui, et non à des tiers.

C'est ainsi qu'il a été décidé, par décret du 17 décembre 1810, « 1° que les bois séquestrés, contigus à d'autres

____

(1) Décis. du ministre des finances, du 22 pluviôse an 11.

« bois impériaux, font massif, et qu'il en est de même de
« ceux provenant de plusieurs individus, et qui, en-
« semble, contiennent 150 hectares et plus, lorsqu'il n'y
« a pas entre eux une séparation de la nature de celles in-
« diquées par l'instruction du 22 pluviôse an 11 ; 2° qu'il
« suffit qu'un bois se soit trouvé inaliénable au moment de
« l'acte d'amnistie de l'ancien propriétaire, pour que le
« sort de ces bois soit fixé, quel que soit le changement
« survenu depuis à l'égard des bois environnants ».

C'est encore ainsi que deux arrêtés des 22 prairial et
16 messidor an 11 avaient déjà établi qu'on devait considérer comme massif plusieurs portions de bois contigus,
ayant chacun des propriétaires différents, et que, si ce massif comprenait plus de 150 hectares, et que les bois réclamés en fussent éloignés de moins de 1000 toises, on n'a
pu lever le séquestre.

Enfin c'est dans le même sens que deux arrêtés des 10
et 22 brumaire an 10, et un décret du 8 septembre 1807,
ont décidé que des places vaines et vagues ou landes clair-
semées de bois devaient être considérées comme des bois
réservés par le sénatus-consulte du 6 floréal an 10, si elles
avaient des abornements, des fossés et la contenance prescrite.

QUATRIÈME QUESTION. — *Les bois inaliénables dont
les émigrés rayés, éliminés ou amnistiés, n'avaient
que l'usufruit, pouvaient-ils être atteints par les dispositions prohibitives de l'arrêté du 24 thermidor an 9.*

Oui, 1° car sans cela la position d'un émigré qui n'était
qu'usufruitier se fût trouvée plus favorable que celle de

l'amnistié propriétaire du fonds; 2° l'arrêté du 24 thermidor an 9 plaçait indistinctement sous la réserve tous les
bois inaliénables. Le séquestre devait donc être rétabli.
Jusqu'à l'extinction de l'usufruit, l'état n'avait qu'une
jouissance précaire : car alors l'usufruit se consolidait à la
propriété dans les mains des tiers. (1)

CINQUIÈME QUESTION. — *Un droit d'usage dans une
    forêt a-t-il pu être rendu à un émigré amnistié?*
*L'arrêté du gouvernement du 24 thermidor an 9 n'é-
tait-il applicable qu'aux copropriétaires régnicoles?*

Il a été décidé, par décret du 10 mars 1807, dans ce
sens, que la réserve, ordonnée par l'art. 17 du sénatus-consulte du 6 floréal an 10, des bois déclarés inaliénables par
la loi du 2 nivôse an 4, s'opposait à la restitution de tous
droits d'usage ou de coupe dans lesdits bois. (2)

SIXIÈME QUESTION. — *Un amnistié pouvait-il deman-
    der l'envoi en possession de terrains réservés lors de la
    vente de ses autres propriétés, et destinés à l'ouverture
    d'une rue dont le projet avait été abandonné?*

La raison de douter se tirait de ce que le terrain aurait
été soumissionné d'abord. Or l'arrêté du 29 messidor an 8
s'appliquait même aux biens non seulement vendus, mais
simplement soumissionnés. De plus, il y avait eu affecta-

____

(1) Arr. du 24 thermidor an 9, art. 2; — Décr. de frimaire
an 13.

(2) Ces droits ont revécu sur les bois restitués par la loi du
5 décembre 1814.

tion spéciale à un service public : donc, réserve pour l'état.

Mais la raison de décider se tirait de ce que la soumission était nulle, à cause de l'affectation même, et que cette affectation, jugée depuis inutile, replaçait le terrain dans la classe des biens aliénables, et par conséquent restituables, sans faire renaître pour cela la soumission.

C'est en effet dans ce sens qu'il a été prononcé par décret du 21 février 1808.

Septième question. — *Devait-on accorder des biens nationaux à un amnistié, en remplacement des siens, affectés à la Légion-d'Honneur?*

La négative résulte d'un décret du 2 mai 1810, portant « qu'aux termes de l'art. 17 du sénatus-consulte du 6 floréal an 10, il n'est pas dû d'indemnité pour les biens « dont il aurait été disposé du chef de l'amnistié, antérieurement à la délivrance de son certificat d'amnistie ».

Huitième question. — *Les éliminés, radiés ou amnistiés, pouvaient-ils réclamer une indemnité pour des droits de passage sur les fleuves et rivières navigables qui leur appartenaient?*

Le ministre des finances pensait que les bacs ne pouvaient être assimilés aux immeubles affectés à un service public, dont la loi refusait la restitution; qu'en conséquence, l'éliminé avait droit au remboursement des bacs, bateaux, agrès et autres objets servant à l'exploitation du passage, et qui existaient à l'époque du séquestre.

Le domaine rangeait au contraire les passages au nombre des droits de propriété, ou prétendus tels, sur les grands canaux de navigation, droits réservés et exceptés de la restitution par le sénatus-consulte du 6 floréal an 10. (1)

Le conseil d'état jugea dans ce sens, « attendu que l'ar-« ticle 17 du sénatus-consulte a excepté les immeubles « affectés à un service public, qui étaient encore dans les « mains de la nation à cette époque, du nombre des biens « qui devaient être restitués ». (2)

Neuvième question. — *Le bail d'une forge séquestrée sur un émigré , et louée à un tiers par le domaine, pour une manufacture d'armes, faisait il obstacle à la remise de cette forge au propriétaire radié ?*

Ainsi jugé par arrêté du 7 ventôse an 11, et par le motif que cette forge était, à raison de sa destination à un service public, comprise dans les exceptions de l'article 17 du sénatus-consulte.

Mais était-il vrai de dire qu'un bail fût une affectation de propriété à un service public? N'était-ce pas plutôt un acte d'administration, de location, de régie, et cet acte avait-il pu dépouiller à jamais le propriétaire? C'est cependant ce que le conseil d'état a décidé, contrairement à l'avis du ministre des finances. (3)

------

(1) *V.* même section, 1re question.

(2) Arr. du 26 germinal an 12.

(3) *V.* loi du 5 décembre 1814, et *Questions de droit administratif,* v° *Émigrés,* tom. 2 , pag. 302 et autres *passim.*

SECTION VII.

DES RETENUES DES BIENS DE SUCCESSIONS OU D'ÉCHUTE.

PREMIÈRE QUESTION. — *A quelle date l'inscription sur la liste, pour cause d'absence, faisait-elle remonter les effets de l'émigration, relativement aux successions échues à l'absent?*

1° L'art. 3 de la loi du 28 mars 1793 donnait à l'état le droit de recevoir les successions qui adviendraient aux émigrés, héritiers présomptifs, et l'art. 6 déclarait émigré tout individu absent qui n'avait pas justifié de sa rentrée en France dans le délai de la loi du 8 avril 1792 : ainsi, tout individu absent antérieurement à son inscription était réputé émigré et atteint des effets de l'émigration, à partir de la loi du 9 février 1792. Toutefois, et par une interprétation favorable, le conseil d'état avait d'abord décidé que la faculté de recueillir avait appartenu à l'émigré, jusqu'au jour où un corps administratif avait porté le nom du prévenu sur une liste, ou ordonné par un arrêté le séquestre de ses biens. (1)

Mais, en général, et hors quelques cas très rares, on n'admettait d'exception, relativement à l'échute de succession, qu'en cas de certitude de résidence jusqu'à la date de l'inscription.

2° Au surplus, s'il y avait eu un arrêté qui, dès l'instant du décès de l'auteur de la succession, avait ordonné la

____

(1) Décr. du 9 frimaire an 15.

vente du mobilier, le partage et le tirage des lots au
sort, cet acte était déclaratif de l'émigration antérieure
au décès, et l'on ne pouvait exciper de la postériorité de
l'inscription pour écarter le droit d'échute au profit de
l'état. (1)

De même, l'état avait recueilli valablement une succession qui ne s'était ouverte qu'après le paiement d'une contribution établie par la loi contre les ascendants des absents;
et quoique le séquestre et l'inscription fussent postérieurs
au décès du père, l'émigration du fils remontait à la date
dudit paiement. (2)

DEUXIÈME QUESTION. — *L'héritier présomptif d'une
succession appréhendée par l'état pouvait-il exciper
de ce qu'il n'avait pas été légalement prévenu d'émigration ?*

Depuis l'arrêté réglémentaire du 28 vendémiaire an 9
et le sénatus-consulte du 8 floréal an 10, on n'a plus admis
de preuves de non-émigration; tout prévenu était sujet
aux réserves contre les émigrés, c'est-à-dire que, rayé ou
éliminé, il était tenu de se faire amnistier : jusque là, il était
réputé émigré. (3)

L'émigration ne datait pas seulement du jour où des arrêtés avaient maintenu le nom sur la liste. Elle remontait
au jour où la liste avait été dressée, et même au jour où des

----

(1) Décr. du 5 août 1809.
(2) Décr. du 9 frimaire an 15.
(3) Avis du conseil d'état du 9 décembre 1809 (inéd.); —
Décr. du 2 juillet 1807.

actes ou arrêtés qui établissaient la prévention avaient été pris. Dans ce sens, le maintien sur la liste n'était pas constitutif, mais déclaratif de l'émigration préexistante : d'où il suit que les successions échues aux prévenus pendant cette mort civile étaient dévolues à l'état. De plus, l'amnistie défendait de rechercher si l'inscription n'avait été que l'effet d'une erreur : la délivrance du certificat d'amnistie présupposait la réalité de l'émigration.

C'est ce qu'exprime un décret du 22 novembre 1810, en disant qu'il résulte de l'arrêté du 13 fructidor an 6 « que, dès l'an 3, la dame *** était en prévention d'émi- « gration, et qu'ainsi, la totalité de sa part héréditaire dans « la succession de sa mère appartient irrévocablement à « l'état ».

C'est aussi dans ce sens qu'il a été établi, par décrets des 11 janvier, 14 mai 1808 et 15 janvier 1811, que les biens étaient irrestituables, et qu'il y avait lieu de réapposer le séquestre jusqu'au partage, s'il y avait, au moment de l'ouverture de la succession, inscription de l'héritier sur la liste des émigrés, ou séquestre, ou prévention d'émigration, résultant par exemple d'un arrêté de directoire de district, formant le tableau des fils de famille absents, ou de la sommation faite au père de payer la solde et l'habillement de deux hommes, en exécution de la loi du 12 septembre 1792.

Troisième question. — *A quelle époque étaient censées ouvertes les successions des émigrés décédés pendant leur émigration et la confiscation de leurs biens?*

*L'héritier amnistié avant son auteur devait-il recueillir
la succession, à la place de l'état ?*

En reportant l'ouverture de la succession à l'époque de
l'amnistie de son auteur, il eût pu arriver que, par l'amnistie
antérieure de son héritier émigré, la succession du premier
se fût trouvée ouverte après la cessation de la mort civile
du second; qu'elle eût échappé ainsi à l'état; que l'état,
qui aurait succédé du chef de l'héritier, si l'auteur de la
succession eût été régnicole, n'aurait pas succédé, parce qu'il
aurait émigré; qu'ainsi, le délit politique par lui commis aurait préjudicié à l'état; que la réunion de deux droits lui aurait été nuisible, et que, parce que l'état aurait eu celui de
la confiscation sur les biens, l'hérédité qu'il aurait eue sans
l'émigration de l'héritier lui aurait été ôtée; que de telles
conséquences, contraires à l'esprit des lois et de la matière,
comme aux intérêts du trésor, ne pouvaient être admises.

On décida que la succession s'ouvrait du jour du décès,
du moins implicitement, quoique cela produisît des contra-
dictions bizarres : en effet, c'était décider que l'émigré avait
été en même temps mort et vivant. Il avait été vivant jusqu'à
son amnistie, puisque l'état recueillait, de son chef, les jouissances viagères qui avaient couru jusqu'à cette amnistie ou au
moins jusqu'au 1er messidor an 11, et la succession de ses
parents décédés après lui, mais antérieurement à son amnistie; et cependant, en même temps, il avait été mort, puisqu'on voulait que sa succession fût censée ouverte du jour
de son décès.

C'est néanmoins le principe qui fut adopté par le conseil
d'état, par le motif 1° que les successions que les émigrés

« se trouvaient appelés à recueillir et dont les auteurs
« sont décédés pendant la mort civile desdits émigrés,
« sont attribués à l'état par l'article 5 de la loi ·du 28
« mars 1793;

« 2° Que la défense d'opposer à la république la mort
« naturelle des émigrés n'est pas portée contre elle-même
« et ne saurait lui préjudicier ». (1)

C'est dans ce sens qu'il a été décidé,

1° Par décret du 15 pluviôse an 13, qu'on ne devait restituer aux amnistiés, ni le prix des ventes des biens de
successions échues pendant la durée de leur inscription,
ni capitaux et intérêts;

2° Par un décret du 16 frimaire an 14, que des mineurs, fils d'un émigré décédé en 1793, amnistié au mois
de pluviôse an 11, ne pouvaient revendiquer la succession
de la sœur de leur père, décédée après lui,

«Attendu que la succession dont il s'agit n'était pas échue
« aux mineurs, mais à l'état, du chef de leur père, dont,
« à raison de ce qu'il était alors sur la liste des émigrés,
« l'article 5 de la loi du 28 mars 1793 ne permettait pas
« que la mort naturelle fût opposée à l'état; »

3° Par un décret du 4 janvier 1806, que le fils émigré,
étant mort civilement lorsque son père était décédé, n'avait
jamais été saisi de la succession de celui-ci, qui appartenait au domaine; (2)

4° Par décrets des 25 février, 15 mars et 25 octobre

---

(1) Arr. du 28 frimaire an 12 ; — Décr. du 19 brumaire
an 13.

(2) Avis du conseil d'état du 9 décembre 1809 (inéd.).

1806, que le droit de successibilité du domaine ne pouvait souffrir d'altération par le prédécès de l'héritier présomptif; (1)

5° Par un décret du 30 thermidor an 12, que, lorsque l'état a succédé du chef d'un prévenu d'émigration, « les « héritiers collatéraux ne peuvent se prévaloir de sa mort « naturelle, et que l'art. 3 de la loi du 28 mars 1793 at- « tribue à l'état les successions déjà échues aux émigrés « depuis leur émigration, comme celles à écheoir par la « suite; et que lesdites successions dont l'état a été saisi « n'ont jamais appartenu aux émigrés, et ne leur sont con- « séquemment point restituées par l'art. 17 du sénatus-con- « sulte du 6 floréal an 10 ».

QUATRIÈME QUESTION. — *Les biens des successions ouvertes pendant l'émigration des héritiers présomptifs devaient-ils leur être restitués après leur amnistie?*

La jurisprudence du conseil d'état présente ici l'exemple de la variation la plus complète et la plus extraordinaire.

L'affirmative fut d'abord embrassée. On crut que la restitution ordonnée par le sénatus-consulte du 6 floréal an 10 devait s'appliquer aux biens des successions advenues aux émigrés pendant leur mort civile, comme à ceux qui leur appartenaient en propre avant leur émigration, et qui se trouvaient encore entre les mains du gouvernement au moment de l'amnistie.

____

(1) Arr. des 24 frimaire an 11, — 8 floréal an 12; — Décr. des 25 prairial an 12, — 21 août, 21 novembre 1806, — 18 avril, 8 juillet 1807, — 5 septembre 1810.

On se fondait sur l'arrêté du 25 brumaire an 3, qui ordonnait de rendre aux rayés tous leurs biens, et sur le sénatus-consulte, qui ne paraissait stipuler à cet égard aucune réserve; et, en conséquence de cette interprétation, les préfets firent, dans tous les départements, remise des biens de cette nature, et le conseil d'état lui-même embrassa, sans hésiter, cette opinion.

C'est ce qui résulte d'un décret du 25 janvier 1807, portant que « l'envoi en possession du 3 thermidor an 3, ac« cordé au sieur ***, éliminé, étant général et sans excep« tion, s'étendait à sa part dans la succession de l'ancien « propriétaire émigré, attendu que la distinction des biens « de successions ne se faisait pas à cette époque, et que « leur réserve ne pouvait se présumer que dans les arrêtés « d'envoi en possession postérieure ». (1)

S'il s'agissait de bois, il suffisait que la mainlevée définitive de tout séquestre eût été donnée, encore même qu'elle n'eût pas été réalisée. (2)

Plus tard, soit que l'on pensât que l'intention du législateur et le sens du sénatus-consulte avaient été méconnus, soit plutôt que, dans des vues purement fiscales, on craignît de priver le trésor des sommes considérables que la vente de ces biens devait produire, on changea tout à coup de système, et l'on décida que les successions échues pendant l'émigration des héritiers, et recueillies par l'état, étaient irrestituables.

----

(1) Décr. des 4 thermidor an 13, — 10 brumaire an 14, — 27 octobre 1808.

(2) Arr. du 4 brumaire an 12.

Cette nouvelle jurisprudence fut consacrée par deux arrêtés des 5 brumaire et 24 frimaire an 11, à l'égard desquels il y a lieu de faire deux remarques importantes.

D'une part, ces deux arrêtés étaient des décisions rendues dans des espèces particulières, et par conséquent, n'auraient dû avoir d'effet qu'à l'égard des parties entre lesquelles elles étaient intervenues; de l'autre, ils n'ont jamais été publiés ni insérés au Bulletin.

Toutefois, ils ont été considérés comme devant à l'avenir servir de guide, et ont reçu dans l'application le caractère et les effets de règlements généraux.

C'est ce qui résulte notamment 1° d'une circulaire du 1ᵉʳ pluviôse an 12, portant que « le gouvernement, par son « arrêté du 1ᵉʳ floréal an 11, avait reconnu que la disposi- « tion de l'arrêté du 5 brumaire an 11 ne pouvait avoir « d'effet rétroactif sur les biens de successions ouvertes « pendant la mort civile, quoique partagées avec l'état, si « le séquestre avait été levé avant le 5 brumaire » (1);

2° D'un décret du 10 mars 1807, qui statue que, « quant « aux successions non partagées, l'amnistie, avant le 24 « frimaire an 11, jointe à la levée du séquestre, également « antérieure et accordée par le préfet du département où la « succession s'était ouverte, empêchait l'échute de ladite « succession au profit de l'état, qui est sans droit ».

Ainsi, une femme émigrée, qui avait recueilli, avant le 5 brumaire an 11, la succession de sa mère, décédée pendant sa mort civile, avait obtenu une restitution irrévoca-

______

(1) Décr. du 13 novembre 1807.

ble, attendu que la dévolution à l'état n'avait été établie que par l'arrêté du 5 brumaire an 11.

Mais si elle réclamait la succession de son père, acquise à son frère avant l'émigration, et confisquée lors de son décès, si ce frère n'avait été amnistié qu'après le 5 brumaire an 11, la restitution ne devait pas avoir lieu. (1)

En résumé, à partir des 5 brumaire et 24 frimaire an 11, aucune restitution de biens de successions n'a pu être faite, et toutes celles qui ont eu lieu depuis cette époque ont été considérées comme illégales et annulées.

C'est ce qui résulte des arrêtés et décrets des 2 fructidor an 11, — 11 thermidor an 12, — 23 vendémiaire, 16 messidor, 25 messidor an 13, — 21 août 1806, — 6 janvier 1807, — 3 août, 27 octobre 1808, et spécialement d'un arrêté du 4 pluviôse an 12, portant « qu'aux termes de « l'art. 3 de la loi du 28 mars 1793, les successions des « frères *** ont été dévolues au domaine par le fait de la « mort civile dont a été frappé leur présomptif héritier, et « que la restitution, faite postérieurement aux époques des « 5 brumaire et 24 frimaire an 11, ne peut pas être main- « tenue ». (2)

CINQUIÈME QUESTION. — *Les amnistiés pouvaient-ils revendiquer les biens de successions à eux échues*

---

(1) Décr. du 13 novembre 1807.

(2) La loi du 5 décembre 1814 a remis ces biens aux émigrés, comme ceux qui leur avaient appartenu en propre avant l'émigration.

avant leur émigration, tombés depuis entre les mains de l'état et invendus?

La prohibition de restitution ne s'étendait qu'aux successions ouvertes pendant la prévention d'émigration. Ainsi, les successions ouvertes antérieurement, quoique partagées pendant la mort civile, étaient restituables avec les fruits, à partir du jour de l'amnistie.

La règle *Le mort saisit le vif* s'appliquait à ces successions, et la double circonstance que le bien était un bien d'émigré, et qu'il y avait eu partage, n'altérait pas le droit: car l'art. 17 du sénatus-consulte en accordait la restitution, comme biens devenus personnels, pourvu néanmoins qu'ils ne fussent ni vendus ni réservés. (1)

Il en était de même si l'émigration n'avait été constatée que par une inscription, en l'an 7, par exemple, et si la succession du père s'était ouverte en l'an 6; car il est évident alors que le fils avait été saisi lorsqu'il jouissait de la plénitude de ses droits civils. C'était donc de son chef, et non du chef de son père, que l'état avait séquestré les biens qui lui étaient devenus personnels, et qui, par conséquent, devaient lui être rendus après l'amnistie. (2)

Sixième question.—*A quelles successions s'appliquait plus particulièrement la prohibition de restituer, portée en l'arrété du 5 brumaire an 11?*

Il résulte de la circulaire du directeur général du dépar-

---

(1) Décr. des 4 messidor an 13 et 22 brumaire an 14.

(2) Décr. des 26 floréal an 12, — 23 vendémiaire an 13. — 31 mai 1807.

tement des domaines nationaux du 7 brumaire an 11,—des arrêtés des 29 vendémiaire et 29 ventôse an 12,—et des décrets des 15 floréal, 11 thermidor an 12,—5 juillet 1806, —31 mai, 2 juillet, 25 août 1807,—8 et 12 octobre 1810, que les successions échues pendant l'émigration, recueillies et *partagées* par l'état avant le 5 brumaire an 11, étaient irrestituables.

Ces décisions reposaient sur le motif que les conditions de l'amnistie étaient impératives; qu'une fois acceptées, il fallait les subir; qu'à la vérité, sous le régime des radiations, les choses étaient remises au même état qu'auparavant; qu'ainsi la condition des rayés était plus favorable; mais que, comme on craignait des productions de faux certificats de non-émigration, on prit la forme absolue de l'amnistie, qui enveloppait les simples prévenus comme les émigrés réellement; que, si, dans les commencements, et par une trop large interprétation du sénatus-consulte, on restituait aux émigrés tant les biens dont ils étaient propriétaires avant leur prévention que ceux provenant des successions auxquelles ils avaient été appelés, on avait depuis senti que cette interprétation était contraire à l'art. 3 de la loi du 28 mars 1793; que, dans le système de cette loi, les prédécédés étaient, comme morts civils, censés vivants pendant cinquante ans; qu'ainsi l'état, à l'aide de cette fiction, les représentait et écartait les parents régnicoles plus éloignés; que, d'ailleurs, les successions échues pendant la mort civile n'ont jamais été les biens des émigrés; qu'ils ne pouvaient donc les réclamer à la faveur du sénatus-consulte, qui leur rendait, à la vérité, leurs biens invendus, mais pourvu qu'ils leur fussent propres.

Tels furent les motifs de la nouvelle jurisprudence, fondée sur l'arrêté du 5 brumaire an 11.

SEPTIÈME QUESTION. — *Un amnistié pouvait-il demander sa réintégrande dans des biens échus à l'état, par suite d'un partage de succession ouverte pendant la mort civile, sous le prétexte que lesdits biens lui provenaient à titre de propriété singulière et irrévocable, comme lui ayant été donnés par son père, avant l'émigration, en avancement d'hoirie?*

Toute donation en avancement d'hoirie oblige le donataire à rapporter, lors du partage, à moins qu'il ne préfère s'en tenir à la donation et renoncer à la succession.

Si, lors du partage, l'état avait renoncé à la succession, le bien, après l'amnistie, pouvait être remis à l'émigré comme son ancienne propriété.

Mais si l'état avait usé du droit qu'il avait de préférer le partage à la donation, ce n'était pas alors à titre de donataire, mais à titre d'héritier et par l'événement du partage, que le bien était tombé dans le lot de l'état: d'où il suit que, si l'amnistie n'avait été délivrée qu'après l'arrêté du 5 brumaire an 11, qui avait maintenu l'état dans les successions ouvertes et partagées pendant la prévention d'émigration, les amnistiés ne pouvant attaquer les partages opérés pendant leur mort civile, lesdits biens étaient irrestituables. (1)

HUITIÈME QUESTION. — *Les biens paternels tombés au*

---

(1) Décr. des 23 avril 1807 et 20 juillet 1808.

lot de l'état, par suite de partages de successions ou-
vertes pendant la mort civile, étaient-ils restituables?
Les biens du père donnés en remplacement de la suc-
cession maternelle, ouverte avant l'émigration, mais
encore indivise, devaient-ils être réputés maternels, et
restitués ?

1° Le partage étant fait depuis le 5 brumaire an 11, le
lot échu au domaine lui appartenait irrévocablement. (1)

2° Mettre dans le lot maternel des propres de la succession paternelle, c'était une opération vicieuse : car le
remplacement des biens de la mère n'était pas autorisé
par les lois de l'émigration. En effet, la mère ou ses héritiers n'étaient que créanciers, et n'avaient droit, aux termes
de la loi du 1er floréal an 5, qu'au paiement ordinaire
du prix des biens aliénés de la mère.

3° C'était léser l'état : car il valait mieux pour lui garder
les biens, et souffrir l'exercice d'une créance ; mais l'art. 16
du sénatus-consulte déclarait ces partages irréfragables.

Les biens donnés en paiement avaient cessé d'être paternels : ils étaient donc restituables.

C'est dans ce sens qu'il a été statué, par décret du 19
octobre 1806, « que l'acte qui a accordé à la succession
« de la mère du réclamant des biens paternels, à titre de
« remplacement, est devenu inattaquable, au moyen de
« l'amnistie, par l'effet de l'article 16 du sénatus-consulte
« du 6 floréal an 10 ». (2)

---

(1) Arr. du 25 thermidor an 10.
(2) Décr. du 19 octobre 1806.

NEUVIÈME QUESTION. — *A quelles successions s'appliquait l'arrêté du 24 frimaire an 11 ?*

L'arrêté du 5 brumaire an 11 semblait ne réserver à l'état les biens de successions qu'autant qu'ils auraient été partagés. Par une extension fiscale, l'arrêté du 24 frimaire an 11 appliqua la réserve aux successions ouvertes et non encore partagées avant l'amnistie.

C'est dans cette voie que la jurisprudence ultérieure du conseil d'état a marché.

Il résulte en effet des arrêtés des 26 floréal an 11 et 5 pluviôse an 12, et des décrets des 25 février, 15 mars et 25 octobre 1806, — 24 juin, 2 juillet, 19 août, 10 septembre 1808, — 4 juin 1809, — 8 et 12 octobre 1810, — 19 mai 1811, « que, les biens de la succession de l'aïeul « ayant été recueillis par le fils, représentant le père, il « a également recueilli dans la succession du père la por- « tion afférente à l'amnistié, et que, postérieurement à « l'arrêté du gouvernement du 24 frimaire an 11, il n'a pu « être fait restitution aux amnistiés, d'aucuns biens non « partagés provenant de succession s ».

DIXIÈME QUESTION. — *Lorsque la restitution des biens de succession aux amnistiés ou à leurs ayant-droit avait été faite avant les 5 brumaire et 24 frimaire an 11, mais par le préfet d'un seul département , devait-elle s'appliquer aux biens de la même succession , situés dans un autre département, dont le préfet n'avait pas prononcé de restitution ?*

En principe, l'art. 3 de la loi du 28 mars 1793 rendait

l'état seul habile à recueillir les successions obvenues aux émigrés pendant la mort civile; cette saisine était sans retour et irrévocable, bien que les héritiers vinssent à être rayés.

A la vérité, le conseil d'état avait décidé que l'on ne reviendrait pas sur les successions rendues avant les 5 brumaire et 24 frimaire an 11; mais si la restitution n'avait eu lieu antérieurement à ces arrêtés que relativement aux biens situés dans un département, et n'avait pu être faite depuis à l'égard de ceux situés dans un autre département, les amnistiés auraient-ils été héritiers dans un département et l'état dans l'autre? La règle *Semel hœres semper hœres* est précise : il fallait choisir. On décida que ce qui avait été fait dans le département de l'ouverture de la succession ferait règle pour les autres; qu'ainsi, la restitution opérée dans ce département valait pour les autres, et qu'au cas contraire, la réintégrande était nulle.

C'est ce qui résulte 1° d'un décret du 3 juillet 1806, portant « que, par les séquestres antérieurs à celui de leur « père, les réclamants se trouvaient à cette époque en état « de mort civile, et que la restitution que le préfet du « Nord leur a accordée, par les arrêtés des 24 fructidor an « 10 et 27 vendémiaire an 11, de leurs droits dans la suc- « cession paternelle, ne peut avoir son effet, attendu que « dans le Finistère, département de l'ouverture de la suc- « cession, ils n'ont pas obtenu la mainlevée antérieure- « ment au 5 brumaire an 11 »;

2° D'un autre décret, du 6 janvier 1807, portant « que « la restitution d'une succession ne peut pas être main- « tenue, si les arrêtés du préfet du département de l'ou-

« verture de ladite succession ne sont pas antérieurs au
« 24 frimaire an 11 ». (1)

ONZIÈME QUESTION. — *Y avait-il toujours lieu de rétablir le séquestre, en vertu des deux arrétés des
5 brumaire et 24 frimaire an 11, sur les biens de
successions restitués postérieurement à ces arrétés?*
QUID *si les biens ainsi restitués ont été vendus par les
amnistiés ou leurs ayant-droit?*

Ces restitutions étaient illégales et devaient être considérées comme nulles : aussi revenait-on généralement sur
les réintégrandes de cette espèce prononcées, en faveur des
amnistiés, par les préfets, sans être arrêté par le paiement
des droits de mutation, le renouvellement des baux, la
confection des réparations, la recette des revenus échus
depuis l'amnistie, et les arrangements pris avec les créanciers, sur la foi de la réintégrande. (2)

Néanmoins, cette rigueur fiscale céda quelquefois devant
l'intérêt des amnistiés, et plus souvent encore, devant l'intérêt des tiers.

1° Ainsi, à l'égard des premiers, bien qu'en principe,
l'inscription sans radiation définitive eût mis l'état au lieu
du père décédé, par exemple, et l'eût rendu seul capable
de recueillir la succession de l'aieul, si toutes les circonstances de l'affaire démontraient que le père n'avait jamais
émigré, que l'inscription n'était qu'une erreur, et si les

---

(1) Arr. du 5 frimaire an 12, — Décr. des 10 mai 1807,
27 octobre 1808.

(2) Décr. du 11 thermidor an 12.

choses étaient consommées par le recueillement de la succession, on déclarait qu'il n'y avait pas lieu de revenir sur
le passé.

C'est dans ce sens que le conseil d'état, consulté sur le
mérite d'un arrêté du préfet qui, dans un cas semblable,
avait prescrit le rétablissement du séquestre, a donné l'avis
suivant, à la date du 1er septembre 1807 (inédit) :

« Le conseil d'état, etc., est d'avis que, puisque la mère
« des réclamants a été inscrite sur une liste d'émigrés du dé-
« partement des Côtes-du-Nord, et n'en a pas été rayée, le
« préfet a pu réunir au domaine national la succession du
« père de cette dame, à raison de ce que la loi du 28 mars
« 1793 fait succéder la république aux parents d'émigrés,
« nonobstant la mort naturelle desdits émigrés, qu'elle ne
« permet pas qu'on lui oppose;

« Que néanmoins, en considérant 1° que la mère des ré-
« clamants n'a point émigré, ce qui résulte de sa radiation
« provisoire, prononcée quatorze jours après son inscrip-
« tion, puis, à une autre époque, de la preuve de sa résidence
« et de ce qu'elle a été incarcérée tant comme femme d'émi-
« gré que par d'autres motifs, mais sans reproche d'émigra-
« tion; 2° que jamais son père et sa mère n'ont été consi-
« dérés comme ascendants d'émigrés, ni leurs biens sé-
« questrés; 3° qu'à la mort du père, aïeul maternel des
« réclamants, ils ont recueilli librement ces biens, en ont
« payé le droit de mutation, et en ont joui sans trouble,
« durant près de quatre années;

« Sa Majesté pourrait se déterminer à accorder aux ré-
« clamants la mainlevée du séquestre qu'ils demandent. »

C'est encore dans ce sens qu'un autre avis du conseil

d'état, du 9 décembre 1809, également inédit, après avoir décidé que l'état avait succédé, du chef du père, émigré prédécédé, à l'aïeul, ce qui excluait les petits-fils, déclare

« Que les arrêtés du préfet ont statué en conformité de « l'article 3 de la loi du 28 mars 1793, d'après lequel « on ne peut opposer à l'état la mort naturelle des émi- « grés;

« Mais néanmoins, considérant que l'arrêté d'envoi en « possession, du 20 frimaire an 11, a eu lieu sans réclama- « tion ni opposition de la part de l'administration des do- « maines; que les réintégrés ont joui paisiblement et sans « trouble depuis cette époque de l'an 11 jusqu'en 1808; « qu'ainsi, ils ont pu se regarder comme propriétaires in- « commutables, et par conséquent, disposer des biens;

« Estime que Sa Majesté pourrait se déterminer à accor- « der au sieur *** la mainlevée du séquestre qu'il réclame, « sans toutefois y joindre la restitution des fruits et reve- « nus qui auraient été touchés par les préposés du do- « maine. »

2° De même, dans l'intérêt des seconds, c'est-à-dire des acquéreurs d'émigrés, il a été décidé que, l'arrêté du 5 bru- maire an 11 n'ayant point été publié officiellement, ni no- tifié aux parties, on ne pouvait opposer aux ventes au- thentiques et de bonne foi, faites jusque là, la réserve des biens à cause de l'échûté pendant la mort civile.

On avait d'ailleurs établi une distinction relativement à l'application du principe, savoir, qu'il devait être observé avec rigueur à l'égard des biens retrouvés dans la main de l'émigré ou du présomptif successeur, parce que ces biens étaient toujours censés être dans la succession; mais qu'il n'en était pas de même vis-à-vis d'un tiers acquéreur. En effet, s'il avait traité de bonne foi; s'il avait acquis par acte authentique ou par adjudication judiciaire; s'il avait fait inscrire ses titres aux hypothèques sans réclamation du domaine; s'il avait payé le prix de vente, réparé, amélioré; comment eût-on pu le dépouiller, sans donner lieu, par cette éviction tardive, à des recours soit en garantie contre les vendeurs, soit en indemnité envers l'état, à raison des réparations et des améliorations faites? La justice et la politique le défendaient. C'est dans ce sens qu'a statué un décret du 15 janvier 1809, portant « que les acquéreurs des « biens de la succession *** n'ont été ni appelés ni entendus « lors de la réclamation du domaine, sur laquelle est in- « tervenu ce décret ». (1)

Il résulte également d'un décret du 11 avril 1810 « qu'à « la vérité, toute restitution de biens de succession, posté- « rieure aux 5 brumaire et 24 frimaire an 11, était nulle, « comme contraire à ces arrêtés; mais que le moyen de « droit se tirait de la bonne foi des ventes et du respect de « la propriété d'autrui; que le tiers devait être à l'abri de « l'action en reprise, personnelle à l'amnistié; que le droit « de celui-ci, comme le titre de l'autre, s'appuyaient sur un « arrêté spécial de réintégrande; que le préfet seul avait « erré; que, si un décret impérial avait ordonné la réappo- « sition, c'avait été pour conserver le principe de l'échute, « et dans l'ignorance de la vente immédiate, qui avait ou-

---

(1) Décr. des 9 floréal an 11, — 5 messidor an 12, — 1er septembre 1807.

« vert le droit des tiers; mais que le séquestre devait être
« levé ».

Ces principes ont été aussi appliqués aux ventes, faites
par des légataires, de biens par eux recueillis pendant leur
prévention d'émigration, mais dont ils avaient obtenu, par
arrêté, la réintégrande.

C'est ce qui résulte d'un décret du 18 juin 1809, portant
« 1° qu'au décès du testateur, le sieur *** était inhabile à
« recueillir le legs fait à son profit; 2° que les ventes ont
« été faites et soldées tant en deniers comptant qu'en
« billets à ordre, à une époque où le sieur *** pouvait se
« croire définitivement et irrévocablement réintégré dans
« ses biens; qu'ainsi, les acquéreurs ne doivent pas plus être
« troublés dans leur possession que les vendeurs recherchés
« pour raison du prix des ventes ».

Douxième question. — *Devait-on restituer aux amnistiés les successions collatérales ouvertes pendant
leur émigration ?*

La raison de douter se tirait 1° de ce que, la confiscation
ayant saisi les biens au décès de l auteur, il n'y avait point
eu d'héritier naturel : la succession n'était donc ouverte
qu'au jour de l'amnistie; réintégrés dans la plénitude de
leurs droits civils, les héritiers avaient pu, dès ce jour, recueillir, à titre de succession, les biens invendus; 2° de ce
que, par la loi du 5 messidor an 7, l'état avait renoncé aux
successions collatérales.

Mais la raison de décider se tirait de ce que la loi invo-
quée n'était que pour les successions qui s'ouvriraient à
l'avenir, et non pour celles déjà ouvertes. C'est dans ce sens

qu'il a été décidé que les successions que les émigrés se seraient trouvés appelés à recueillir, et dont les auteurs étaient décédés pendant la mort civile desdits émigrés, étaient attribuées à l'état par l'article 5 de la loi du 28 mars 1793 ;

Et que la défense d'opposer à l'état la mort naturelle des émigrés n'était pas portée contre lui-même, et ne pouvait lui préjudicier. (1)

TREIZIÈME QUESTION. — *Des mineurs nés dans l'émigration, et héritiers de leur mère, décédée en émigration, pouvaient-ils demander la levée du séquestre sur les biens donnés à leur mère par contrat de mariage?*

Amnistiait-on les morts ? Oui : c'est ce qu'a décidé l'avis du conseil d'état du 9 thermidor an 10. Donc, si l'amnistiée décédée eût vécu, elle aurait recouvré les biens, car elle en avait été saisie du jour de son contrat de mariage. La mort de son père, décédé émigré, ne l'en avait pas dessaisie. Mais ses enfants nés dans l'émigration, et pendant sa mort civile, pouvaient-ils succéder à sa place? Pourquoi non ? Ils suivaient l'état de leurs père et mère; ils étaient, comme eux, citoyens français. Quoi ! l'émigré amnistié aurait succédé, et ses enfants innocents auraient été écartés! L'avis du conseil d'état parle d'enfants républicoles et nés avant l'émigration; mais il n'exclut, il ne proscrit pas les autres. Ils auraient donc été privés par des collatéraux nés dans l'émigration même, car l'avis du conseil d'état ne parle pas de ceux-ci.

---

(1) Arr. du 4 pluviôse an 8; — Décr. du 17 prairial an 13.

Il a été décidé que, par l'effet de ce décès et de l'élimination, les biens donnés avaient passé aux enfants, et étaient censés leur être échus au jour du décès, sauf ceux dont l'état avait disposé pendant la mort civile, ou qui ne se trouvaient pas réservés, et sauf les fruits. (1)

QUATORZIÈME QUESTION. — *Les émigrés amnistiés par le sénatus-consulte du 6 floréal an 10 étaient-ils censés réintégrés dans leurs droits civils à dater de cette époque, ou seulement de celle de leur certificat d'amnistie ?*

Les contestations qui pouvaient avoir lieu entre eux et leurs parents républicoles, sur des successions ouvertes dans cet intervalle, étaient-elles de la compétence de l'autorité administrative ?

L'art. 5 de la loi du 28 mars 1793 avait rendu l'état habile à recueillir toutes les successions qui, pendant cinquante ans, s'ouvriraient en faveur des émigrés, sans qu'on pût lui opposer la mort naturelle desdits émigrés.

L'art. 2 de la loi du 8 messidor an 7 avait modifié cette disposition, en faisant renoncer l'état à toutes les successions collatérales qui, à compter de cette époque, écherraient aux émigrés et qui devaient être recueillies par les parents régnicoles.

Enfin, l'art. 1er de l'arrêté du gouvernement du 3 floréal an 11, en faisant renoncer l'état aux successions directes qui s'ouvriraient à compter du 1er messidor suivant, avait également statué que les successions seraient recueillies par les

____

(1) Décr. du 28 messidor an 13.

parents régnicoles ; l'art. 2 maintenait les droits des mêmes héritiers aux successions collatérales.

Des difficultés se sont élevées sur l'exécution de ces lois, et deux questions ont été soumises au conseil d'état : l'une tendant à faire décider si les émigrés amnistiés étaient censés réintégrés dans leurs droits civils, à compter du sénatus-consulte du 6 floréal an 10 ; et l'autre, si les contestations, entre les amnistiés et leurs parents étaient de la compétence administrative.

Par un avis du conseil d'état du 26 fructidor an 13, il a été décidé, sur la première question, que les actes civils et autres, faits entre le sénatus-consulte et l'acte d'amnistie, étaient valables, mais sans déroger à l'art. 17, qui ne considérait les émigrés comme réintégrés dans leurs biens que pour les parties exceptées de la confiscation, et ne leur attribuait les fruits que du jour de la délivrance de leur certificat d'amnistie ; (1)

Et sur la deuxième question, que les débats entre les amnistiés et leurs parents étaient de la compétence judiciaire.

Il résulte d'un arrêt de la cour de cassation, du 5 nivôse an 13, que le certificat d'amnistie n'était qu'une formalité d'exécution, qui n'empêchait pas que les droits de l'amnistié ne s'ouvrissent au jour du sénatus-consulte ;

Que toutefois la séquestre devait être maintenu jusqu'à ce que ceux qui en réclameraient la levée eussent justifié de leurs qualités. (2)

---

(1) Arr. du 25 thermidor an 10.
(2) Décr. du 27 octobre 1808.
V. Questions de droit administratif, au mot *Emigrés*.

SECTION VIII.

DES PARTAGES DE PRÉSUCCESSIONS.

SOMMAIRE.

Une loi du 17 frimaire an 2 avait placé sous le séquestre les biens des père et mère dont les enfants avaient émigré.

La loi du 9 floréal an 3 ordonna aux ascendants dont un émigré se trouvait l'héritier présomptif et immédiat, et dont les biens avaient été saisis en vertu de la loi précitée, de fournir, dans le délai de deux mois, la déclaration exacte et sincère de leur actif et de leur passif.

En vertu de cette déclaration, on procédait au partage dit de présuccession; on séparait les biens des dettes, et l'excédant de l'actif sur le passif était divisé en autant de parts égales qu'il y avait de têtes ou de souches de successeurs présents et émigrés. L'ascendant était compté pour un; chaque prenant part recevait dans chaque nature de biens une quantité proportionnée à son droit dans la masse.

Les portions des émigrés étaient réunies au domaine national.

Certains avantages étaient accordés aux ascendants pour le rachat des portions de leurs biens attribuées à l'état.

La perte de ces avantages et une amende étaient établies contre ceux qui ne faisaient pas la déclaration prescrite.

Après l'accomplissement de ces conditions et formalités, le séquestre établi en exécution de la loi du 17 frimaire an 2 était levé; la législation relative aux familles d'émigrés était abolie; l'état renonçait à toutes successions qui pouvaient leur échoir à l'avenir, en ligne directe ou collatérale; on ne devait plus reconnaître d'ascendants ni de parents d'émigrés.

Quant à l'époque de l'ouverture de la présuccession, elle était fixée à la date de la déclaration, et non à celle du partage : d'où il suit que l'enfant conçu avant la remise, mais né depuis, ne pouvait pas figurer dans le partage, et que celui décédé après la remise devait au contraire y être compris; enfin, que les biens échus à l'ascendant depuis cette époque ne devaient pas faire partie du partage de présuccession.

Tels ont été l'origine et les principaux caractères du système des partages de présuccessions.

Les difficultés auxquelles l'application de la loi du 9 floréal an 3 donna naissance, et qui s'agitèrent, soit avant, soit depuis le retour des émigrés, furent nombreuses et importantes; elles se rapportaient principalement :

1° A la distinction des biens et des dettes susceptibles de faire partie du partage de présuccession,

2° Aux jouissances provisoires de leurs biens abandonnées aux ascendants,

3° Aux personnes auxquelles le bénéfice de la déclaration à fin de partage pouvait profiter,

4° Aux partages provisoires et supplémentaires,

5° Aux effets généraux des partages de présuccessions,

6° A l'irrévocabilité des partages vis-à-vis de l'état, des ascendants et des amnistiés.

C'est dans cet ordre que nous avons établi le débat et la solution des questions suivantes.

§ Ier.

DES BIENS SUSCEPTIBLES D'ÊTRE COMPRIS AU PARTAGE DE PRÉSUCCESSION.

QUESTION PREMIÈRE. — *Avait-on pu comprendre dans le partage de présuccession, et mettre dans le lot de l'état, des biens confisqués et vendus sur l'ascendant pendant sa propre émigration ?*

Non : car ils étaient déjà acquis à l'état et à un autre titre. On ne pouvait comprendre dans ledit partage que les biens invendus et restitués à l'ascendant après son élimination. (1)

DEUXIÈME QUESTION. — *Les ascendants d'émigrés, qui avaient requis partage, en exécution de la loi du 9 floréal an 3, devaient-ils comprendre dans leur actif les jouissances usufruitières qui leur appartenaient ?*

Jusqu'à l'an 7, on tenait pour constant qu'une présuccession ne devait être formée que d'objets susceptibles de partage après la mort de l'ascendant, et que, par conséquent, on ne pouvait y comprendre des propriétés usufruitières, qui mouraient avec lui; que la présuccession n'était qu'une fiction, une succession anticipée, et que, les héritiers ne pouvant rien prétendre au décès, l'état, qui les représentait, n'avait pas plus de droits qu'eux.

On ajoutait qu'un partage suppose l'ouverture de la succession, et, par conséquent, la cessation des jouissances viagères.

____

(1) Arr. des 11 prairial et 7 thermidor an 10, — 23 germinal an 11.

D'après ces motifs, on abandonnait les usufruits, hors et outre part, à l'ascendant.

Mais, depuis l'an 7, on pensa au contraire que l'ascendant qui n'aurait eu que des propriétés usufruitières aurait éludé les dispositions pénales de la loi ; que lesdites propriétés étaient partageables comme tous les autres biens ; et l'on renvoya, pour le mode de leur évaluation, à l'article 81 de la loi du 24 frimaire an 6, lequel adoptait les bases et les calculs de la loi du 23 floréal an 2.

Cette nouvelle jurisprudence, fondée sur une décision du ministre des finances du 4 messidor an 7, a été consacrée par arrêtés des 9 ventôse, 5 et 27 germinal an 10.

C'est dans le même sens qu'un arrêté du 23 floréal an 11 porte que les usufruits et les douaires devaient entrer dans les partages de présuccession, et que, s'ils avaient été omis, le partage devait être refait dans l'intérêt de l'état, etc.

Troisième question. — *Lorsque, dans un partage, on comprenait des biens déclarés par l'ascendant, mais sur lesquels il y avait litige, et qu'on avait sursis au partage desdits biens jusque après le jugement définitif du procès, devait-on lever le séquestre au profit de l'ascendant, à raison de l'amnistie de son fils ?*

Les biens faisaient partie du patrimoine déclaré par l'ascendant. Ils sont entrés dans le partage, pour une portion déterminée, au profit de chaque copartageant. Seulement, on a sursis à leur réunion au domaine de l'état, parce que leur propriété était contestée ; mais ce droit du domaine à la portion à lui attribuée n'en était pas moins acquis, et de cette attribution il résultait que l'état pouvait exercer son droit, indépendamment de l'amnistie de celui qu'il représentait, amnistie qui était ici un fait indifférent. L'événement favorable du procès réalisait la portion de l'état, qui était déterminée pour la quotité, et acquise pour le droit. (1)

QUATRIÈME QUESTION. — *Devait-on comprendre dans le prélèvement des dettes, lors d'un partage de pré-succession, la dot de la femme et les gains de survie?*

1° En ce qui concerne les gains de survie, la négative se tirait non de ce qu'ils n'étaient pas exigibles, puisqu'une rente constituée n'est pas un capital exigible, et que cependant ce capital aurait été une dette admissible en distraction, mais de ce qu'ils formaient un objet éventuel, et ne constituaient pas une créance certaine, dont l'admission dans l'état du passif eût pu être demandée d'après la loi.

2° En ce qui concerne la dot, c'est une dette certaine du père, qui n'a de biens *nisi deducto œre alieno :* il fallait donc en distraire le montant sur les biens à partager.

C'est ce qu'exprime un décret du 17 prairial an 15, en disant « que le mari est débiteur du moment qu'il l'a « reçue (la dot), quoiqu'elle ne soit exigible que lors de « la séparation des intérêts des conjoints ».

------

(1) Décr. du 17 mai 1809.

§ II.

PREMIÈRE QUESTION. — *Les ascendants d'émigrés devaient-ils, après le partage, restituer à l'état les revenus de leurs biens qui leur avaient été abandonnés, et qu'ils avaient touchés jusqu'au jour du partage?*

Il faut distinguer :

I. S'il n'y avait pas eu d'autorisation, résultant soit d'arrêtés de représentants du peuple en mission, ou d'un comité de la convention nationale, soit d'arrêtés de jouissance provisoire, délivrés par les départements, sur la déclaration faite par les ascendants qu'ils étaient dans le cas de l'exception portée en la loi du 17 frimaire an 2, il était de principe que l'état avait droit aux fruits jusqu'au partage.

A la vérité, on avait d'abord pensé, en l'an 9, que, le séquestre ayant, par les lois des 9 floréal an 3 et 20 floréal an 4, été converti en une simple obligation de partage, cette obligation était remplie, de la part de l'ascendant, par l'abandon de la portion afférente à l'état; qu'un propriétaire frappé de séquestre n'était pas obligé de se dénoncer lui-même; que la nation avait eu dans ses mains le droit de recueillir les fruits; que l'ascendant qui les avait consommés ne pouvait être recherché par les agents négligents de l'état; qu'on ne pouvait, par un retour tardif, et après un partage achevé, faire revivre contre lui l'hypothèque éteinte; que la disposition de la loi qui, après partage, levait le séquestre, sans restitution des fruits, n'était qu'une dispense de restitution pour ceux perçus par la nation, et

non une obligation d'exiger le rapport de ceux reçus par
l'ascendant; que, de même que la nation avait pu toucher
les revenus qui étaient échus et non payés au propriétaire,
avant le séquestre, de même elle ne devait pas répéter
contre lui, après le partage consommé, les portions de revenus échues et non perçues par les agents nationaux antérieurement au partage.

Ainsi l'avait décidé un arrêté du 3 germinal an 9, portant « que ce serait aller au-delà des dispositions de la loi
« du 9 floréal an 3, et notamment de l'art. 18, que de pré-
« tendre au rapport des fruits provenant de biens non sé-
« questrés, lorsque le partage des biens a été fait et con-
« sommé entre la république et l'ascendant d'émigrés,
« sans aucune réclamation ni réserve à l'égard des fruits
« échus avant le partage ».

La même jurisprudence résultait d'une décision du ministre des finances du 5 ventôse an 12, et d'un décret du
31 août 1806, qui proscrivait toute répétition de jouissances
contre les ascendants. (1)

Mais ensuite l'opinion contraire a prévalu.

Elle s'appuyait 1° sur les dispositions des lois des 17 frimaire an 2, 13 ventôse an 3, 13 nivôse, 9 floréal, 4 messidor an 3 et 30 floréal an 4, qui voulaient que les biens
des ascendants fussent séquestrés, et mis, dès ce moment,
sous la main de la nation;

2° Sur la décision du ministre des finances du 18 pluviôse an 6, qui ordonnait le rapport desdits revenus;

3° Sur ce qu'il importait peu que l'obligation de rendre

____

(1) Décr. 19 octobre 1808.

compte eût ou n'eût pas été imposée par une clause de l'acte de partage ou par l'arrêté même d'autorisation de jouissance provisoire; que cette obligation était une conséquence de la loi du 9 floréal an 3 ; qu'il convenait que le domaine, à qui le partage attribuait telle ou telle portion de biens de l'ascendant, profitât, à compter du jour du séquestre, des fruits dont cette portion de biens pouvait être productible;

4° Enfin, sur ce que la déclaration en vue de partage, indépendamment de tout séquestre réel, opérait la saisine nationale, dont l'effet était d'attribuer, au moment même, à l'état, un droit de copropriété sur la part virile du fils émigré, et, par conséquent, sur les revenus provenant de cette part, depuis la déclaration jusqu'au partage. (1)

Dans ce système, on reconnut également, comme principe, que les ascendants seuls qui avaient ouvert partage avaient restreint le séquestre, tant du fonds que des revenus, à la part présumée de l'émigré; mais ce principe n'avait d'effet que pour l'avenir.

On concluait de là 1° que l'état n'avait plus, dès lors, à prétendre, dans les revenus, qu'une part proportionnelle au lot à lui obvenu du chef du fils émigré; mais que, jusqu'au jour de la demande en partage, les revenus du domaine séquestré appartenaient en totalité à l'état; (2)

2° Qu'à l'égard des fruits échus, quoique non perçus, avant le séquestre, l'ascendant en devait compte, parce que

---

(1) Décr. du 21 novembre 1810.

(2) Décr. des 17 et 22 décembre 1809. Conférer avec deux arrêtés des 21 nivôse et 15 pluviôse an 12.

l'effet de la loi du 9 floréal an 3 était d'atteindre les biens des ascendants comme ceux des émigrés, de recouvrer les dettes entières, et de mettre sous la main de l'état les choses exigibles, commes les choses existantes dans les mains du débiteur, car les fruits échus sont la propriété du créancier, du jour de l'échéance;

3° Que le prix des coupes de bois était acquis à l'état, nonobstant l'échéance des traites postérieurement à la réintégrande de l'ancien propriétaire, parce que le paiement s'était opéré à l'instant du versement des traites dans les caisses publiques. (1)

II. Si l'ascendant avait obtenu la jouissance provisoire, il faut distinguer deux époques:

En l'an 9, les ascendants devaient rendre compte des jouissances provisoires qu'ils avaient obtenues, et remettre au domaine les fruits des biens échus dans son lot, « attendu que la loi du 9 floréal an 3, art. 18, n'accor- « dait mainlevée du séquestre aux ascendants d'émigrés « qu'après la consommation du partage ». (2)

Les réserves même d'abandon au père, dans le cas de la radiation du fils, étaient, malgré la jouissance provisoire, considérées comme non avenues. (3)

Mais une décision du ministre des finances du 5 ventôse an 12 se relâcha de la rigueur de ce principe, et depuis,

____

(1) Décis. du ministre des finances du 5 ventôse an 12; — Décr. des 26 novembre 1808, — 28 février, 4 avril 1809, — 10 février 1811.

(2) Arr. du 29 fructidor an 9,

(3) Décr. du 3 ventôse an 13.

un décret du 31 août 1806, qui a fait règle, établit que toute personne, même un ascendant, qui avait joui en vertu d'un arrêté provisoire, n'était pas tenue de rapporter ce qu'elle avait touché; toutes répétitions de jouissances furent interdites dans ce cas, (1)

Même lorsque l'arrêté de jouissance provisoire aurait imposé à l'ascendant la condition de rendre compte des revenus de la portion qui écherrait à l'état. (2)

III. Quant aux secours provisoires, voici quelles règles on observait : (3)

1° Lorsque, avant le partage et par suite du séquestre à raison de l'émigration de l'un de leurs enfants, les auteurs des émigrés se trouvaient dans le besoin, ils obtenaient du

---

(1) Décr. des 16 août 1808 et 7 octobre 1809.

(2) Décr. des 26 octobre 1808, — 28 février , 4 avril 1809.

(3) Ces lois étaient si barbares , qu'après avoir obligé les ascendants à se dépouiller, par une espèce d'avancement d'hoirie, en faveur des persécuteurs de leurs fils, elles frappaient de séquestre la totalité de leurs biens, et ne leur accordaient aucun secours jusqu'au partage desdits biens, partage qu'il dépendait de l'administration d'accélérer ou de suspendre. Cependant, après le consulat, on permit quelquefois aux ascendants , par des arrêtés spéciaux, à titre de secours alimentaire, et jusqu'à la confection du partage , la jouissance provisoire d'une portion de biens approximativement proportionnelle à leurs droits dans le partage , et on levait à cet effet le séquestre sur cette portion.

Ces lois, en interdisant toute jouissance aux copropriétaires, avaient peut-être aussi pour but d'accélérer les partages.

gouvernement, à titre de provision alimentaire, une somme qu'il arbitrait. (1)

2° Les conseils de préfecture étaient incompétents pour accorder, à des enfants d'émigrés, des revenus de biens de leurs ascendants, à titre de secours. (2)

3° Les sommes accordées par le gouvernement, avant partage, à titre de provision et de secours alimentaire, à des femmes d'émigrés, étaient insaisissables, nonobstant toutes oppositions. (3)

4° Des revenus ne pouvaient être accordés, à titre de secours, à des ascendants d'émigrés, postérieurement à la loi du 20 floréal an 4, qui a ouvert la faculté de partage, « at-« tendu que les secours donnés en assignats par les lois des « 23 nivôse et 6 thermidor an 3 n'étaient plus susceptibles « d'être réclamés au 19 pluviôse an 5; que d'ailleurs la loi « du 20 floréal an 4 avait introduit un autre ordre de cho-« ses, relativement aux ascendants d'émigrés, en leur don-« nant la faculté de faire partage ou de rester soumis au « séquestre ». (4)

DEUXIÈME QUESTION. — *A-t-on pu, en l'an 8, accorder à un père d'émigré la jouissance provisoire des biens réunis au domaine par le partage de la présuccession?*

Avant la loi du 19 fructidor an 5, on accordait ces sor-

---

(1) Arr. du 15 floréal an 9.

(2) Arr. des 27 brumaire et 27 floréal an 9.

Ce dernier arrêté annule à la fois quatorze arrêtés de conseils de préfecture.

(3) Arr. du 9 thermidor an 9.

(4) Arr. du 2 pluviôse an 12.

tes de jouissances provisoires aux ascendants qui justifiaient que leurs enfants étaient rayés provisoirement; mais depuis la promulgation de cette loi, une circulaire du ministre des finances a décidé que toutes jouissances provisoires devaient cesser, à partir du 28 du même mois.

En l'an 8, et lorsque les enfants étaient rayés *définitivement*, on était dans l'usage de rendre aux père et mère ceux de leurs biens échus à la république; mais quant aux amnistiés depuis l'arrêté du 5 germinal an 10, aucune restitution n'avait lieu. (1)

§ III.

DES PERSONNES AUXQUELLES LE BÉNÉFICE DU PARTAGE DE PRÉSUCCESSION POUVAIT PROFITER.

PREMIÈRE QUESTION. — *Lorsque, après avoir fait la déclaration prescrite par l'article 1ᵉʳ de la loi du 9 floréal an 3, mais avant la consommation du partage, l'ascendant était venu à décéder, devait-on procéder au partage de la succession, d'après la loi du 9 floréal an 3, comme s'il s'agissait encore de présuccession?*

Avant les lois des 8 messidor et 16 fructidor an 7, les héritiers républicoles pouvaient faire donner suite aux partages de présuccession après le décès de l'ascendant, mort après la déclaration, sans consommation préalable de partage. Mais, depuis les lois des 8 messidor et 16 thermidor an 7, une déclaration à fin de partage, qui n'avait pas été remise avant la loi du 11 messidor an 3, et qui n'avait

____

(1) Décr. du 25 prairial an 12.

pas été suivie de consommation, avant la mort de l'ascendant, demeurait caduque. L'ascendant laissait à l'état un
droit égal à celui que le fils émigré eût exercé, à moins
qu'on ne justifiât que l'ascendant était, avant la publication
de la loi du 11 messidor an 3, dans l'un des trois cas prévus
par la seconde partie de l'article. (1)

Il résulte également d'un décret du 19 janvier 1811
que les lois des 8 messidor et 16 thermidor an 7 n'admet-
taient la fiction de présuccession que pour les personnes
vivantes; qu'elles voulaient que, par le décès de l'ascendant
après déclaration et avant partage, l'ordre de succession
naturelle fût rétabli et que l'état exerçât la plénitude des
droits des descendants;

Qu'il y avait raison de plus d'annuler le partage, si
le décès de l'ascendant était antérieur au certificat d'amnistie de son fils et au 1er messidor an 11 : car la succession était alors dévolue au fils, qui eût été lésé si le partage
eût subsisté.

DEUXIÈME QUESTION. — *Les représentants d'une mère
d'émigré décédée pouvaient - ils réclamer le bénéfice
de présuccession, et faire la répétition, sur le trésor public, d'une créance, pour reprises dotales, éteinte par
confusion, à raison du décès du père et de la mère, pendant la mort civile du fils émigré?*

Les dispositions de la loi du 8 messidor an 7, et particu-

______

(1) Loi du 8 messidor an 7; — Instr. du ministre des finances
du 9 fructidor an 7; — Arr. des 15 germinal an 10, — 10
ventôse an 12; — Décr. des 25 vendémiaire an 13, — 25
janvier 1807.

lièrement celles de l'article 5 de la loi subséquente du 16 thermidor, qui en était le corrollaire, restreignaient le bénéfice du partage de présuccession à une faculté personnelle, et voulaient qu'en cas de décès de l'ascendant avant l'arrêté définitif de partage, le droit de successibilité de l'état fût exercé dans toute sa plénitude : il n'y avait d'exception à ce principe que pour le cas où le partage avait été légalement requis avant la loi du 11 messidor an 5. Or, ici, l'état, du chef du fils émigré, était saisi de l'entière succession de la mère.

En opérant donc ce partage, on grevait le trésor public d'une dette qui était éteinte dans sa main, au moyen de la confusion, par le décès du père débiteur et de la mère créancière pendant la mort civile du fils, qui seul représentait l'hérédité de l'un et de l'autre. On faisait de cette dette éteinte une créance active que l'on mettait dans la main des collatéraux de la mère, qui n'y avait aucun droit, l'état ayant hérité de celle-ci du chef de son fils émigré. Une telle opération était inadmissible. (1)

TROISIÈME QUESTION. — *A-t-on pu faire valablement abandon à un héritier régnicole, au nom de l'état, représentant son frère émigré, décédé, des biens de la succession de leur mère commune, décédée elle-même sans avoir requis le partage ordonné par la loi du 9 floréal an 5 ?*

Les avantages que la loi du 9 floréal an 3 accordait aux ascendants leur étaient personnels; et il n'était permis à

---

(1) Décr. des 5 et 19 brumaire an 13.

leurs héritiers, suivant une instruction ministérielle de l'an 5, de faire procéder à leur partage de présuccession que lorsque les ascendants étaient décédés après avoir remis la déclaration prescrite pour que lesdits partages fussent effectués.

Ce n'était donc pas l'application des articles 4 et 5 de la loi de messidor an 7 qu'il y avait lieu de faire, mais de l'article 5 de la loi du 16 thermidor an 7, portant que, si l'ascendant venait à décéder avant le partage effectué, en ce cas, l'état exerçait, sans réduction ni altération, son droit de successibilité, dans toute sa plénitude. (1)

L'abandon exclusif fait au régnicole privait donc à tort l'état d'une moitié de succession ; mais depuis l'amnistie de l'émigré qu'il représentait, l'état ne pouvait plus attaquer l'arrêté d'abandon qui lui faisait grief : l'article 16 du sénatus-consulte le lui défendait. (2)

QUATRIÈME QUESTION. — *Le partage de présuccession épuisait-il les droits successifs de l'amnistié, tellement que ses fils ne pussent entrer en partage des biens de l'ascendant, depuis décédé, sauf imputation, sur leur part héréditaire, de la valeur du lot échu à l'état, du chef de leur père ?*

La loi du 9 floréal an 5 n'avait imposé aux ascendants, de leur vivant, le sacrifice de leur hérédité, que dans le seul intérêt de l'état. Elle n'avait pas prévu le cas où le fils émigré obtiendrait sa radiation définitive. Si l'émigré avait été

---

(1) Arr. du 9 germinal an 9.
(2) Décr. du 10 septembre 1807.

mis antérieurement dans la place que les articles 18 et 25 avaient faite au domaine, il fût résulté de cette pleine renonciation à toute espèce de successions qu'il serait resté, quoique rayé, perpétuellement en état de mort civile. On ne pouvait être pour lui plus sévère que les lois. Or il n'avait, d'après l'arrêté du 29 messidor an 8, aucune répétition à faire, ni dans les fruits échus avant sa radiation, ni dans le prix des ventes ; d'après la loi du 28 mars 1793, il ne pouvait recueillir les successions ouvertes pendant sa mort civile; d'après le sénatus-consulte du 6 floréal an 10, il ne pouvait ni attaquer les actes d'une date antérieure à son amnistie, ni redemander ses créances sur l'état, ses biens affectés à un service public, ses bois d'une étendue de 150 hectares.

Mais qui lui avait défendu de recueillir la succession de son père ouverte depuis sa radiation ou son amnistie? La succession ne pouvait se confondre avec la présuccession. L'une était une pure fiction créée dans le seul intérêt de l'état; l'autre était un droit réel et naturel dans lequel le fils rayé rentrait et auquel l'état n'avait pas renoncé pour lui. La portion touchée par l'état n'était qu'un avancement d'hoirie en faveur de l'émigré; on laissait le partage tel qu'il était; ce qui était relatif au reste de la succession n'était plus l'objet que d'un débat judiciaire.

C'est ce qu'exprime un décret du 29 décembre 1810, par les motifs suivants, qui développent avec beaucoup de clarté les véritables principes de la matière:

« Considérant que la loi du 9 floréal an 3, en exigeant des « ascendants d'émigrés un partage de présuccession, n'a eu « d'autre objet que de procurer à l'état une indemnité des

« frais de la guerre, et qu'au moyen de l'abandon à lui fait
« des portions desdits émigrés dans cette succession fictive,
« l'état, aux termes des articles 18 et 25 de la même loi, a
« complétement renoncé tant aux successions qui pour-
« raient échoir à l'avenir aux ascendants et aux émigrés
« qu'à la succession naturelle des ascendants eux-mêmes;
« Qu'il résulte clairement de toutes les dispositions de
« cette loi que les émigrés étaient alors considérés comme
« devant être, à perpétuité, frappés de mort civile; mais que
« leur radiation ou amnistie a introduit, à leur égard, un
« nouvel état de choses par lequel, si, d'un côté, il leur est
« interdit de rien répéter de ce qui a été, à raison de leur
« absence, attribué, soit à l'état, soit à des tiers, d'un autre
« côté, ils ont été réintégrés dans ceux de leurs biens non
« vendus, cédés ou réservés, de même que dans la jouis-
« sance de tous leurs droits civils; qu'ainsi, on ne pourrait
« sans contradiction les considérer comme incapables de
« recueillir les successions, tant directes que collatérales,
« ouvertes depuis cette réintégration ;
« Considérant, en outre, qu'aux termes de l'avis du con-
« seil d'état du 20 fructidor an 13, les débats qui peu-
« vent s'élever, à l'égard de ces successions, entre les rayés
« ou amnistiés et leurs cohéritiers, sont de la compétence
« des tribunaux; mais que, dans le partage des successions
« directes, chacun des cohéritiers régnicoles doit d'abord
« prélever une portion absolument égale à celle dont l'état
« a profité, du chef des rayés ou amnistiés dans le partage
« de présuccession; qu'ainsi, pour arriver à cette parfaite
« égalité, il faut se régler ou sur l'estimation suivie dans le
« partage de présuccession, ou soumettre tous les biens, y

« compris le lot de l'état, à une nouvelle appréciation qui
« en détermine l'exacte valeur, soit en nature, soit en ar-
« gent ;

   « Art. 1ᵉʳ. Il sera, avant partage, prélevé sur la masse de
« la succession naturelle une portion de biens d'une va-
« leur équivalente à celle du lot obvenu à l'état. »

§ IV.

DES PARTAGES PROVISOIRES ET SUPPLÉMENTAIRES.

PREMIÈRE QUESTION. — *Reconnaissait on, en matière
de présuccession, des partages provisoires?*

La loi du 9 floréal an 5 ne reconnaissait pas de partages provisoires et conditionnels, quelles qu'eussent été les
clauses des arrêtés administratifs.

Il suivait de ce principe:

1° Que la part afférente à l'état, par suite d'un séquestre
ou partage provisoire, était irrestituable ; (1)

2° Qu'il en était de même des lots échus à l'état, même
du chef d'un simple prévenu; (2)

3° Qu'on devait en dire autant des biens attribués provisoirement à l'état par un partage de présuccession, du chef
d'un enfant, même décédé avant les lois sur l'émigration.

La raison en est que les partages provisoires avaient, à
l'égard des ascendants, un effet définitif, et subissaient l'ap

---

(1) Arr. du 5 messidor an 10 ; — Décr. des 5 ventôse, 17
germinal, 8 thermidor an 13.

 (2) Sénatus-consulte du 6 floréal an 10, art. 17; — Décr
des 11 prairial, 3, 14 messidor, 11 thermidor an 12.

plication absolue de l'arrêté du 5 germinal an 10. (1)

4° Que le partage était inattaquable lorsqu'il était fait, quoique la liquidation et le recouvrement ne fussent pas finis, ni la division des lots matériellement opérée.

La raison en est que l'esprit de l'arrêté du 5 germinal an 10 était que, là où il y avait transaction, il y avait saisine pour l'état. (2)

5° Que les préfets n'avaient pu lever le séquestre d'un bien échu à l'état par l'effet d'un partage provisoire de présuccession, et affecté ensuite à la Légion-d'Honneur.

La raison en est qu'aux termes des lois de la matière, tous les partages étaient définitifs, quelles que fussent les réserves qui y étaient stipulées, et nonobstant la radiation des enfants prévenus d'émigration ; de plus, l'affectation à la Légion-d'Honneur était une disposition irrévocable.

C'est dans ce sens qu'il a été jugé, par décret du 21 frimaire an 14, que « l'affectation d'un bien, étant encore « sous le séquestre national, est un acte irrévocable, et « que la remise d'un lot de présuccession est, nonob- « stant toute réserve insérée au partage, défendue par l'ar- « rêté du 5 germinal an 10 ». (3)

6° Que les biens échus, même par partages provisoires, appartenaient irrévocablement au domaine, et devaient être repris des mains de l'ascendant ou de ses héritiers qui en avaient obtenu la possession, à moins qu'il n'y eût eu

____

(1) Arr. du 5 brumaire an 12.

(2) Décr. des 5 prairial an 12 et 26 vendémiaire an 13.

(3) Décr. du 21 frimaire an 14.

d'arrêté spécial de réintégrande avant le 5 germinal an 10. (1)

Quant aux biens recueillis par les ascendants, postérieurement à leur partage de présuccession, ils leur appartenaient exclusivement, et faisaient partie de leur succession, à laquelle la loi avait renoncé pour l'état. Si donc les successions ainsi recueillies étaient indivises avec l'état, à raison de l'émigration d'un ou plusieurs cohéritiers, les enfants de l'ascendant avaient droit à être récompensés par des biens de ladite succession, équivalents à ceux devant composer leur part, dont la vente se trouvait avoir été effectuée au profit de l'état, à raison de l'indivision. (2)

DEUXIÈME QUESTION. — *Y avait-il lieu de faire un partage supplétif de présuccession, lorsque le premier partage n'avait pas été entièrement consommé ?*

Dès qu'il y avait eu partage de présuccession, l'état avait été saisi d'un droit de quotité reposant alors sur la tête du déclarant. Si quelques uns de ses biens étaient alors litigieux, ou non suffisamment connus, la division ne s'en faisait pas; mais il n'y avait pas moins eu attribution tacite ou exprimée d'un droit de propriété au profit de l'état, dans les mêmes biens, pour une quotité proportionnelle à celle qu'il prenait dans les biens clairs et liquides. Le contrat était irrévocablement formé entre l'état, qui avait accepté, et l'ascendant, qui concédait un droit de propriété d'une quotité de ses biens, pour avoir main-

____

(1) Décr. du 11 décembre 1808.

(2) Loi du 9 floréal an 5, art. 18; — Arr. du 30 nivôse an 12.

levée du surplus. Ce n'était pas même, à proprement parler, un partage additionnel qu'on requérait : c'était l'exécution du partage préexistant.

Il a été décidé, d'après ces motifs, « qu'il y a eu partage « de la présuccession du réclamant, et que, par ce partage, « l'état a été saisi d'un droit dans les biens litigieux qui y « ont été portés pour mémoire, comme ceux qui ont été « alors divisés entre l'état et l'ascendant ». (1)

TROISIÈME QUESTION. — *Y avait-il lieu, nonobstant les partages faits avant la loi du 8 messidor an 7, de procéder au partage supplémentaire des biens advenus depuis à l'ascendant?*

Il est vrai que le ministre des finances avait décidé, par une circulaire du 18 floréal an 6, que la remise, par l'ascendant, de sa déclaration à fin de partage, fixait l'état des choses entre la république et lui : de telle sorte que 1° les biens échus depuis la remise de cette déclaration ne devaient pas être compris dans le nombre des biens partageables ; 2° les enfants qui naissaient depuis la déclaration ne devaient pas compter comme successibles ; 3° ceux, au contraire, qui décédaient, n'en étaient pas moins compris au partage.

Mais cette règle fut abandonnée depuis la loi du 8 messidor an 7, et il fut établi en principe que la première déclaration de l'ascendant ne fixait point l'état de la présuccession, lorsqu'il était survenu, jusqu'à la signature de l'arrêté de partage, des événements qui avaient changé cet

____

(1) Décr. du 9 frimaire an 13.

état ; qu'ainsi, le partage devait s'étendre aux biens dont l'ascendant était devenu propriétaire depuis la déclaration jusqu'au partage.

La loi n'admettait à cette règle que deux exceptions : 1° lorsque le partage avait été opéré avant le décret du 11 messidor an 3; 2° lorsque le dépôt et l'affirmation de la déclaration des biens, avec leur évaluation, avaient également eu lieu avant la même loi. (1)

QUATRIÈME QUESTION. — *Y avait-il lieu à faire un partage supplémentaire de biens déclarés, mais non partagés, lorsque l'acte de présuccession en contenait la réserve ?*

Sans doute, un tel partage de biens laissés en réserve était parfaitement régulier. La portion de ces droits dont l'exercice avait été réservé après l'apurement de la succession, sous bénéfice d'inventaire, était un droit acquis à l'état par le partage même de présuccession. C'était la simple exécution d'un contrat passé entre les parties. L'amnistie postérieure des enfants n'avait pu détruire les effets de cette réserve.

Ainsi l'ont jugé trois décrets des 5 prairial an 12, 30 frimaire et 13 pluviôse an 13.

Le même principe a été admis par un avis du conseil d'état (inédit) du 17 février 1809, lequel estime « que, « d'après la réserve contenue au partage de la présucces- « sion du sieur....., du 6 nivôse an 7, l'état a droit aux « deux tiers dans le lot échu au sieur *** ».

____

(1) Décr. du 27 nivôse an 13.

Cependant, si les dettes de la succession à partager, par acte supplémentaire, devaient surpasser l'actif; s'il eût fallu que l'état intervînt dans des procès qui, en fin de cause, auraient réduit sa portion; si, en outre, l'ascendant jouissait depuis long-temps, on levait le séquestre, et on remettait les biens, mais sans restitution des fruits et revenus perçus par le domaine.

CINQUIÈME QUESTION.—*Si une rente due à l'état avait été omise par l'ascendant dans sa déclaration à fin de partage de présuccession, et si cette rente avait été découverte ultérieurement par le domaine, et transférée à la caisse d'amortissement, devait-elle être réduite dans la proportion (au tiers, par exemple) dans laquelle l'état avait partagé dans la présuccession?*

L'omission aurait été involontaire, si la rente n'avait pas été due à l'état, parce qu'alors l'ascendant aurait eu intérêt à ce qu'il lui fût donné des biens pour le service de la rente; mais l'omission paraissait calculée dans le cas contraire : car l'état n'eût contribué, par la déclaration, au passif, que jusqu'à concurrence de sa part. C'était donc véritablement un actif de l'état, que l'ascendant avait dissimulé, en l'omettant au passif de sa présuccession; il s'était exposé à l'amende qui frappait les débiteurs en retard de déclarer les dettes dues à l'état; il demandait indirectement la rectification prohibée d'un partage (antérieur au 8 messidor an 7).

C'est dans ce sens qu'un décret du 23 avril 1807 statue, et par le motif « que l'ascendant a dissimulé sa dette, « qu'elle n'aurait pu s'éteindre que par un paiement effec-

« tif, et que la réduction qui s'en opérerait aujourd'hui
« serait une rectification indirecte du partage de présuc-
« cession, rectification prohibée par l'art. 16 du sénatus-
« consulte du 6 floréal an 10 ».

C'est encore dans le même sens qu'un arrêté du 3 germinal an 10 statue que le partage n'était pas consommé sans
retour, si, par inexactitude dans la déclaration des biens,
l'état n'avait pas été mis en possession de la part proportionnelle que la loi lui attribuait.

§ V.

DES EFFETS DES PARTAGES DE PRÉSUCCESSION.

PREMIÈRE QUESTION. — *Un partage de présuccession
opérait-il, indépendamment de toute inscription ou de
tout séquestre, prévention d'émigration?*
*Le fils de l'émigré, dont le lot était échu à l'état, pouvait-
il demander à exercer ses droits contre ses cohéritiers
régnicoles, tout en respectant les ventes, faites par
l'état, du lot à lui obvenu du chef de sa mère?*

L'art. 18 de la loi du 9 floréal an 3 portait que les ascendants feraient une déclaration solennelle, *à raison de
l'émigration* de leurs enfants.

D'ailleurs, comment déclarer l'enfant régnicole, lorsque
l'état restait possesseur, à raison de son émigration, de sa
portion virile dans la succession de son père? L'avis du
3 germinal an 10 proclamait ces sortes de partages irrévocables.

Si la mère du réclamant eût vécu, elle n'eût pu rien
prétendre dans la succession ouverte par la mort naturelle
de son père : en effet, tous ses droits successifs avaient été

épuisés au profit de l'état par le partage : donc le fils, qui n'agissait qu'en qualité d'héritier de sa mère, ne pouvait prendre aucune part dans la succession de son aïeul ; tous ses droits étaient consommés par l'état, et l'état ne devait rien restituer.

D'où il suit que toute répétition contre les cohéritiers régnicoles était frappée d'interdiction.

C'est dans ce sens qu'un décret du 16 juin 1808 a statué, et par le motif « que le partage de présuccession du « sieur*** a opéré une prévention d'émigration contre sa « fille ;

« Que, par ce partage, l'ascendant a été déclaré quitte, « envers le gouvernement, de tous les droits successifs de « sa fille émigrée, et qu'ainsi son petit-fils, qui n'agit que « comme ayant l'exercice des droits de feu sa mère, ne « peut aujourd'hui prendre part à la succession ouverte « par la mort naturelle de son aïeul ». (1)

Deuxième question. — *Les biens engagés compris, par suite d'un partage de présuccession, dans le lot obvenu à l'ascendant, étaient-ils soumis à la loi révocatoire du 14 ventôse an 7 ?*

L'avis du conseil d'état du 5 germinal an 10 ayant considéré tous les partages comme des actes indestructibles, il était interdit à l'état, comme aux amnistiés ou ascendants, de les attaquer en aucun cas et sous aucun prétexte : c'était le vœu de l'article 16 du sénatus-consulte. Il y avait irrévocabilité, même en cas de lésion pour l'état ; le partage

____

(1) Arr. du 10 germinal an 11.

avait patrimonialisé le bien domanial : dès lors , il n'y avait
pas lieu à l'application de la loi du 14 ventôse an 7. (1)

TROISIÈME QUESTION. — *Y avait-il lieu d'annuler la
vente nationale d'un lot de présuccession rentré, par
l'effet d'une rectification postérieure, entre les mains de
l'ascendant, qui l'avait cédé à un tiers?*

D'une part, le domaine, devenu propriétaire par l'attribution du partage, avait pu disposer ; d'autre part, l'acquéreur avait été investi de la propriété par adjudication publique. Si depuis, et par erreur, l'objet vendu avait été cédé
à un tiers, cette cession était caduque : car ni l'ascendant,
ni l'état, n'avaient eu le droit de disposer de la propriété
d'autrui. (2)

QUATRIÈME QUESTION. — *Les abandons de biens, faits
par l'état aux ascendants, faisaient-ils obstacle à ce
que des tiers régnicoles en revendiquassent la propriété?*
*Devant quelle autorité cette action devait-elle étre
portée?*

La demande en revendication de sa propre chose était
étrangère au partage des biens d'une succession. On ne portait pas , pour cela, obstacle à l'acte administratif : tout ce
qui en résultait, c'était que, si les tribunaux jugeaient que le
bien échu au lot de l'ascendant était la propriété d'un tiers,
l'ascendant ou les héritiers pouvaient demander qu'il fût

____

(1) Décr. du 7 mars 1808.
(2) Décr. du 27 octobre 1807.

fait, sur le lot échu à l'état, une réduction proportionnelle à la valeur des biens dont l'ascendant se trouverait évincé sur son lot. Ainsi, les demandes des tiers et de l'ascendant étaient tout-à-fait distinctes; l'une pouvait être la conséquence de l'autre, mais toutes les deux avaient des juges différents : l'action en revendication regardait les tribunaux, et l'action récursoire en indemnité, l'administration.

De plus, l'état était sans intérêt : car, si l'indemnité était réclamée par l'amnistié ou ses héritiers, on leur opposait l'article 16 du sénatus-consulte du 6 floréal an 10. Il était de même sans intérêt, si le bien litigieux avait été omis dans la déclaration de l'actif, et s'il n'y avait pas eu de réserve dans le partage : car, depuis l'amnistie, tel qu'il était, il devait être respecté.

C'est dans le sens de cette argumentation que statue un décret du 21 décembre 1810, portant « que la demande en « revendication de la commune de *** est étrangère au « partage de présuccession, et que ce partage ne fait pas « obstacle à ce que les tribunaux prononcent la réinté- « grande de la commune, s'il est justifié que les biens en « litige sont sa propriété ».

CINQUIÈME QUESTION. — *Pouvait-on attaquer un décret qui, en validant le remboursement du capital et des intérêts d'une rente convenancière par le domanier, ordonnait que l'ascendant serait indemnisé, par l'état, du montant desdites rentes mises dans le lot à lui attribué par le partage de sa présuccession?*

Si l'on n'avait fait entrer dans le lot de l'ascendant que

la valeur des capitaux de la rente convenancière, c'était
aussi dans la même proportion que le lot du gouvernement,
représentant le fils émigré, avait été fixé. Or, si l'ascendant
avait reçu, en échange de cette valeur remboursée à l'état,
une indemnité représentative et proportionelle, on concluait que le partage avait été maintenu dans son intégralité, que l'ascendant n'éprouvait aucun préjudice, et
qu'on ne pouvait lui reconnaître un droit quelconque
auxdites tenues convenancières, sans troubler l'ordre des
partages par une révision intempestive, et, d'ailleurs, prohibée par le sénatus-consulte.

C'est dans ce sens que prononce un décret du 23 mai
1810, et par le motif « que la demande concernant la pro-
« priété foncière des tenues convenancières était bien de
« la compétence judiciaire; mais que les enfants D*** ne
« peuvent avoir aucun droit à exercer à cet égard, vu qu'ils
« sont entièrement désintéressés par l'indemnité qui a été
« accordée à leur père ; enfin, qu'on ne pouvait leur laisser
« une action, sans nuire à l'intégralité du partage, ce
« qui serait contraire aux dispositions du sénatus-con-
« sulte ».

Sixième question. — *En quelle valeur les ascendants
qui avaient racheté la portion de leurs biens réunis
au domaine de l'état, par suite du partage de présuccession, d'après la loi du 9 floréal an 3, devaient-
ils se libérer?*

Il faut distinguer :
S'ils avaient racheté avant la démonétisation du papier-
monnaie, et postérieurement à la loi du 28 ventôse an 4,

et d'après son mode, ils ont dû acquitter les trois quarts en mandats valeur nominale et le dernier quart en mandats au cours, ou en numéraire, d'après les dispositions de la loi du 13 thermidor an 4. (1)

Mais, pour les rachats faits depuis la suppression du papier-monnaie, les paiements devaient se faire en numéraire, moitié comptant, moitié dans les six mois. (2)

SEPTIÈME QUESTION. — *Y avait-il lieu de déclarer éteinte, comme viagère, et par le décès de l'émigré, une rente créée perpétuelle en avancement d'hoirie, par sa mère, et attribuée à l'état, par partage de présuccession ?*

Des rentes créées pour avancement d'hoirie ne devaient s'éteindre que dans l'ouverture de la succession dévolue au donataire; mais ici l'état avait préféré la donation au partage. Héritier, il eût recueilli, à perpétuité, une portion d'immeubles de l'ascendant; donataire, il ne pouvait être privé de la possession perpétuelle des rentes, sauf rachat.

C'est dans ce sens que statue un décret du 14 juillet 1811, « par le motif que, la rente ayant été créée perpé-« tuelle, et en avancement d'hoirie de la succession de « l'ascendant, elle est devenue, par la fiction de succession, « la portion héréditaire dévolue à l'état, pour lui demeu-« rer à perpétuité ».

------

(1) Décis. du ministre des finances du 8 brumaire an 7; — Arr. du 10 floréal an 11 ; — Décr. du 22 janvier 1808.
(2) Décis. du ministre des finances du 18 pluviôse an 6.

HUITIÈME QUESTION. — *Les créances provenant de partages de présuccession et mises dans le lot de l'état devaient-elles étre payées avec du tiers consolidé et des bons des deux tiers, ou seulement en numéraire?*

L'art. 205 de la loi du 24 août 1793 avait permis de se libérer, vis-à-vis de l'état, avec des inscriptions de rentes, mais seulement à ceux qui étaient alors débiteurs de l'état.

Ce principe n'a pas été altéré par la loi du 24 frimaire an 6, car celle-ci n'a fait que perpétuer la faculté à raison de la coupure de l'inscription en tiers consolidé et deux tiers mobilisés. Mais l'admission de ces dernières valeurs était toujours subordonnée à la double circonstance que la dette et la créance à compenser étaient de date antérieure à la loi de 1793 : c'est ce que porte l'avis du conseil d'état du 28 frimaire an 12.

Ce principe n'était applicable qu'aux paiements à venir lors du litige, car on ne revenait pas sur ce qui était consommé.

La date n'était pas celle où la créance avait été constituée par le tiers envers l'ascendant, mais celle où le tiers était devenu débiteur envers l'état, ce qui ne pouvait remonter qu'à la consommation du partage qui avait mis la créance dans le lot de l'état : d'où il suit qu'aucune créance ne pouvait avoir le degré d'ancienneté suffisant, puisque les partages de présuccession n'ont été ouverts que par la loi du 9 floréal an 3. (1)

------

(1) Décr. du 6 juillet 1810.

§ VI.

DE L'IRRÉVOCABILITÉ DES PARTAGES DE PRÉSUCCESSION.

PREMIÈRE QUESTION. — *Les partages de présuccession étaient-ils attaquables après l'amnistie, de la part des ascendants, des amnistiés, ou de l'état ?*

Avant l'amnistie, les partages de présuccession étaient réformables sur la demande des ascendants ou de l'état. (1)

Depuis, la négative a été établie en principe par l'article 16 du sénatus-consulte du 6 floréal an 10.

Elle résulte en application des arrêtés et décrets des 16 frimaire an 9, — 28 fructidor an 10, — 25 vendémiaire, 24 ventôse an 12, — 25 vendémiaire, 2, 30 frimaire, 13, *id.*, *id.* fructidor an 13, — 16 frimaire an 14, — 23 mai 1806, — 10, 16 mars, 31 mai, 6, 15 juin, 18 août, 7 septembre 1807, — 7 mars, 17 juillet 1808, — 16 avril 1811.

Toute demande en réformation était interdite, quelles que fussent les lésions : c'est ce qui résulte encore de deux décrets des 3 et 12 novembre 1809, portant que « les arrêtés « de partages de présuccession sont, ainsi que les autres « arrêtés, susceptibles de l'application de l'article 16 du « sénatus-consulte du 6 floréal an 10 » ;

Et d'un autre décret du 8 novembre 1810, « que les ar-« rêtés de partage de présuccession sont inattaquables, « d'après l'avis du conseil d'état du 5 germinal an 10 ».

C'était, d'ailleurs, un principe admis en matière de par-

---

(1) Décr. du 20 pluviôse an 13.

tage de succession et de présuccession, que les biens qui en avaient fait l'objet étaient irrestituables, quelles qu'eussent été les erreurs qui avaient pu se glisser dans ces sortes de partages, telles que des abandons de corps héréditaires à des femmes, au lieu de liquidation de leurs créances dans la forme ordinaire, ou des attributions à l'état, dans son lot, de dettes actives ou passives qui n'auraient pas dû y être mises, ou des distractions de biens-fonds au profit de l'un des prenant-part, au lieu d'une portion en argent.

On ne voulait pas troubler les héritiers régnicoles qui, de bonne foi, avaient reçu et partagé les biens, et qui en avaient disposé par vente, échange, donation ou autrement.

Il résulte pareillement du principe de l'irrévocabilité que les amnistiés ne pouvaient demander la levée du séquestre sur les biens ensaisinés par l'ascendant avant le partage, mais non compris réellement dans ledit partage, attendu que l'état, du chef duquel ils se présentaient, avait épuisé, au moyen de son partage de présuccession, les droits revenant aux fils amnistiés dans les biens de la succession de leur auteur; l'état avait renoncé pour eux : il était, en conséquence, fait mainlevée au profit seulement des héritiers républicoles. (1)

A la vérité, avant l'avis du conseil d'état, du 5 germinal an 10, les ascendants étaient ordinairement remis en possession des biens obvenus à l'état par partage et invendus.

C'était la conséquence naturelle de la réhabilitation du fils dont l'émigration avait causé l'abandon des biens;

______

(1) Loi du 9 flor. an 3, art. 25; — Décr. du 2 pluv. an 13.

8.

il était simple que le père du délinquant reprît ses biens, puisque l'auteur du délit était rentré dans les siens.

Mais depuis, l'abandon du père a été considéré comme une saisine définitive, indépendante du sort futur de l'enfant, représenté dans la succession anticipée. (1)

DEUXIÈME QUESTION. *Les ascendants dont les fils avaient obtenu leur radiation définitive devaient-ils être réintégrés dans la portion de biens réunie au domaine national par le partage de présuccession?*

L'affirmative avait d'abord été embrassée par le gouvernement (2).

On disait : La réintégration de l'ascendant dans la portion de ses biens attribués à l'état, du chef du fils émigré, ne doit pas souffrir plus de difficulté que la rentrée de l'émigré dans ses biens personnels. Sa radiation faisant cesser le droit de l'état, tous les biens qui ne sont pas aliénés sont susceptibles d'être rendus.

On ajoutait que la réunion au domaine national était une attribution de part anticipée, qui ne pouvait durer plus que la cause qui l'avait produite; que c'était uniquement par représentation du fils, que l'état avait possédé; qu'il ne pouvait retenir, quand il avait cessé de représenter.

Mais ce système fut écarté par l'avis du conseil d'état du 5 germinal an 10, qui envisagea le partage de présuccession comme un véritable marché à forfait avec l'état : d'où il

----

(1) *V*. question suivante.

(2) Circ. du ministre des finances, du 18 pluviôse an 6.

suit que tout partage consommé était irrévocable, sans
considération de ce que le fils prévenu d'émigration avait
obtenu ou non sa radiation définitive. (1)

Seulement, pour ne pas donner à l'avis du conseil d'état
un effet rétroactif, un arrêté des consuls du 24 thermidor
an 10, tout en confirmant l'irrévocabilité des partages, décida qu'il n'y avait pas lieu de déposséder les ascendants
réintégrés avant le 5 germinal an 10. (2)

Toutefois, si le lot de présuccession était indivis entre
deux enfants, dont l'un était amnistié lors de la levée du séquestre et dont l'autre ne l'était pas encore, l'état avait, du
chef de celui-ci, le droit de conserver la moitié des biens
restés invendus dans ledit lot. (3)

Pareillement, on ne pouvait exiger de l'ascendant d'un
émigré, l'intérêt annuel du capital, montant du lot échu à
l'état, par suite du partage de présuccession, lorsque l'élimi-

---

(1) Arr. des 5, *id.* germinal an 10, — 10 prairial an 11 ;
Décr. du 6 vendémiaire an 14.

(2) Arr. des 10 , 17 prairial, — 4, 16, 19, 27, *id.*, *id.*,
id., 29 , 50 thermidor an 11, — 11 brumaire, 3 , 16, 28 ,
frimaire, 21, *id.*, 30 nivôse, 1er ventôse au 12;—Décr. du 11
thermidor an 12.

Avant l'avis du 5 germinal an 10, il était de principe que
les jouissances provisoires accordées par l'un des comités
de la convention aux ascendants des prévenus d'émigration n'étaient pas restituables par eux. Ce principe était fondé
sur la présomption de non-émigration des prévenus. Arr. du
10 brumaire an 10. *V.* tit. 1er, sect. 8, § 2, 1re quest.

(3) Décr. du 18 prairial an 12.

nation de son fils avait eu lieu avant le 5 germinal an 10.

La raison en est que, « d'après la jurisprudence suivie à
« l'époque de l'élimination du fils, ladite élimination en-
« traînait la décharge de tout capital dû à l'état, à titre de
« présuccession ». (1)

La validité des ventes de biens échus à l'état était la
conséquence du maintien des partages : c'était donc dans le
trésor public, et non aux mains des ascendants, qu'après
l'amnistie, le prix des ventes devait être versé. (2)

C'est par suite du même principe que le lot tombé dans
les mains du domaine ne pouvait être restitué à un cheva-
lier de Malthe : la raison en est qu'ils étaient assimilés aux
émigrés et soumis aux mêmes conditions; (3)

2° Qu'il y avait interdiction de remettre aux émigrés
rayés et aux ascendants tous revenus, tous biens vendus,
tout prix de coupes de bois aliénés par l'état avant le partage de présuccesssion : peu importait, dans ce dernier cas,
que les traites n'eussent, par condescendance pour les acquéreurs, été touchées qu'après le partage; le titre de l'é-

---

(1) Décr. du 5 messidor an 12.

(2) Décr. du 3 vendémiaire an 13.

(3) Arr. réglém. du 28 vendémiaire an 9, art. 15 et 20;—
Sénatus-consulte du 6 floréal an 10, art. 17; — Arr. du
21 nivôse an 12;—Décr. des 22 nivôse an 13,—4 avril 1806.

Il n'y a eu qu'une exception à cette règle pour les
frères ****, par arrêté spécial du 29 prairial an 11, et motivé sur ce « qu'ayant servi en Orient, ils étaient considérés
comme défenseurs de la patrie ». C'était une pure faveur,
une récompense, une exception qui confirmait la règle.

tat, c'était la vente; sa date était celle de l'acte de vente; (1)

3° Que le lot échu à l'état lui appartenait irrévocablement; que le seul fait du partage établissait la prévention d'émigration du fils, tant qu'il n'était pas rayé, éliminé ou amnistié; fût-il même décédé avant l'apposition du séquestre, il était réputé émigré; (2)

4° Que le lot échu à l'état, du chef d'un fils déporté, était irrestituable à l'ascendant, depuis l'arrêté du gouvernement du 28 vendémiaire an 9; les règles applicables aux émigrés l'étaient aussi aux déportés.

TROISIÈME QUESTION. *Un amnistié était-il admissible à prouver que la déclaration à fin de partage de pré-succession, remise au nom de son père, peu de jours avant la date de son décès, était fausse et supposée? Devait-il être réintégré dans les biens qui, par l'événement du partage, avaient formé le lot de l'ascendant, et, par son décès, étaient échus à sa propre fille, comme seule héritière directe régnicole dudit ascendant?*

1° Toutes recherches sur les bases du partage étaient interdites soit à l'émigré, soit à l'état : l'article 16 du sénatus-consulte du 16 floréal an 10 les défendait. Le but de cet article a été de maintenir tous les actes passés pendant la mort civile, quelque irréguliers qu'ils fussent : ainsi, sous ce premier point de vue, l'émigré était sans qualité pour attaquer la déclaration à fin de partage

2° Dans l'hypothèse de la nullité du partage, restait une

---

(1) Décr. du 20 pluviôse an 13.

(2) Décr. du 20 pluviôse an 13. *V*. tit. 1er, sect. 2, 1re quest.

succession ouverte durant l'émigration, de l'héritier, et sa part, échappant à la petite-fille, eût été retenue par l'état, qui aurait privé le père et la fille : sous ce second rapport, le père était encore sans intérêt. (1)

QUATRIÈME QUESTION. — *Le bénéfice des donations con-tractuelles, accepté par l'état lors des partages de pré-succession, devait-il passer au donataire après son amnistie?*

L'état déclarait presque toujours s'en tenir aux dona-tions contractuelles faites à l'émigré par les ascendants, sur-tout lorsque les donations étaient plus fortes que la part de présuccession. En renonçant au partage, l'état s'affran-chissait d'ailleurs des dettes postérieures à la donation : il n'y avait donc pas lieu d'appliquer ici l'arrêté du 5 germi-nal an 10, qui attribuait irrévocablement à l'état les lots de présuccession, nonobstant la radiation de l'émigré, ni la jurisprudence qui conférait les mêmes droits à l'état sur les successions ouvertes pendant la mort civile de l'émigré. Ici il était saisi avant l'émigration : donc les règles rela-tives soit aux partages de présuccession, soit à l'échute des successions, n'étaient pas applicables. Si l'émigré était rayé, les biens lui étaient personnels : il avait donc droit d'y être réintégré, si toutefois ils n'avaient été ni vendus, ni réservés.

C'est dans ce sens qu'il a été statué par décret du 10 mars 1807, portant « que le père de l'émigré s'était dessaisi en sa

____

(1) Décr. du 18 août 1807.

« faveur du bien dont il s'agit; qu'ainsi, la restitution du-
« dit émigré est autorisée par l'article 17 du sénatus-con-
« sulte du 6 floréal an 10 ».

CINQUIÈME QUESTION. — *Les demandes formées par les héritiers éliminés ou leurs ayant-cause, contre leurs cohéritiers régnicoles, à raison des sommes léguées auxdits éliminés et que l'on avait omis de comprendre dans le partage de présuccession, étaient-elles du ressort des tribunaux ?*

Oui : en effet, on ne portait pas atteinte, pour cela, aux partages, qui étaient irrévocables depuis l'amnistie ou l'élimination. Sans doute, l'état avait été lésé; mais il ne pouvait revenir sur le passé. La consommation des partages avant l'amnistie le désintéressait ; l'action de l'héritier émigré rentrait dans le droit commun, sauf, de la part de l'héritier régnicole, à faire valoir l'abandon de l'état. C'était le cas de l'application de l'avis du 26 fructidor an 15.

Il en était de même de l'exercice des droits que les ascendants prétendaient être dans le cas de répéter de leurs enfants, et des défenses et exceptions que ceux-ci prétendaient leur opposer; ils suivaient la même compétence. (1)

----

(1). Décr. du 16 avril 1811. *V.* les *Questions de droit administratif,* au mot *Emigrés, passim.*

SECTION IX.

DES TIERS COUTUMIER, DOTS ET LÉGITIMES.

§ Ier.

DU TIERS COUTUMIER.

PREMIÈRE QUESTION. — *Pouvait-on ordonner que, sur une soumission faite par la femme d'un émigré, il serait délivré aux enfants paiement de leur tiers coutumier en biens-fonds ?*

En admettant que le tiers coutumier existât depuis la loi du 17 nivôse an 2, art. 61, celle du 22 ventôse an 2, art. 49, et celle du 9 fructidor an 2, art. 24, il n'aurait pu être délivré aux enfants des émigrés, soit parce qu'aux termes du statut normand, le père en conservait la jouissance pendant sa vie, soit parce que l'art. 5 de la loi du 28 mars 1793 n'admettait pas, vis-à-vis de l'état, les effets de la mort civile ou naturelle des anciens propriétaires, l'exercice de ce droit ne pouvait donc se concilier avec la présomption de vie et l'abolition de tous les statuts locaux. (1)

Pareillement, il a été établi par quatre arrêtés et décrets des 14 nivôse et 2 germinal an 11, 18 février et 26 août 1806, que la distraction du tiers coutumier, des soumissions, n'était autorisée ni par les lois civiles, ni par les lois administratives.

Toutefois il faut distinguer :

---

(1) Arr. des 29 fructidor an 9, — 2 germinal an 11 ; — Décr. des 25 ventôse an 13, — 24 frimaire an 14.

Si la soumission ne frappait réellement, soit d'après son texte, soit d'après les réserves y exprimées, que sur les deux tiers des biens, on ne pouvait pas dire qu'il était porté atteinte à ladite soumission, et l'état, désintéressé par l'amnistie des ayant-droit à l'autre tiers, subrogeait le soumissionnaire dans le droit du domaine au partage de l'indivis; la portion, tiers resté libre, retournait à la succession de l'émigré amnistié.

Mais il en eût été autrement si la soumission avait frappé sur la totalité du bien : la distraction était alors inadmissible.

DEUXIÈME QUESTION. — *Pouvait-on attaquer des arrêtés qui, depuis la délivrance du certificat d'amnistie, avaient abandonné aux enfants d'un amnistié des biens de leur père, pour leur tiers coutumier, sous la réserve de la jouissance, à titre de douaire, au profit de leur mère?*

On disait que l'abandon était postérieur à l'amnistie, et que l'administration ne pouvait plus disposer des biens dans lesquels le père était rétabli.

Mais il fallait que l'amnistié eût justifié de ses droits. Si, dans leur ignorance, l'administration avait disposé, c'eût été aller contre l'esprit du sénatus-consulte, que de retirer à des tiers les biens qui leur avaient été délaissés dans l'intervalle, pour les remettre à l'amnistié. (1)

§ II.

DES DOTS.

PREMIÈRE QUESTION. — *Le paiement des dots consti-*

---

(1) Décr. du 5 janvier 1809.

tuées avec ou sans avancement d'hoirie , par un père émigré ou par un père républicole , dont un émigré, héritier principal , possédait les biens et se trouvait débiteur envers son frère ou sa sœur , devait-il être fait en biens-fonds, ou n'était-il qu'une créance ?
Pouvait-on faire abandon à la fille d'un émigré d'un bien en usufruit ou pour la nue propriété seulement, avec réserve de la jouissance en faveur du domaine, pour payer la dot de cette fille ?

Sur la première partie de la question ,

L'affirmative devait se tirer de ce que la loi du 18 pluviôse an 5 avait dérogé à celle du 1er floréal an 3 ; qu'elle avait autorisé le paiement des dots et légitimes en corps héréditaires ; qu'elle avait transformé les enfants en copropriétaires, de simples créanciers qu'ils étaient ; que, par trois arrêtés des 4 floréal, 4 prairial et 24 fructidor an 7, le directoire exécutif, faisant l'application de ce principe, avait accordé le paiement des dots et légitimes en biens-fonds saisis sur le frère , héritier universel ou principal du décédé; que cette loi du 18 pluviôse an 5 , art. 116, était donc opposable à l'état; qu'une décision du ministre des finances du 9 prairial an 5 l'avait ainsi jugé en principe ; enfin, que le directoire exécutif, par son arrêté réglémentaire du 23 vendémiaire an 8, avait autorisé le paiement des légitimes conventionnelles en biens-fonds.

Ces principes furent consacrés par un décret du 24 décembre 1810 , qui déclara bien fondée en principe la demande de la sœur d'un émigré, tendant à ce que des biens abandonnés à la femme et aux enfants de l'émigré, en paiement de tiers coutumier et de douaire, lui fussent remis jusqu'à concurrence de sa créance dotale, par le motif que les lois autorisaient la délivrance de fonds en nature pour le paiement des dots et légitimes, et qu'au contraire, la confiscation paralysait l'exercice du tiers coutumier, et proscrivait la remise du douaire. (1)

Mais ces motifs, quoique justes, quoique fondés sur le texte des lois, n'ont pas prévalu. En effet, le paiement en corps héréditaires aurait absorbé trop de biens-fonds, tandis que le paiement de la créance se faisait en valeurs réduites et dépréciées. Voilà le secret de la solution : il est tout fiscal et dans l'esprit du temps. On craignait peut-être aussi de rendre aux familles d'émigrés des biens qu'on voulait nationaliser, par la vente, au profit de la révolution. Quoiqu'il en soit, le conseil d'état a presque toujours rejeté de semblables répétitions, sauf aux réclamants à se pourvoir en liquidation, d'après le mode tracé par les lois des 1er floréal an 3 et 24 frimaire an 6. (2)

De même, sur la seconde partie de la question,

On avait long-temps hésité si on ne considérerait pas les dots constituées par les émigrés comme des donations qui avaient saisi l'enfant avant l'émigration du père; mais ce système, imaginé dans l'intérêt d'enfants jetés dans la misère et dépouillés par la vente des biens de leur père, fut repoussé. On renvoya les filles dotées à se faire liqui-

----

(1) La demande ne fut repoussée que parce que, formée depuis l'amnistie, elle tendait à revenir sur des actes ou arrangements passés par l'état antérieurement.

(2) Arr. des 2 et 4 frimaire an 11.

der, comme simples créanciers, tant du principal qui aurait pu être dû que des intérêts annuels, d'après les lois
des 1ᵉʳ floréal an 3 et 24 frimaire an 6 : d'où l'on conclut
qu'il n'y avait lieu à délivrer à ces filles ni usufruit ni nue
propriété de biens-fonds, pour les remplir de leur dot. (1)

Quant au fonds, si la dot était constituée de manière à
n'en payer que les intérêts annuels, sauf le remboursement
du capital au décès du constituant, la loi d'exception s'accordait avec la loi civile pour que le domaine ne payât pas
le fonds : car il représentait le père vivant, et le père n'eût
pas été tenu de cette obligation. (2)

Toutefois, les abandons de biens faits aussi en paiement
des dots de filles d'émigrés ont été respectés après le sénatus-consulte du 6 floréal an 10. (3)

Deuxième question. — *Des arrêtés qui avaient abandonné à une fille d'émigré des biens héréditaires, pour
la remplir de sa constitution dotale, pouvaient-ils
être annulés sur la demande de son père amnistié, si
le paiement de la dot n'était exigible qu'après la mort
du donateur?*

Le père, sans doute, n'était pas contraint de se libérer
de son vivant; mais il avait la faculté d'anticiper le terme
et de payer entièrement sa fille. Or, c'est ce qu'avait fait
l'état, qui représentait l'émigré donateur. Le sénatus-con-

----

(1) Arr. des 2 , 4 frimaire an 11 ; — Décr. du 10 ventôse
an 13.

(2) *Idem.*

(3) Décr. du 24 décembre 1810, précité.

sulte lui interdisait toutes recherches sur ce qui s'était passé entre son représentant et des tiers, et comme le droit de la fille avait sa source dans un acte administratif, les tribunaux n'auraient pu d'ailleurs connaître de pareilles contestations. L'état même, qui aurait pu attaquer ces arrêtés, soit comme faisant un abandon anticipé, soit comme délivrant des biens-fonds, ne le pouvait plus depuis l'amnistie du père, et le sénatus-consulte réglait et limitait les droits de celui-ci. (1)

§ III.

DES LÉGITIMES.

PREMIÈRE QUESTION. — *En quelles valeurs devaient être acquittées les légitimes?*

Le mode de paiement des légitimes, qui variait suivant les lois locales, fut fixé d'une manière uniforme et déterminée par l'art. 16 de la loi du 18 pluviôse an 5, sur les successions, qui disposait que, dans tous les cas, les dots, légitimes et suppléments, ainsi que les sommes restant dues sur icelles, seraient payées en biens héréditaires.

Une décision du ministre des finances du 7 prairial an 5 fixa l'application de la loi vis-à-vis de l'état.

Ce principe fut approuvé par l'arrêté du directoire exécutif du 23 vendémiaire an 8, lequel, après avoir réglé le droit des copropriétaires indivis dans le cas des ventes avant partage, porte, art. 4, qu'en exécution de l'art. 16

------

(1) Décr. du 18 octobre 1807. *V.* en outre, sur cette matière, les *Questions de droit administratif,* au mot *Emigrés, passim.*

précité, tout ayant-droit à une légitime, même convention-nelle, sera rempli en biens héréditaires de toute nature proportionnellement.

Mais s'il ne s'agissait pas de légitime, mais d'un prix de licitation, la répétition de ce prix n'était plus susceptible d'être faite de la même manière : en effet, la légitime était une dette réelle, une dette de succession, un droit à une portion de biens héréditaires ; au lieu que le prix de licitation était une dette personnelle résultant d'une aliénation. Ce n'était ni la succession ni l'héritier, mais l'acquéreur, qui en était tenu : ainsi, le vendeur qui pouvait répéter une portion du prix d'aliénation n'avait à exercer contre l'état qu'une créance liquidable. Les dispositions favorables de la loi du 18 pluviôse an 5 ne lui étaient pas applicables. (1)

DEUXIÈME QUESTION. — *Pouvait-on donner, en paiement de droits légitimaires, des créances qui ne provenaient pas de l'hoirie ?*

La loi du 18 pluviôse an 5, qui accordait aux légitimaires la faculté de se faire mettre en possession des meubles et immeubles d'hoirie, était inapplicable, s'il n'était pas prouvé que le bien fût une dépendance de la succession des père et mère communs. Dans ce cas, le légitimaire n'était plus qu'un simple créancier d'émigré, et devait se pourvoir en liquidation, conformément à la loi : car cette créance pouvait être un pécule, ou économie, ou produit

---

(1) Décr. du 29 vendémiaire an 11.

de succession ou de donation recueilli par le frère, et non venu du père commun. (1)

TROISIÈME QUESTION. — *Des légitimaires pouvaient-ils demander que des droits féodaux compris dans une donation faite à leur frère, depuis émigré, et qui se trouvaient supprimés lors de l'ouverture de la succession paternelle, fissent partie du patrimoine du père et fussent comptés pour calculer la légitime?*

La raison de décider négativement cette question est que l'émigré, héritier principal, n'avait profité ni directement ni indirectement de l'abolition des droits féodaux, supprimés par force majeure. C'était non l'époque de la donation, mais l'époque de l'ouverture de la succession, qu'il fallait considérer. Si, avant le décès du donateur, c'est-à-dire avant que le droit des légitimaires, qui étaient des héritiers, se fût réalisé, la masse de la succession était diminuée, c'était une perte commune pour l'héritier donataire et pour les légitimaires. (2)

QUATRIÈME QUESTION. — *Une fille normande pouvait-elle, à raison de l'émigration de ses frères, demander l'annulation d'arrêtés qui la réduisaient à sa légitime, au lieu de partage?*

En principe, le statut normand n'accordait aux filles qu'une légitime ou un mariage avenant. La légitime était

---

(1) Décr. du 20 novembre 1806.
(2) Décr. du 5 brumaire an 15.

I.
9

la portion légale de succession; le mariage avenant était la portion légitimaire arbitrée par la famille.

L'article 263 de la coutume porte « que le fisc, subrogé « aux frères, doit partage à la sœur, et n'est reçu à lui don-« ner mariage avenant ».

L'article 126 de la loi du 1er floréal an 3 « porte que « les successions ouvertes avant le 14 juillet 1789 doivent « se partager conformément aux lois existantes alors ».

La fille pouvait donc inférer de la coutume que l'état, confiscataire, mis au lieu de ses frères, lui devait partage; et de la loi, qu'on devait procéder d'après la coutume et par égalité de lots.

Mais ce système d'interprétation fut écarté par le motif que l'état avait pris non seulement les biens, mais tous les droits de l'émigré; qu'il représentait sa personne tout entière; que son émigration ne pouvait pas profiter à des tiers, ni diminuer son patrimoine dans les mains du fisc; que, d'après la loi du 28 mars 1793, la mort civile des émigrés ne pouvait être opposée à l'état; que les successions échues et à échoir, ainsi que les substitutions, devaient lui profiter: d'où il suit que ni la coutume ni la loi n'étaient applicables, car elles se référaient l'une et l'autre à un cas différent: la coutume, à celui où le fisc eût été subrogé aux frères, et ici, d'après le code de l'émigration, les frères représentés par l'état étaient censés vivants et usant de leurs droits; la loi, à celui où le fisc aurait été subrogé aux frères avant l'émigration, et ici c'était l'émigration qui ouvrait et réglait les droits des légitimaires. (1)

____

(1) Décr. du 22 brumaire an 14.

Cinquième question. — *Un légitimaire qui, d'après la loi du 18 pluviôse an 5, et l'arrêté du directoire exécutif du 23 vendémiaire an 8, avait la faculté d'exiger des biens héréditaires pour se remplir de ses droits, pouvait-il les exercer sur les mêmes biens rentrés dans les mains de l'état, par suite de déchéance et nonobstant les réclamations de l'acquéreur?*

L'affirmative avait d'abord été embrassée par un arrêté du 13 thermidor an 9, fondé sur ce que la déchéance avait eu pour effet de restituer à l'état, et de lui donner lieu de remettre ainsi proportionnellement aux légitimaires, les biens qui, s'ils n'eussent pas été vendus, auraient été mis dans les lots; à moins qu'il n'y eût eu, par exemple, cession de droits légitimaires du puîné à l'aîné, moyennant une somme exigible, ce qui aurait réduit l'objet de l'action à une simple créance à liquider.

C'est dans le même sens qu'une décision du ministre des finances du 28 floréal an 8, approuvée par arrêté des consuls du 29 messidor an 9, portait qu'un paiement tardif, fait après la déchéance prononcée de droit par les lois de la matière, ne pouvait rétablir l'acquéreur dans la propriété du bien qu'autant que ce bien n'aurait pas été réclamé par un tiers sur lequel la vente avait été indûment faite.

Mais plus tard on pensa que, la vente étant faite sous l'empire du séquestre, et antérieurement au partage, qui seul avait spécialisé la portion du légitimaire républicole et des émigrés représentés par l'état, il y avait lieu à l'application de l'arrêté du 29 messidor an 8.

9.

Cette dernière opinion a prévalu. (1)

SIXIÈME QUESTION. — *Lorsqu'un cohéritier avait reçu de son cohéritier, depuis émigré, sa légitime en constitution dotale ou autrement, pouvait-il demander à l'état une nouvelle liquidation, soit pour échapper aux poursuites de ses créanciers, soit pour complément d'insuffisante délivrance?*

Non: le bien délivré était redevenu sa propriété, passible de l'action des créanciers; l'état ne devait aucune garantie; tout était consommé avant la confiscation; il n'y avait plus à revenir sur le passé. (2)

SEPTIÈME QUESTION. — *Les intérêts de droits légitimaires étaient-ils sujets à la retenue des impositions foncières?*

Depuis 1710, époque de la création des vingtièmes, tous débiteurs d'intérêts quelconques ont toujours été autorisés à faire la retenue des impositions créées successivement par différents édits.

L'édit du mois de mai de 1749, article 8, porte: « Sont « sujettes à la levée des vingtièmes toutes les rentes à con- « stitution sur particuliers, rentes viagères, douaires et « pensions créées et établies par contrats, jugements, obli- « gations ou autres. »

Ce principe, posé par les anciens édits, qui ne faisaient aucune exception pour les capitaux de légitimes, n'a

---

(1) Arr. du 21 fructidor an 10.
(2) Arr. du 15 germinal an 9.

reçu aucune atteinte des lois portées, depuis la révolution, sur la contribution foncière, savoir, le décret du 1er décembre 1790, titre 2, articles 6 et 8; celui du 3 août 1793, articles 5 et 6, et la loi du 3 frimaire an 7, articles 98, 99 et 100. (1)

HUITIÈME QUESTION. — *Un héritier légitimaire pouvait-il être actionné devant les tribunaux pour le paiement de la totalité d'une créance hypothéquée sur des biens que l'état, par suite du partage, lui avait abandonnés pour le remplir de sa légitime?*

Le conseil des cinq-cents avait déclaré la solidarité éteinte envers les héritiers républicoles, comme elle l'était envers l'état, par l'article 112 de la loi du 1er floréal an 3; mais ce système fut repoussé par le conseil des anciens. (2)

On disait alors qu'il n'en était pas des biens cédés à titre de partage, d'indivis ou de paiement de légitime, comme des biens vendus; qu'à l'égard de ceux-ci, la loi elle-même prononçait l'affranchissement de toutes dettes; qu'à l'égard des biens cédés, le gouvernement n'avait délaissé les lots de partage ou de légitime que dans l'état où les biens étaient possédés par le maître de la communauté ou l'héritier de la succession, c'est-à-dire qu'assujettis aux dettes dont ils étaient grevés ou aux revendications de propriété; qu'ainsi, soit qu'un créancier exerçât son action solidaire, soit qu'un tiers revendiquât la propriété, l'héritier légitimaire devait défendre à ces deux actions devant

---

(1) Décr. du 25 février 1808.

(2) Arr. du 12 brumaire an 11, *V.* tit. 1er, sect. 14, § 3.

les tribunaux, sauf sa demande récursoire en liquidation contre l'état, s'il y avait lieu.

C'est dans ce sens qu'un décret du 9 fructidor an 11 exprime que la demande des créanciers ne peut pas être considérée comme une atteinte portée à l'acte administratif qui, en faisant délivrance des biens, ne les a pas affranchis de l'action des créanciers. (1)

Mais il résulte de plusieurs autres décrets que les biens délivrés pour légitimes étaient affranchis du paiement des dettes. (2)

Règle qui se restreignait toutefois à la portion légitimaire : car, quant au surplus délivré aux régnicoles, ils restaient soumis au paiement jusqu'à concurrence des biens abandonnés. En ce point, le régnicole cessait d'être un simple légitimaire ; il était assimilé à un copropriétaire qui ne devait prendre les biens qu'avec leurs charges. On objectait qu'alors il aurait répété contre le domaine la portion de dettes payée à sa décharge, et qu'ainsi, l'action des créanciers hypothécaires aurait réfléchi indirectement contre l'état ; mais on répondait que l'article 112 de la loi du 1er floréal an 3 n'avait éteint l'action de solidarité que vis-à-vis du domaine : d'où il suit, d'une part, que les codébiteurs républicoles y restaient assujettis, et d'autre part, que ce débat, n'étant pas susceptible de l'application des lois d'exception, rentrait dans les attributions des tribunaux. (3)

____

(1) Décr. du 15 septembre 1810 , dans le même sens.
(2) Décr. du 19 octobre 1808.
(3) Décr. du 19 octobre 1808.

De même, la question de savoir si des sœurs d'émigrés avaient recueilli des biens, à titre *d'héritières* ou de *légitimaires*, ne pouvait se résoudre que par les règles ordinaires du droit civil. (1)

NEUVIÈME QUESTION — *Un préfet avait-il pu abandonner des biens d'émigrés en paiement de la portion des dettes de l'indivis qui étaient à la charge de l'émigré, et que ses sœurs régnicoles avaient payées à titre de coobligées solidaires ?*

En principe, chaque héritier ne doit supporter des dettes qu'en proportion de ce qu'il prend; mais la loi du 1er floréal an 3., en dérobant l'état à l'action de la solidarité, y avait laissé sujets ses cohéritiers. Or ces droits ne pouvaient s'exercer que par voie de liquidation, d'après les lois des 1er floréal an 3 et 24 frimaire an 6.

A la vérité, un décret du 19 octobre 1806 a décidé que des biens reçus par un légitimaire lui avaient été délivrés francs et quittes de toute action des créanciers; mais outre que ce décret n'offrait qu'un exemple isolé, il fallait distinguer entre les légitimes *de droit* et celles *de convention*.

Celui qui prenait sa légitime de droit était héritier, d'une moindre quantité peut-être, mais héritier, surtout depuis la loi du 18 pluviôse an 5, qui avait autorisé les légitimaires à se faire payer en corps héréditaires. Les biens abandonnés étaient de l'hérédité, et toute l'hérédité était soumise à la dette. Le but de la loi avait été seulement

---

d'empêcher l'héritier principal (l'état, du chef de l'émigré)
de payer le légitimaire en papier-monnaie ; mais avait-elle
voulu favoriser le légitimaire au détriment du créancier?
Non : si donc le légitimaire de droit était héritier, il pouvait être poursuivi par les créanciers, même pour le tout,
sauf son recours.

Quant à la légitime conventionnelle, c'est-à-dire aux
sommes fixées pour le puîné par l'auteur commun, après
donation à l'aîné de tous les biens, à la charge des dettes,
si les biens surpassaient les dettes, le légitimaire n'était
soumis à aucune action solidaire des créanciers. Personnellement, il ne devait rien; l'action hypothécaire n'avait
pas ensuite de prise sur une somme en deniers : tel était
le cas du décret du 19 octobre 1806 précité.

Le conseil d'état a admis cette distinction, par le motif
« qu'aux termes de la loi du 1er floréal an 3, les créances
« contre le gouvernement ne peuvent être payées que par
« voie de liquidation et d'inscription ». (1)

DIXIÈME QUESTION. — *Le créancier personnel du frère
d'un émigré qui avait renoncé à sa légitime pouvait-il attaquer des arrêtés portant abandon à un
troisième frère de biens héréditaires, en paiement de
sa légitime?*

Le créancier n'avait d'action que contre le légitimaire
son débiteur, et ne pouvait l'exercer que sur la portion
à lui délivrée, patrimoine de l'enfant, gage de ses créanciers ; quant à la portion délivrée à son autre frère, en

____

(1) Décr. du 2 juillet 1807.

paiement de sa légitime, elle demeurait irrévocablement
à celui-ci, surtout si elle n'excédait pas sa juste part,
et échappait ainsi aux créanciers personnels de son
frère.

Il y a plus : le bénéfice de l'art. 16 de la loi du 18 pluviôse an 5 n'appartenait plus à celui qui avait fait donation entre vifs de tous ses droits légitimaires en échange
d'une pension à vie.

Le ministre des finances avait décidé que les dots ou
légitimes converties en constitutions de rentes ou pensions ne pouvaient participer au bénéfice de cette loi. Il
suit de là que le débiteur, cessant d'être créancier de la
succession, pour devenir créancier personnel de l'émigré,
n'avait rien à prétendre aux biens séquestrés : il était donc
sans qualité pour contester l'abandon de ces biens, et son
propre créancier n'avait pas plus de droits que lui. (1)

ONZIÈME QUESTION. *Un cessionnaire de droits légitimaires, qui avait pris en paiement une rente constituée,
était-il fondé à se dire copropriétaire des biens affectés
à la légitime du cédant?*

La novation avait été opérée par l'acceptation du cédant :
dès lors, le cessionnaire n'aurait pu exiger que les arrérages de la rente perpétuelle, si les biens n'eussent pas été aliénés; et s'ils l'avaient été nationalement, comme les biens
vendus de la sorte l'étaient francs et quittes de toutes hypothèques, rentes, etc., le droit du cessionnaire se résolvait

---

(1) Décr. du 15 septembre 1810.

en une créance sur l'état, liquidable comme toutes les autres. (1)

DOUZIÈME QUESTION. *Des tiers pouvaient-ils réclamer
devant les tribunaux l'exercice de droits d'usage sur
des bois séquestrés sur un émigré, et abandonnés à son
cohéritier régnicole, pour le remplir de ses droits légitimaires ?*

On pouvait dire que, la propriété étant irrévocablement
fixée aux mains du légitimaire, par l'effet de l'abandon, son
droit avait acquis aussi par-là plus d'extension que celui de
son auteur.

Mais on devait répondre que, comme on ne contestait
pas la propriété elle-même, les tribunaux ne porteraient
pas atteinte à l'arrêté administratif d'abandon ; que le titre
des tiers était resté le même contre le représentant de
l'émigré que contre l'émigré lui-même.

C'est dans ce sens qu'a prononcé un décret du 25 ventôse an 13, portant « que le légitimaire n'est que mis aux
« droits de l'émigré, et que toute question de propriété ou
« d'usage qui eût pu s'élever entre des individus quelconques
« et lui peut s'agiter judiciairement entre ces individus et
« le cessionnaire de l'émigré ».

---

(1) Arr. du 15 germinal an 9.

SECTION X.

DES DROITS ET REPRISES DES FEMMES D'ÉMIGRÉS.

PREMIÈRE QUESTION. *Un père qui, en pays de droit écrit, avait autorisé le mariage de son fils non émancipé, devait-il être tenu de payer les gains de survie et la dot de sa bru ?*

On pouvait dire que, si le fils avait émigré et était décédé, ses biens avaient été confisqués par l'état, qui s'était chargé du paiement des dettes ; que c'était donc à l'état que la femme devait s'adresser pour avoir paiement.

Mais on répondait qu'il était de principe, en pays de droit écrit, que le fils de famille non émancipé, quoique marié, était, à quelque âge que ce fût, incapable de contracter régulièrement sans le consentement de son père ; que tout ce qu'il acquérait devenait la propriété du père ; que le fils n'en pouvait pas disposer, si ce n'est quant à son léger pécule ; que cette incapacité dont les fils de famille étaient frappés dans les pays de droit écrit était plus forte que celles des mineurs qui, dans les pays coutumiers, pouvaient s'obliger pour fait de commerce, pour fournir des aliments aux auteurs de leurs jours, pour les retirer de la servitude ou de l'esclavage, pour les soustraire à l'emprisonnement ; que la ratification même du fils de famille depuis l'émancipation ne validait pas les contrats, parce que ce qui est nul dans son principe est nul dans ses effets ; que si donc le fils ne possédait rien et si le père possédait tout, la présence du père au contrat de mariage et sa signature constituaient un engagement parfait ; qu'ainsi l'hypothèque de la femme, tant pour sa dot que pour son douaire ou autres avantages matrimoniaux, s'établissait là où elle pouvait s'établir, c'est-à-dire sur les biens du père qui s'en trouvaient affectés, hormis la légitime des frères et sœurs de l'institué; mais l'institution eût-elle été caduque, lesdits biens n'en demeuraient pas moins le gage de la femme, car c'était en vue d'iceux que la convention avait eu lieu : c'est ainsi que l'ont jugé deux arrêts, l'un du parlement de Bordeaux de 1668, l'autre du parlement de Paris de 1681. La circonstance même du partage de présuccession, qui aurait fait passer une partie des biens de l'instituant à ses petits-fils, n'aurait pu nuire à la femme ni détruire son hypothèque. (1)

DEUXIÈME QUESTION. — *Pouvait-on, sur une soumission faite par la femme d'un émigré, distraire une portion de biens et lui en abandonner la jouissance à titre de douaire?*

La règle de la présomption de vie s'appliquait aux douaires comme au tiers coutumier; de plus, la loi du 28 mars 1793, titre 2, section 4, article 6, avait affranchi les biens à vendre de tous dons, douaires, etc. : donc, les femmes n'étaient plus que de simples créancières, sujettes, lors de l'ouverture du douaire, à liquidation comme tous les autres créanciers de l'état. (2)

---

(1) Décr. du 2 février 1806.

V., sur toute cette matière, les *Questions de droit administratif*, au mot *Émigrés*.

(2) Loi du 1er floréal an 5, art. 55; — Arr. du 12 brumaire an 11.

C'est dans ce sens qu'il a été prononcé,

1° Par un arrêté du gouvernement du 2 germinal an 11,
« que le paiement du tiers coutumier prétendu par les en-
« fants des émigrés sur les biens de leurs père et mère, non
« plus que les jouissances à douaire des femmes d'émi-
« grés, ne sont autorisées par aucune loi en matière d'é-
« migration »; (1)

2° Par quatre autres arrêtés des 11 pluviôse et 7 thermidor an 9, 23 nivôse et 9 ventôse an 10, que la délivrance
de jouissances provisoires, même à charge de caution, à
des femmes d'émigrés, pour leur tenir lieu de leur douaire,
était contraire à la loi du 28 mars 1793, qui n'admettait ni
mort naturelle ni mort civile des émigrés à l'égard de l'état; (2)

3° Par un arrêté du 2 frimaire an 11, « que l'article 5
« de la loi du 28 mars 1793 ne permet pas de recevoir la
« preuve de la mort naturelle des émigrés. » : d'où il suit
que les femmes d'émigrés n'étaient pas admissibles à faire
liquider les droits éventuels stipulés dans leur contrat de
mariage ; (3)

---

(1) Arr. des 14 nivôse, 2 germinal, 17 floréal an 11.

(2) Loi du 28 mars 1793, tit. 1er, sect. 2, art. 3 ; —
Arr. des 9 nivôse an 10, — 12 brumaire an 11.

(3) Cette application de la loi du 28 mars 1793 aux femmes
des émigrés parut tellement rigoureuse, et même injuste, que,
par décision générale du 3 thermidor an 11, le ministre des
finances ordonna qu'à compter du 1er messidor an 11, on
pourrait faire la preuve de la mort des émigrés, et donner
par-là ouverture au douaire des femmes des émigrés qui
étaient mortes, et fit cesser les usufruits qui reposaient sur
leur tête. Décr. du 24 frimaire an 14.

4° Par un arrêté du 8 floréal an 12, que, depuis la loi du 1er floréal an 5, on n'avait pu remplir les douaires et tiers coutumiers en biens-fonds, et surtout en bois inaliénables.

Cet arrêté se détermine par le motif, « d'une part, que « les lois relatives à l'émigration ne reconnaissaient ni « douaires ni tiers coutumier au profit des femmes et en- « fants d'émigrés ; de l'autre part, que les bois dont il s'a- « git sont voisins des forêts nationales et se trouvent, comme « tels, dans l'application de la réserve ordonnée par l'ar- « ticle 17 du sénatus-consulte du 6 floréal an 10, relatif « à l'amnistie ».

5° Par un décret du 27 avril 1806, qu'il n'y avait pas lieu à délivrer aux femmes d'émigrés, qui réclamaient, en paie- ment de leurs dots ou douaires privilégiés sur la constitu- tion dotale du mari émigré, des biens-fonds du beau-père également émigré; que la loi du 18 pluviôse an 5, qui ac- cordait des biens héréditaires pour le paiement des dots et légitimes, n'était pas applicable ici, attendu qu'il n'y avait pas de succession d'émigré; qu'il n'y avait donc lieu qu'à liquidation, aux termes de la loi du 1er floréal an 5; mais que, si les arrêtés d'abandon avaient été pris avant la décision du ministre des finances du 3 thermidor an 11, toute recherche sur le passé était interdite ;

6° Par un arrêté du 9 frimaire an 10, que, les droits d'ha- bitation et de douaire stipulés dans les contrats de ma- riages d'émigrés étant éventuels et subordonnés à la mort civile ou naturelle de leurs époux, les femmes ne pou- vaient, d'après l'article 3 de la loi du 28 mars 1793, ni ré- clamer la liquidation, ni, à plus forte raison, demander à se remplir en d'autres biens non compris sous le séquestre, et à la charge, par elles, de les découvrir;

7° Enfin, par arrêté du 21 brumaire an 11, que les lois relatives à l'émigration voulaient qu'il fût disposé des biens propres aux émigrés ou provenant de la communauté avec leur conjoint, nonobstant toute affectation au douaire résultant, soit des lois civiles, soit de la convention des parties.

TROISIÈME QUESTION. — *Une douairière qui avait été prévenue d'émigration n'avait-elle pas perdu son droit proportionnel dans les biens assujettis à sa jouissance, qui avaient été vendus pendant sa prévention?*

L'arrêté du directoire exécutif du 23 vendémiaire an 8, qui voulait que, lorsque les biens indivis avaient été vendus par l'état, ses droits fussent imputés sur les ventes, n'avait été rendu qu'en faveur des républicoles, copropriétaires avec des émigrés, et pour qu'ils ne souffrissent pas des ventes faites par l'état de partie des biens indivis; mais lorsque la douairière avait été frappée de prévention. il ne lui était dû aucune récompense pour le prix de ses biens vendus. D'après l'arrêté du 29 messidor an 8, la jouissance devait être restreinte à la portion de son douaire sur les biens propres de la succession du mari non vendus à l'époque de l'élimination de la femme. (1)

QUATRIÈME QUESTION. — *Quelle était l'autorité compétente pour procéder au partage des biens d'une com-*

---

(1) Arr. du 22 ventôse an 12.

munauté, et à la liquidation des créancer et repri-
ses d'une femme, sur son mari amnistié?

La connaissance de ces opérations était dans les attributions des préfets. Les conseils de préfecture ne pouvaient
s'en occuper que s'il s'élevait des débats entre le domaine
et la partie privée ou entre plusieurs parties. (1)

CINQUIÈME QUESTION. — *L'art. 48 de la loi du 28 mars
1793 prononçait-il la nullité des séparations de biens
et des actes de renonciation à la communauté qui les
avaient précédées ?*

Non : la loi ne déclarait nuls que les liquidations de
droits, les collocations de créances et les actes d'exécution de séparations et de divorces, faits et prononcés depuis
le 1er juillet 1789, entre maris et femmes émigrés, ou
dont l'un d'eux était émigré. La nullité ne pouvait aller
au delà et frapper sur des actes que la loi n'avait ni prévus
ni désignés. La femme renonçante devait donc échapper
aux poursuites des créanciers de la communauté. (2)

SIXIÈME QUESTION. — *Les femmes d'émigrés pouvaient-
elles être payées par l'état, en biens-fonds, de leurs
reprises dotales et autres droits, sur leurs maris
émigrés ?*

I. Avant la loi du 1er floréal an 3, souvent on donnait définitivement des biens des maris aux femmes d'é-

____

(1) Décr. du 12 nivôse an 14.
(1) Décr. du 26 vendémiaire an 13.

migrés, en paiement de leurs créances, reprises et conventions matrimoniales ; mais ce mode de paiement fut proscrit par l'article 55 de cette loi. A partir de cette époque, les femmes ont été assujetties aux mêmes liquidations que les autres créanciers de l'état ; elles ne pouvaient exiger, comme ceux-ci, qu'une inscription sur le grand-livre. Les statuts coutumiers ou conventions particulières faites en pays de droit écrit, d'après lesquels on aurait pu prétendre que les femmes étaient autorisées à réclamer des biens-fonds en paiement de leurs dots et reprises, se trouvaient implicitement abrogés par l'art. 55 de la loi du 1ᵉʳ floréal an 3. (1)

Aux termes du même article, elles ne pouvaient obtenir, en remplacement de leur dot aliénée par leurs maris, ou pour leur part dans les conquêts, des biens de la succession du père, ouverte au profit de l'état depuis l'émigration du fils. (2)

Cependant, un décret du 29 août 1809 a jugé implicitement que, si le remploi en immeubles avait été stipulé en cette nature, ou s'il y avait eu affectation spéciale d'un immeuble en remplacement, on devait observer ces conventions et délivrer l'immeuble affecté. Ce décret est ainsi motivé :

« Considérant qu'il n'a point été stipulé de remploi

------

(1) Loi du 1ᵉʳ floréal an 3, tit. 3, art. 55, 100, 130 ; — Arr. des 29 ventôse, 23, 27 germinal, 4, *id.* thermidor an 10, — 18 thermidor an 11, — 15, 29 vendémiaire an 12 ; —Décr. des 10 prairial an 13, — 23 mai 1806.

(2) Arr. du 29 prairial an 9.

« en nature, et que, dans le cas d'une aliénation de propres
« de la femme par le mari , durant la communauté (ce qui
« n'est pas justifié), l'indemnité promise n'engendrerait
« qu'une créance qui serait éteinte par confusion. » (1)

Mais cet exemple isolé ne doit être considéré que comme
une erreur de la jurisprudence, qui, à cela près, a marché
invariablement dans le même sens.

II. Quant aux réclamations des femmes rayées elles-
mêmes de la liste ou amnistiées , ou de leurs héritiers ou
ayant-cause , elles ne pouvaient évidemment donner lieu
ni à restitution en nature, ni à liquidation en argent.
L'art. 17 du sénatus-consulte du 6 floréal an 10 prononçait d'ailleurs la confusion des créances des éliminés, rayés
ou amnistiés, sur les biens détenus par l'état, du chef du
débiteur , émigré lui-même. (2)

SEPTIÈME QUESTION. — *La déchéance était-elle encourue par les femmes créancières de leurs maris, pour
défaut de production de titres dans le délai prescrit
par la loi du 9 frimaire an 7.*

L'état possédant les biens du mari, la justice souffrait
s'il se refusait à payer la dot de la femme; mais la déchéance était absolue, et non comminatoire. La loi du
9 frimaire an 7 n'accordait que jusqu'au 1er germinal
même année pour la production de titres et créances. (3)

____

(1) Loi du 24 frimaire an 6 ; — Arr. du 19 pluviôse an 10.
(2) Décr. des 25 octobre 1806 et 29 août 1809.
(3) Décr. du 16 janvier 1806.

Huitième question. — *Les fils d'un émigré devaient-ils être maintenus en possession d'un immeuble de leur père, vendu, et rentré, par suite de déchéance, dans les mains de l'état, et en jouissance duquel ils avaient été envoyés comme héritiers de leur mère et à raison des cas dotaux de celle-ci ?*

Il est certain qu'exerçant les droits de leur mère, ils n'avaient droit qu'à une simple liquidation, d'après la loi du 1ᵉʳ floréal an 3. Le bien rentré devait être revendu, d'après l'arrêté du gouvernement du 29 messidor an 8.

Mais, d'après une circulaire du ministre des finances, du 5 thermidor an 11, tous les abandons de cette nature, faits et consommés avant ladite époque, par une fausse interprétation de la loi du 1ᵉʳ floréal an 3, ont été confirmés, dans l'intérêt des tiers et à raison de la bonne foi des abandonnataires.

Seulement, on ne les déclarait propriétaires incommutables qu'à la charge par eux de payer la valeur estimative des biens. (1)

Neuvième question. — *Devait-on liquider, en faveur de la femme d'un émigré :*

1° La mise en communauté ;

2° Les arrérages de rentes payées par elle à titre de coobligée solidaire ;

3° Les capitaux de rentes perpétuelles ou via-

______

(1) Décr. du 19 mai 1808.

gères constituées solidairement par elle et son mari;
4° Son préciput?

1° Non, si le paiement de la mise en communauté n'était constaté que par des quittances sous seing privé, qui n'avaient point les caractères d'authenticité exigés par les lois relatives à la dette des émigrés;

2° Non, si ces arrérages de rentes n'étaient exigibles qu'à des termes non encore échus;

3° Non, s'il n'apparaissait ni de remboursements de ces capitaux faits aux créanciers, ni de subrogation par eux consentie;

4° Non : car, d'après la loi du 28 mars 1793, les effets de la mort civile, dont les émigrés étaient frappés, ne pouvaient pas être opposés à l'état. (1)

DIXIÈME QUESTION. — *Une veuve pouvait-elle réclamer du domaine, qui avait représenté son mari depuis l'amnistie, le paiement de droits viagers de survie ouverts par son décès, à partir de ce décès ou seulement de l'amnistie?*

On pouvait soutenir, d'un côté, que l'effet de la radiation, ou de l'amnistie, était d'opérer une abrogation absolue de l'art. 3 de la loi du 28 mars 1793, et d'emporter renonciation au bénéfice de la présomption d'émigration.

On pouvait opposer aussi l'arrêté du gouvernement du 9 fructidor an 11.

Mais il y avait lieu de répondre que cet arrêté avait uni-

____

(1) Décr. du 22 nivôse an 13.

qaement pour objet un usufruit dont jouissait le domaine, par représentation de l'émigré usufruitier. Mais de ce que l'état avait renoncé au bénéfice de la loi du 3 juin 1793, s'ensuivait-il qu'il ne devait plus arguer de celle du 28 mars 1793 ? Cette loi ne devait-elle pas reprendre sa force lorsqu'il était question d'imposer une charge à l'état ?

C'est par analogie qu'on a décidé, pour l'échute, que l'émigré, quoique mort, était censé avoir vécu jusqu'au jour de son amnistie, et, par conséquent, avoir recueilli les successions ouvertes jusque là, et avoir écarté les autres héritiers. (1)

La présomption d'existence tombait donc, non devant la preuve rapportée du décès, mais devant l'amnistie, pour ouvrir contre l'état le paiement des droits de survie.

Il fallait de plus, pour l'exercice du droit, qu'il n'eût été fait aucune restitution aux héritiers de l'amnistié mort depuis son amnistie, et que tous les biens eussent été antérieurement vendus au profit de l'état.

C'est ce qui a été jugé implicitement par un décret du 29 août 1809.

C'était dans l'intérêt seul de l'état qu'on ne pouvait lui opposer le décès des émigrés ; mais, s'il s'agissait d'une succession échue à un émigré représenté par l'état, c'était la date du décès de l'auteur, et non celle de l'acte d'amnistie accordée à sa mémoire, qu'il fallait considérer. Ceci était important pour les créanciers : car la loi du 16 thermidor an 7 n'ordonnait la vente des biens de succession, pour l'acquittement des dettes, qu'à l'égard des successions

____

(1) Décr. du 25 février 1806.

ouvertes depuis le 9 floréal an 3. Si donc le décès était antérieur, ils n'avaient droit qu'à une simple liquidation. (1)

ONZIÈME QUESTION. — *Devait-on considérer comme éteinte, au profit d'une veuve, une rente par elle due à une succession en déshérence, par confusion avec celle due par l'état, représentant l'émigré, son mari, qui en était débiteur solidaire ?*

La confusion autorisée par l'arrêté du 5 floréal an 11 n'était pas ici applicable. En effet, il ne s'agissait pas d'une créance provenant du domaine de l'émigré, et la femme ne pouvait donner au domaine sa créance sur l'état, comme représentant son mari, émigré. De quoi s'agissait-il donc? D'une créance provenant d'une succession vacante. Or, l'état n'était point propriétaire, mais simple administrateur, à la charge de rendre compte, soit aux héritiers, s'il s'en présentait, soit aux créanciers, de la déshérence : les poursuites en recouvrement de la rente, de même que les prescriptions à opposer, étaient du ressort des tribunaux.

Il a été décidé, par décret du 30 septembre 1807, « que « l'état n'est qu'administrateur, et non propriétaire de la « rente due à la succession vacante, et que la dame D***, « étant solidaire, peut être poursuivie, sauf à elle à se pour- « voir en liquidation, s'il y a lieu ».

DOUZIÈME QUESTION. — *Les femmes d'émigrés pou- vaient-elles offrir, en compensation du prix des ventes*

____

(1) Décr. du 20 septembre 1809.

des biens de leurs maris par elles acquis, les droits à li-
quider résultant de leur contrat de mariage?

La compensation n'était pas admissible , puisque les deux dettes n'étaient pas également liquides.

De plus, si l'acquéreur avait souscrit des obligations, elles étaient devenues, par leur mise en circulation, le gage des créanciers de l'état : on ne pouvait donc ni annuler ces sortes de ventes, ni les restreindre, et les femmes acquéreurs devaient être contraintes de payer, sauf liquidation ultérieure de leurs créances. (1)

Treizième question. — *Un mari amnistié, dont l'état n'avait pas exercé les reprises, pouvait-il les exiger de sa femme, malgré le partage des biens de leur communauté fait avec l'état ?*

L'attaque en réformation du partage était proscrite par l'article 16 du sénatus-consulte du 6 floréal an 10.

Mais en était-il de même de l'action en reprises contre la femme ?

Dans le système de la loi du 1er floréal an 3 , les créances ou reprises ne s'exerçaient pas par voie de prélèvement : elles étaient mises pour moitié dans les charges du lot de la femme , sauf à elle à opposer ses propres reprises en compensation. Si donc l'action résultant des reprises maritales n'avait pas été exercée par l'état avant l'amnistie, elle était remise à l'amnistié. Le sénatus-consulte ne s'y opposait pas, si ce n'est en ce qui touchait la part de l'état : toute répétition

____

(1) Arr. du 4 messidor an 11.

était interdite de ce côté, mais non du côté de la femme, pour sa portion de charges. Toutefois, la question n'a pas été tranchée bien nettement; il paraîtrait même qu'elle l'a été contre le mari par l'arrêté du gouvernement du 10 ventôse an 12. Mais on s'était peut-être déterminé par des circonstances particulières. (1)

QUATORZIÈME QUESTION. — *Les héritiers d'un ascendant d'émigré devaient-ils rapporter au domaine, dans leur compte de jouissance provisoire, les fruits d'une portion des biens de sa femme qu'il tenait en vertu d'une disposition testamentaire, faite sous l'empire de la loi du 17 nivôse an 2 ?*

On disait, pour le rapport, que la réductibilité à l'usufruit de moitié était indépendante de la faculté accordée par l'article 16 de disposer en propriété du dixième des biens;

____

(1) La loi du 1er floréal an 3 , art. 55 , 59, 96 et suivants, 112 et 117, établissait un mode d'opérer en matière de partage et de liquidation , soit d'une communauté , soit de tout autre indivis , différent de celui qui a lieu dans les relations ordinaires de citoyen à citoyen.

En effet, dans les opérations ordinaires, on commence par retenir les reprises que chaque cohéritier commun ou sociétaire peut avoir sur l'indivis ; on en fait un objet de prélèvement, et, par ce moyen , chaque ayant-droit emporte une part de la masse égale non seulement à son droit de quotité dans l'indivis, mais encore à ses reprises, ou autrement dit, aux créances dont l'indivis est grevé envers lui. Avec la république, au contraire, et d'après les dispositions des articles

que, cette faculté n'étant exclusive qu'à l'égard des personnes appelées par la loi au partage de la succession du
testateur, elle pouvait profiter au conjoint comme à tous
étrangers, et qu'ainsi, le mari avait eu capacité pour recueillir la propriété du dixième des biens : d'où il suit
que ses héritiers devaient compte des fruits.

On répondait que, si, d'après l'article 16 de ladite
loi, la restriction ne frappait que les héritiers naturels, il
ne fallait pas conclure de là qu'elle ne frappât pas le conjoint, parce qu'il n'était pas héritier, car la loi supposait
capacité dans la personne de l'institué. Or il est constant
que le conjoint était incapable de recueillir un legs en
propriété, d'après les termes des articles 13 et 14.

Il est évident, d'après ces articles, que la loi du 17 nivôse
an 2 avait interdit toute disposition de propriété entre
mari et femme; elle voulait que le conjoint fût restreint à

---

précités, on divisait la masse active en autant de parts qu'il
y avait d'ayant-droit; puis les lots étaient tirés au sort; ensuite, chacun répétait contre chacun les créances ou les portions de créances dont il était créancier; la compensation
s'opérait jusqu'à concurrence entre ceux qui se trouvaient
en même temps et réciproquement créanciers et débiteurs.
Suivant ce mode, les créances ne se payaient pas par prélèvement et en nature, mais en deniers ou quittances. L'intention de la loi, et le résultat de ce mode de procéder, était
que le partage ne pût pas être retardé par la discussion des
créances ou reprises réciproques, et que, les lots étant égaux,
et devant se tirer au sort, il ne fût pas possible de com-
mettre les fraudes qui, sans cela, eussent été si faciles.

la jouissance de la moitié des revenus dans tous les cas d'institution, soit d'usufruit, soit de propriété : dès lors, la disposition du testament ayant épuisé la plénitude de la faculté légale, la seconde était caduque et sans effet. D'où il suit que le domaine ne pouvait exiger le rapport des fruits pour les legs faits en propriété. (1)

QUINZIÈME QUESTION. — *Un créancier d'émigré pouvait-il attaquer l'abandon fait par une administration centrale, à la femme d'un émigré, pour servir de remploi de propres aliénés par son mari, de biens dudit émigré frappés de son hypothèque, à raison de sa constitution dotale?*

Sans doute, l'art. 55 de la loi du 1ᵉʳ floréal an 3 n'autorisait pas de délivrance de biens pour remploi des propres de la femme. Celle-ci, à raison de la disparition du mari, avait eu droit de répéter la valeur de la chose aliénée; mais si le mari ne s'était pas obligé au remploi en nature, ou si le mode de remploi n'avait pas été spécifié dans l'acte de remplacement, l'action de la femme n'engendrait qu'une simple créance.

Toutefois, si l'abandon était définitif, consommé et ancien, la décision du ministre des finances du 3 thermidor an 11 défendait de revenir sur cet acte.

Au surplus, le créancier de l'émigré, qui n'avait de droit qu'à un paiement en inscription sur le grand-livre de la dette publique, n'en avait aucun sur les biens dont il ne pouvait ni empêcher ni attaquer la vente. Son hypothèque

____

(1) Décr. du 4 juin 1809.

avait péri par la novation légale; il était sans qualité pour critiquer les dispositions que l'état avait jugé convenable de faire. (1)

SEIZIÈME QUESTION. — *Un créancier ayant privilége, comme vendeur, sur une maison aliénée à un émigré et confisquée sur lui, pouvait-il exercer son privilége sur ledit bien abandonné à la femme de l'acqué-reur émigré, en paiement de ses créances sur son mari?*

Le créancier de l'émigré ne pouvait pas exercer plus de droits que son auteur : l'art. 16 du sénatus-consulte du 6 floréal an 10 s'y opposait.

Quant au mode de paiement, il y avait eu, sans doute, infraction à l'art. 55 de la loi du 1er floréal an 3, qui voulait que les créances et reprises des femmes d'émigrés fussent, comme celles de tous les autres créanciers, payées en reconnaissances de liquidation définitive, admissibles en paiement de domaines nationaux ou à inscrire sur le grand-livre de la dette publique : d'où il suit que payer en biens-fonds était violer la loi.

Mais beaucoup d'administrations centrales, interprétant la loi avec plus de faveur, d'après les contrats de mariage, les dispositions des coutumes et statuts locaux, avaient délivré des biens immeubles en paiement de créances.

Depuis, on a reconnu que ces statuts étaient implicitement abrogés par la loi du 1er floréal an 3; mais comme l'état était sans intérêt, puisque, depuis l'amnistie con-

---

(1) Décr. du 18 avril 1807.

sommée, il eût été obligé de rendre aux émigrés amnistiés les biens repris à leurs femmes, il fut décidé par le ministre des finances, le 3 thermidor an 11, qu'on ne reviendrait pas sur ces arrêtés d'abandon, à moins qu'ils n'eussent pas été suivis d'exécution. On avait, pour le repos des familles, prohibé toutes recherches sur les anciennes investitures de propriété : elles demeuraient donc affranchies de toute hypothèque aux mains des abandonnataires, et l'action privilégiée du vendeur se résolvait en liquidation, d'après la loi du 1er floréal an 5. (1)

SECTION XI.

DES PARTAGES DE SUCCESSIONS.

PREMIÈRE QUESTION. — *La révision des partages administratifs de successions était-elle permise?*

Il faut distinguer :

L'art. 16 du sénatus-consulte du 6 floréal an 10 n'était relatif qu'aux partages et aux actes administratifs faits pendant l'émigration. Le législateur, « considérant le nom-« bre immense d'erreurs commises et les troubles qui se se-« raient élevés dans les familles au détriment des républi-« coles, si les émigrés, mieux instruits des faits, possesseurs « de certaines pièces, et excités par un intérêt plus puissant « que celui qui pouvait animer les agents du fisc, étaient

____

(1) Décr. du 22 brumaire an 14.

V. sur cette matière les *Questions de droit administratif*, au mot *Emigrés*, *passim.*

« admis à faire réparer ces erreurs », jugea plus convenable de les sanctionner; il ne distingua même pas entre les actions, demandes ou répétitions de créances formées ou non formées antérieurement par le domaine. L'art. 16 prohiba tout retour sur le passé. (1)

Mais en prononçant ainsi l'irrévocabilité de tous partages consommés, le législateur n'avait pas voulu et n'avait pu vouloir accorder cette faveur exorbitante aux actes à venir; autrement, il eût consacré, à l'avance, le vol et la fraude, ce qui aurait été absurde et contraire à tous les principes. L'état pouvait donc attaquer pour lésion un partage fait en 1806.

C'est ce qui a été décidé par décret du 16 octobre 1810.

Un autre décret du 22 nivôse an 13 a également autorisé la rectification de partages postérieurs à l'amnistie.

C'est dans de semblables circonstances que des arrêtés de partage ont été réformés dans l'intérêt de l'état, sur la demande du domaine, lorsqu'ils mettaient à la charge exclusive de l'état des rentes qui devaient être supportées pour moitié par les copartageants. (2)

De même, la portion consolidée de rentes sur l'état représentant une valeur légale, elles devaient, en paiement de droits successifs, être prises pour valeur nominale, sauf à ce qu'il n'en fût donné qu'une part proportionnelle aux divers ayant-droit. (3)

Les rentes ne devaient pas être comptées au cours du

(1) Décr. du 1er janvier 1806.
(2) Arr. du 4 messidor an 11.
(3) Arr. du 6 thermidor an 11.

jour. Si on l'avait fait, il y avait lieu à rapport au profit de l'état.

C'est enfin d'après les mêmes principes qu'on annulait les arrêtés de préfets qui avaient levé le séquestre de biens indivis de succession, après distraction d'une part de biens pour le domaine, représentant un des cohéritiers émigrés, et sans opérer partage.

En effet, cette distraction de part, même en admettant l'existence prouvée d'héritiers régnicoles, était irrégulière. Elle ne déterminait ni la qualité des héritiers présomptifs, ni la valeur des biens, ni leur nature; il n'y avait eu ni estima-tion contradictoire des biens, ni division par des experts, ni égalité de lots, ni tirage au sort. D'où il suit que de tels arrêtés étaient vicieux, soit comme levant le séquestre, sans partage, malgré l'indivision, soit comme opérant partage, sans l'observation des formes prescrites par les lois.

Ainsi jugé par décret du 21 frimaire an 14, portant « que le séquestre ne pouvait cesser que par un partage « fait administrativement avec le domaine, dans les formes « prescrites par la loi du 1er floréal an 3 ».

DEUXIÈME QUESTION. — *Lorsqu'un partage addition-nel avait été ordonné par le gouvernement, et qu'il y avait compte à faire des fruits et revenus des biens indivis d'une succession par les héritiers d'un con-damné, pouvait-on refuser de donner suite à ce par-tage, attendu l'amnistie des héritiers prévenus d'émi-gration ?*

Non, si 1° l'action nationale avait été exercée avant l'amnistie sur lesdits biens; 2° si le domaine avait conservé ses droits successifs, du chef de l'un des fils amnistiés, qui n'avait pas obtenu d'arrêté de levée de séquestre antérieurement au 24 frimaire an 11 (1).

Troisième question. — *Pouvait-on revenir sur des partages, à raison du préjudice que l'état avait éprouvé soit par la fausse estimation des biens entrés dans son lot, soit parce qu'il n'avait pas représenté des héritiers émigrés, considérés à tort comme régnicoles ?*

Le but de l'article 16 du sénatus-consulte était d'empêcher toute espèce de recours tant de la part des amnistiés que des cohéritiers, ou de l'état, à raison de ces sortes de lésions. Dès que le droit de l'état n'avait été ni reconnu ni fixé lors des partages, la consommation de ces partages couvrait toutes ces irrégularités et paralysait l'exercice ultérieur de toute action, encore bien qu'il fût dit qu'un partage ne donnait ni n'attribuait de qualité ; que, par conséquent, les héritiers régnicoles n'en avaient pas pour recueillir la portion des héritiers morts civilement, et que les droits de ceux-ci étaient dévolus à l'état.

C'est ce qu'exprime un décret du 21 janvier 1810, portant « qu'attendu l'amnistie de ceux des héritiers dont l'é-
« migration était inconnue lors du partage, il n'y a plus
« lieu à revenir sur ce partage ».

Dans le même sens, un arrêté du 5 brumaire an 11 a jugé « que les motifs sur lesquels est fondé l'article 16
« du sénatus-consulte, qui interdit aux individus amnis-
« tiés la faculté d'attaquer en aucun cas et sous aucun pré-

____

(1) Décr. du 4 janvier 1806.

« texte les partages de présuccession, de succession, etc.,
« existent également à l'égard des individus qui ont été
« rayés ou éliminés de ladite liste ». (1)

QUATRIÈME QUESTION. — *Les partages de successions
indivises avec des émigrés, consommés par des arbitres, constituaient-ils des jugements souverains, ou
étaient-ils soumis à l'homologation de l'administration?*

Aux termes de l'article 124 de la loi du 1er floréal an 3,
l'opération du partage était confiée à deux arbitres, dont
l'un nommé par le copropriétaire, et l'autre par le département : ils opéraient donc d'après ses ordres et à sa décharge. C'étaient des experts en cette partie : ainsi, leurs arrêtés étaient subordonnés à la révision et à l'approbation
de l'autorité administrative. (2)

CINQUIÈME QUESTION. — *Le domaine était-il recevable
à attaquer un partage de succession indivise, sous le
prétexte du défaut de tirage au sort?*

La loi du 1er floréal an 3, ni aucune autre, n'a prononcé
la nullité des partages dont les lots n'auraient pas été adjugés par la voie du sort. En tout cas, cette irrégularité, s'il
y avait eu amnistie de l'un des cohéritiers, eût été couverte par l'article 16 du sénatus-consulte, qui interdisait
au domaine, comme aux émigrés, tout retour sur le passé.
Si les cohéritiers régnicoles s'étaient rendus soumission-

____

(1) Arr. du 23 germinal an 12; — Décr. des 3 nivôse,
28 messidor an 13, — 15 septembre 1810.

(2) Décr. du 21 août 1806.

naires de la portion indivise et avaient laissé subsister leurs consignations, on devait leur passer contrat de vente des biens attribués à l'état par le partage, avec jouissance des fruits à compter du jour de l'enregistrement de la quittance du deuxième quart. (1)

Sixième question.— *Les cohéritiers régnicoles, qui n'avaient pas été parties dans un acte de partage de succession séquestrée, étaient-ils admissibles à en demander la réformation ?*

En thèse, les actes de partages étaient inattaquables, depuis l'amnistie, de la part de l'état, des amnistiés et des cohéritiers régnicoles qui y avaient pris part, quelles que fussent les irrégularités et lésions. Mais ils n'étaient pas obligatoires pour les tiers qui ne les avaient pas souscrits; toutefois, ils demeuraient dans leur force et stabilité; seulement, les tiers pouvaient faire valoir leur répétition de part contre leurs cohéritiers devant les tribunaux.

C'est ce qu'exprime un décret du 7 mars 1808, portant « que si, à raison de l'élimination et de l'amnistie des deux « émigrés, les partages dont il s'agit sont devenus inatta- « quables de la part de tous ceux avec lesquels ils ont été « opérés, ils ne peuvent préjudicier aux droits d'un tiers « qui n'y a pas été partie, et à qui il est loisible de faire « valoir judiciairement ses droits. »

Septième question. — *Devait-on fournir à un cohéritier, qui n'avait pas paru, sa portion héréditaire sur*

____

(1) Décr. du 2 février 1809.

des biens qu'on aurait omis de comprendre dans un partage d'indivis?

Il faut distinguer:

S'il y avait eu partage, le cohéritier qui avait laissé écouler les délais prescrits par l'article 96 de la loi du 1ᵉʳ floréal an 3 n'avait plus à réclamer sa portion en nature, mais le prix proportionnel des ventes, par voie de liquidation.

Quant à la portion de biens libre et non aliénée, son droit s'exerçait par une délivrance en nature jusqu'à due concurrence. Aucune déchéance ne pouvait, quant à ces biens, lui être opposée; la réclamation de l'indivisaire suspendait la vente et provoquait le partage de ces derniers biens. (1)

HUITIÈME QUESTION. — *Les cohéritiers indivis avec l'état devaient-ils être remplis de leur part dans les biens vendus par l'état au-delà de son contingent, par des biens invendus de la même succession, situés dans un autre département?*

Il a été décidé que, lorsqu'une partie des biens de la communauté ou de la succession indivise entre l'état, représentant des émigrés, et les héritiers républicoles, avait été aliénée par les corps administratifs, les ventes devaient, dans tous les cas, être réputées à compte des droits de l'état; qu'ainsi, lorsqu'il avait été rempli de tous ses droits et au-delà par l'effet des ventes antérieures au partage, ce qui

____

(1) Décr. du 28 mars 1807.

restait des biens était dévolu à ses copartageants, et, attendu l'indivisibilité de la succession, ce qu'il pouvait y avoir dans un département, excédant leur part, devait être employé à les remplir du déficit qui pouvait exister dans l'autre. (1)

NEUVIÈME QUESTION. — *Des héritiers régnicoles pouvaient-ils demander, en remplacement de leurs droits dans les biens de la succession de leur père, vendus avant le partage administratif qui avait été fait du surplus des biens, une portion du lot attribué à l'état par le partage?*

On pouvait s'appuyer sur l'arrêté du directoire exécutif du 23 vendémiaire an 8, portant que, lorsqu'il y aurait des biens indivis vendus par l'état, ils lui seraient toujours imputés à compte de ses droits.

Mais on répondait que cette règle ne s'appliquait qu'aux partages à venir, et non à ceux consommés, sans quoi il aurait fallu revenir sur tous les partages. L'arrêté du directoire ne pouvait, sans danger, avoir cet effet rétroactif; la réunion, après partage, du lot de l'état au domaine, était irrévocable. (2)

DIXIÈME QUESTION. — *Le copropriétaire régnicole devait-il jouir provisoirement, et jusqu'à partage, de sa portion dans l'indivis?*

Le séquestre devait embrasser la totalité des biens, à

____

(1) Arr. du directoire exécutif du 25 vendémiaire an 8; — Arr. du 17 vendémiaire an 11.

(2) Décr. du 26 janvier 1806.

cause de l'indivision ; mais il ne frappait pas sur la part du copropriétaire régnicole ; sa portion de revenus ne faisait pas partie de ceux séquestrés, et elle lui était restituée. Au surplus, le bénéfice de jouissance accordé au copropriétaire, pendant la durée de l'indivision, avait été établi comme règle par l'art. 16 de la loi du 8 avril 1792, non abrogée par celles subséquentes.

C'est dans ce sens qu'un décret du 25 janvier 1807 statue « que l'autorisation de jouissance est fondée sur l'art. 16 « de la loi du 8 avril 1792, non abrogée, et conforme aux « décisions supérieures qui ont confirmé ce principe ». (1)

ONZIÈME QUESTION. — *Un cohéritier pouvait-il être dispensé de rendre compte des jouissances de la portion de biens échue au domaine par le partage opéré entre lui et l'état, représentant son frère émigré, sous prétexte que ces biens n'auraient pas été frappés d'un séquestre de fait ?*

On a considéré comme frappés d'un séquestre de fait tous les biens dont le domaine avait eu connaissance, soit par la mainmise nationale, soit par des états dressés par les corps administratifs, soit enfin par la déclaration des tiers intéressés ou copropriétaires requérant partage. En principe donc, le séquestre se prouvait par le partage. De même, un copropriétaire, qui avait eu la jouissance de tous les biens, devait compte à son copropriétaire, par indivis, des fruits de sa portion. La décision du ministre des finances du 5 ventôse an 12 ne concernait que les émigrés rayés provi-

---

(1) Lois des 13 ventôse an 5 et 9 frimaire an 7.

soirément, ou leurs parents qui avaient été autorisés à jouir des biens non partagés ni séquestrés; elle ne s'appliquait pas aux copropriétaires ou cohéritiers, dont les droits se trouvaient irrévocablement fixés par le partage. Le compte des fruits afférents à la portion de l'état n'était que la conséquence du même principe, et de l'application de l'arrêté du 29 messidor an 8.

C'est dans le sens de cette argumentation qu'il a été statué par décrets des 21 frimaire an 12, 10 février, 4 et 31 août 1806, 24 août 1810.

Douzième question. — *Un tiers pouvait-il revendiquer une portion de son bien comprise dans le lot échu à l'un des copartageants par l'effet du partage administratif?*

On pouvait prétendre, d'un côté, que les copartageants n'avaient pu, par leur acte de division, donner à l'un d'eux plus de droits que n'en avait la masse; que c'était contre la masse que les tiers avaient un titre; qu'ainsi le partage était un acte indifférent; qu'un partage n'était pas une vente (1), et qu'avant la vente, toute discussion sur la propriété d'un bien, dont tout ou partie était censé national, était du ressort des tribunaux; que, si la chose pouvait se débattre avant le partage, elle le pouvait après le partage, dont l'occultéité n'avait pu avertir les tiers pour la défense de leurs

____

(1) A l'égard des tiers ; car à l'égard des copartageants de succession , il est de principe que le partage vaut vente et en emporte les effets.

droits, sauf aux copartageants à indemniser celui d'entre
eux qui souffrirait de l'événement du litige.

Mais on répondait, d'un autre côté, que le partage, surtout s'il était ancien, était un acte sur la foi duquel tous
les prenant-parts avaient vendu, échangé, dénaturé leurs
portions; que son annulation aurait engendré une foule
d'actions récursoires; qu'ainsi, consommé depuis long-
temps, il devait tenir.

Ces dernières raisons ont prévalu; mais nous devons
faire observer que, dans l'espèce, les circonstances étaient
favorables au copartageant, et le droit du tiers revendiquant
douteux. (1)

Déjà il avait été décidé, par décret du 16 frimaire an 14,
qu'un bien tombé, par partage de succession, dans le lot
de l'état, puis compris dans un échange confirmé par une
loi, ne pouvait être revendiqué par un tiers régnicole
comme sa propriété, par le motif que la cession des biens
à des tiers et leur bonne foi rendaient inattaquable leur possession, qui reposait sur la garantie d'une loi. Le préten-
dant-droit n'avait qu'une action en indemnité.

Mais, nous le répétons, ces cas particuliers n'ont pas fait
jurisprudence, et il était de règle de renvoyer les parties
devant les tribunaux.

Treizième question.— *L'héritier collatéral de la mère
d'un émigré non amnistié pouvait-il attaquer des arrétés qui gardaient sous le séquestre les biens de la mère?*

Si l'héritier se présentait comme héritier de la mère, et

____

(1) Décr. du 25 mars 1807.

si le fils émigré vivait quand sa mère est morte, l'état avait valablement recueilli.

Si l'héritier se présentait comme héritier du fils, il devait justifier de l'amnistie. (1)

QUATORZIÈME QUESTION.—*La preuve testimoniale pouvait-elle être admise pour suppléer aux justifications que la loi du 8 messidor an 7 exigeait, lorsqu'il s'agissait d'exclure l'état de successions directes ou collatérales échues aux émigrés?*

Il a été décidé que les enquêtes ne pouvaient suppléer aux déclarations de patrimoine et autres preuves seules admises par la loi du 8 messidor an 7. (2)

QUINZIÈME QUESTION. — *La question de savoir si les biens invendus ou réservés lors des ventes appartenaient à la succession du père des amnistiés, mort avant l'émigration, ou à celle de leurs frères, décédés avant la mort civile des réclamants, était-elle du ressort des préfets?*

Non, elle était du ressort des conseils de préfecture, comme partage à faire par subdivision du lot attribué à l'état par le partage général. (3)

----

(1) Décr. du 27 nivôse an 13.

(2) Arr. du 29 fructidor an 9.

(3) Décr. du 27 octobre 1806.

V. en outre, sur la matière, les *Questions de droit administratif,* au mot *Emigrés,* tom. 2, p. 291 et autres *passim.*

Seizième question. — *Les partages de successions col-latérales, postérieures à la loi du 8 messidor an 7, étaient-ils nuls?*

L'état ayant, par la loi du 8 messidor an 7, renoncé aux successions collatérales à échoir aux émigrés, les partages de ces successions postérieures à ladite loi étaient tous nuls, attendu que l'état n'avait plus de droits. (1)

Dix-septième question. — *Un émigré rayé avait-il droit de prendre la totalité de sa part héréditaire dans les biens invendus d'une succession restée indivise avec l'état, ou ne pouvait-il requérir que la portion virile dans les biens disponibles?*

Jusqu'en l'an 7 on ne partageait avec l'état que les biens invendus; les copropriétaires étaient renvoyés à la liqui-dation pour avoir paiement de leur portion dans le prix des biens vendus. — On réclama. — Un arrêté du direc-toire du 25 vendémiaire an 8, précité, décida que les co-propriétaires auraient leurs parts intégrales dans les biens disponibles, et que les biens vendus seraient mis dans le lot de l'état, représentant les émigrés.

A cette époque, lorsque les émigrés obtenaient radia-tion, on leur restituait les prix de vente et les revenus; mais l'arrêté du 29 messidor an 8 a voulu depuis que les prix de vente et les revenus appartinssent à l'état.

A cette occasion, des émigrés rayés ont prétendu que leurs parts héréditaires devaient être acquittées intégrale-

____

(1) Arr. du 11 brumaire an 12.

ment sur les biens restant à vendre. Ils donnaient pour motif que les biens vendus n'avaient pu l'être que sur les copropriétaires émigrés, et non sur les réclamants, censés n'avoir jamais émigré. Mais on a écarté leur demande, comme tendant à faire opérer indirectement une restitution contre le vœu de l'arrêté du 29 messidor an 8.

Il suit de là que l'arrêté du 23 vendémiaire an 8, relatif aux partages, n'était applicable qu'aux propriétaires régnicoles, et non aux émigrés rayés ou amnistiés, et que, lorsque l'état avait des droits à exercer sur ces biens, les rayés ou amnistiés ne pouvaient avoir leur part proportionnelle que dans les biens restés invendus. (1)

DIX-HUITIÈME QUESTION. — *Si des biens de successions ouvertes pendant la mort civile avaient été, par suite d'un partage, aliénés par l'amnistié, devait-on l'astreindre au paiement du prix des ventes, ou rétablir le séquestre sur les biens?*

Il n'y avait pas lieu de rétablir le séquestre pour ne pas rompre des possessions de bonne foi; l'état évitait d'ailleurs les embarras d'un nouveau partage et les frais d'administration et de vente des biens. La raison politique et la raison fiscale étaient ici d'accord. (2)

---

(1) Arr. des 25 germinal an 9, 10 prairial , 7 , *id.* thermidor an 10; — Décr. des 18 août 1807, — 4 juin 1808.

(2) Décr. du 2 juillet 1807.

SECTION XII.

DE L'EXTINCTION DES CRÉANCES ET DES DETTES DES ÉMIGRÉS, PAR VOIE DE CONFUSION ET DE COMPENSATION.

§ Ier.

DE LA CONFUSION.

PREMIÈRE QUESTION. *Les créanciers d'émigrés, émigrés eux-mêmes, pouvaient-ils, après leur amnistie, faire valoir leurs créances?*

La jurisprudence du conseil d'état a varié sur cette question.

On avait d'abord déclaré que ces créances étaient éteintes par confusion; que l'art. 17 du sénatus-consulte du 6 floréal an 10 exceptait de la restitution à faire aux amnistiés les créances qui pouvaient leur appartenir sur le trésor public, et dont l'extinction s'était opérée, par voie de confusion, au moment où l'état avait été saisi de leurs biens, droits et dettes. (1)

Cette exception avait été étendue aux radiés et éliminés.

Mais plus tard, on reconnut que la confusion des créances et dettes des émigrés n'avait été établie que dans l'intérêt de l'état; que, si le créancier éliminé, rayé ou amnistié, s'adressait à l'état pour avoir paiement, la confusion devait lui être opposée; mais que ses droits restaient

____

(1) Décr. du 15 avril 1806.

entiers contre le débiteur amnistié; que, si parmi les cohéritiers ou codébiteurs il s'en trouvait de régnicoles, et si la
dette était solidaire, l'exercice de la solidarité n'était pas
interdit au créancier, mais en tant seulement que les sommes dont il pouvait exiger le paiement n'auraient pas été
susceptibles d'être répétées contre le gouvernement par voie
de recours, le gouvernement possédât-il encore, par l'effet
d'un partage, une portion des biens hypothécairement grevés de la dette.

Le même principe a été appliqué, par décret du 28 février
1809, à des rentes constituées sur des biens vendus par
l'état, pendant l'émigration du débiteur.

En effet, quoiqu'on vendît les biens nationaux francs
et quittes de toutes dettes et hypothèques, il ne s'ensuivait
pas que les anciens propriétaires, débiteurs de rentes ou
autres charges affectées sur ces biens, en fussent libérés
envers les tiers qui y avaient droit.

Le seul effet de la vente administrative était de purger,
à l'égard de l'acquéreur, le bien vendu, de la rente dont
il était grevé.

Si le débiteur restait en émigration, et si le créancier
était républicole, celui-ci devenait créancier de l'état, et
était tenu, pour être payé de sa créance, de se pourvoir en
liquidation.

Si, au contraire, le débiteur se faisait éliminer ou amnistier, comme alors il rentrait dans l'exercice de ses droits
civils et que les résultats de son émigration ne pouvaient
porter préjudice à des tiers, ses créanciers étaient libres de
s'adresser directement à lui.

En vain le débiteur se fût-il prévalu de la vente opérée

pendant son émigration de tout ou partie de ses biens : l'état, qui, du jour de l'émigration, avait cessé de représenter l'émigré et rendait tous les biens invendus, n'était plus obligé aux dettes ; seulement l'émigré amnistié, qui était débiteur envers le gouvernement, obtenait soit l'extinction, soit la compensation de sa dette, suivant le plus ou moins de bénéfice que l'état avait recueilli de la vente de ses biens. (1)

La circonstance que le créancier et le débiteur avaient été à la fois prévenus d'émigration ne changeait rien aux droits qu'ils avaient respectivement recouvrés par leur amnistie : car, comme nous l'avons déjà dit, l'extinction par confusion n'était admise que dans l'intérêt de l'état seulement.

A l'égard des arrérages de rentes, ils étaient assimilés à des fermages : car ils étaient en effet le produit des rentes, comme les fermages sont le produit des biens ruraux. Or tous les fruits, revenus et produits, appartenaient au gouvernement jusqu'au jour de l'amnistie. (2)

DEUXIÈME QUESTION. — *Les fabriques pouvaient-elles poursuivre des amnistiés en paiement de rentes assises sur des biens vendus par l'état pendant leur émigration et les seuls qu'ils possédassent ?*

Aux termes de l'avis du conseil d'état du 9 novembre 1810, les fabriques avaient été déchargées du paiement des

---

(1) Arr. réglém. du 5 floréal an 11.

(2) Décr. du 28 février 1809. *V.* même tit. , sect. 3 , *des Restitutions de fruits.*

rentes passives dont pouvaient se trouver grevés les biens à elles restitués : comment, dès lors, auraient-elles exigé le paiement de rentes actives assises sur des biens que l'état avait vendus et dont il avait touché le prix? Que leur avait-on rendu, après tout? Des biens disponibles; mais à l'époque du 7 thermidor an 11, ces rentes ne produisaient rien à l'état, puisqu'il était lui-même débiteur; elles étaient éteintes par la confusion, dans ses mains, des deux qualités de débiteur et de créancier; enfin les débiteurs originaires ne possédant pas d'autres biens, ce gage des fabriques s'était fondu dans les mains de l'état : donc il y avait confusion. (1)

Troisième question. — *Un amnistié pouvait-il réclamer contre un arrêté qui déclarait éteinte, par confusion, une créance qui lui avait appartenu sur une succession dévolue à l'état, sous le prétexte que ladite créance n'avait pas été frappée d'un acte particulier de séquestre ?*

La confusion résultait d'un principe de droit préexistant au sénatus - consulte du 6 floréal an 10. Ce n'était pas l'acte particulier de séquestre qui constituait l'état créancier : cet acte ne tendait qu'à faire connaître au débiteur à qui il devait pour l'empêcher de payer à un autre. Le droit à la rente se tirait de la confiscation, qui avait attribué à l'état tous les droits que possédait l'amnistié. Or l'état, ayant réuni les deux qualités de débiteur et

---

(1) Décr. du 5 juin 1811.

de créancier, avait nécessairement confondu sa dette et sa créance. (1)

Quatrième question. — *Les émigrés rayés pouvaient-ils obtenir le transfert, en leur nom, de rentes inscrites sur l'état et tombées dans son lot par suite de partage administratif, du chef de l'émigré réclamant?*

Il y avait eu confusion, aux termes de l'article 17 du sénatus-consulte ; cette confusion s'appliquait aux rayés comme aux amnistiés. Le gouvernement s'était décidé à ne pas distinguer entre les deux classes, soit par impossibilité de reconnaître les rayés des amnistiés, soit par présomption générale que tous les rayés avaient été anciennement émigrés; il avait pris les choses telles qu'elles étaient. Toutefois, si le transfert avait eu lieu, si les rentes avaient été inscrites au nom des rayés sur le grand-livre de la dette publique, on les leur laissait; mais si la réintégande n'avait pas été consommée, la réinscription était inadmissible. (2)

Cinquième question. — *Les transferts, faits à des hos-*

______

(1) Arr. du 17 prairial an 11; — Décr. du 2 février 1811.

On reconnaissait éteintes, par confusion, des rentes dues à l'état avec des créances actives de l'émigré sur l'état; le préfet était compétent pour prononcer la confusion , et c'était devant le conseil d'état qu'il fallait se pourvoir en appel.— Décr. du 10 brumaire an 14.

(2) Décr. du 17 prairial an 13.

*pices, de rentes dues par des émigrés à des corps reli-
gieux, étaient-ils valables?*

On opposait la confusion pendant que l'état représentait à la fois le corps religieux, créancier, et l'émigré, débiteur. Mais le transfert à l'hospice avait un effet condition-
nel : il valait si l'émigré était rayé ou amnistié. Dans ce cas,
il y avait débiteur distinct de l'état ; la confusion n'était
pas absolue.

Quant à l'objection tirée du défaut de signification du
transfert au débiteur avant qu'il eût racheté la rente du
créancier primitif, elle n'était pas fondée. L'hospice
était saisi de la rente par l'effet même du transfert et de la
cession, et sans qu'il fût besoin de signification ; et l'émigré, succédant à l'état, reprenait les choses comme il les
trouvait. L'art. 16 du sénatus-consulte du 6 floréal lui interdisait, d'ailleurs, toute critique et tout recours. (1)

Sixième question. — *Quel était l'effet d'un transfert
provisoire, fait à un hospice, de rentes séquestrées
sur un émigré?*

On disait :

Dès que les biens ont été confisqués, l'état est devenu
débiteur, comme il était devenu créancier, puisqu'il représentait l'émigré : il y a donc eu extinction par voie de confusion. Or, si les rentes étaient éteintes, elles n'ont pu être
concédées à titre soit provisoire, soit définitif. L'arrêté du
5 floréal an 11 est conforme à ce système, car il prononce

____

(1) Décr. des 21 brumaire an 13 et 4 juin 1806.

expressément que ces rentes demeurent éteintes. Il ne fait donc que déclarer l'extinction préexistante, à la seule condition que l'actif vendu sur l'émigré ne serait pas inférieur à son passif.

Cette doctrine avait d'abord été embrassée par un arrêté du 5 floréal an 12.

Mais elle ne se maintint pas long-temps. On établit que les cessions, même provisoires, étaient définitives à l'égard de l'émigré; que, lors même que l'hospice serait, postérieurement à l'amnistie du débiteur, évincé par le gouvernement, pour affecter la rente à d'autres établissements publics, la confusion ne revivrait pas, et ne pourrait s'exercer sur cette rente, redevenue domaniale; que l'émigré serait seulement tenu de payer à l'établissement nouvellement saisi; que le débat ne pouvait exister qu'entre l'hospice dépossédé et le gouvernement; mais qu'à l'égard de l'émigré, la dépossession était irrévocable; que c'était chose consommée; qu'autrement, en admettant la confusion, on aurait fait à l'émigré une restitution indirecte contre le vœu des lois. (1)

SEPTIÈME QUESTION. — *Devait-on déclarer une ancienne dette d'un émigré, envers des hospices, éteinte par confusion ou compensée avec le prix des biens vendus sur lui?*

C'est en vain qu'on eût opposé:

1° La mainlevée des inscriptions hypothécaires, car

____

(1) Décr. du 31 mai 1807. *V.* même tit., sect. 4, *Affectation aux hospices*, etc.

l'hospice compromettait son droit et ne donnait pas quittance ;

2° L'acquiescement des administrateurs de l'hospice,
car il ne valait pas pour éteindre une créance active;

3° Le remplacement qu'on aurait fait en autres biens,
car c'eût été, d'une part, grever l'état, et, de l'autre, indemniser indirectement l'émigré;

4° L'aisance des hospices qui auraient plus reçu que
perdu, car l'émigré était sans qualité pour critiquer un
état de choses qui n'intéressait que le gouvernement, et
qui, d'ailleurs, ne fortifiait ni n'affaiblissait son droit;

5° L'extinction par voie de confusion, pendant que
l'état représentait à la fois l'hospice et l'émigré, car il n'y a
de vraie confusion que *ad perpetuum*, c'est-à-dire lorsque
les qualités de débiteur et de créancier se réunissent et se
confondent pour toujours. Ainsi, Paul est institué héritier
universel de Pierre, qui lui devait 20,000 fr., la confusion
s'opère; mais si Paul rend la succession à l'héritier légal,
la créance renaît. De même ici on ne retrouvait pas les
signes d'une confusion perpétuelle. En effet, l'arrêté du
5 floréal an 11 n'éteignait les créances de l'état contre l'é-
migré que jusqu'à concurrence des valeurs dont il était
rempli; c'était par compensation que l'état opérait : donc
ici la confusion n'était que temporaire, et non perpétuelle.

D'ailleurs, on avait bien remis aux amnistiés leurs créances sur amnistiés, et l'émigré dont les biens avaient été
aliénés aurait pu avoir pour créancier une personne qui
ne se serait pas fait liquider, et même un autre amnistié.
Or, il n'avait obtenu amnistie qu'à la charge de payer les
dettes non acquittées par l'état, qui ne s'était obligé envers

les créanciers qu'en cas d'entière insolvabilité des débiteurs. Et encore, les hospices avaient pu faire liquider leurs
créances sur les émigrés non amnistiés, ou amnistiés, mais
insolvables : donc il n'y avait pas eu confusion ; donc, lorsque l'état avait cessé de représenter les hospices, ils avaient
été réintégrés dans leurs créances actives.

Ainsi, l'arrêté du 3 floréal an 11 n'autorisait pas les
émigrés débiteurs des hospices à compenser avec l'état : on
ne compense qu'avec son créancier. Or, l'état, ayant rendu
aux hospices tous leurs biens non transférés ni vendus, n'é-
tait plus titulaire de leurs créances conservées et invendues.
Son intérêt s'opposait à la compensation, car il aurait fallu
remplacer. Enfin, le gouvernement comptait avec les émigrés. En confusion, il n'y a pas de compte.

En résumé, la confusion avait cessé pour l'hospice, par
la loi du 2 brumaire an 4, qui lui remettait ses biens
non aliénés. Ici la rente n'était pas aliénée ; elle n'était pas
éteinte, par paiement, avant l'amnistie : donc, l'émigré restait débiteur.

De même, la compensation autorisée par l'arrêté du
3 floréal an 11 n'était pas applicable ; car l'état n'était plus
propriétaire de la créance vendue à l'hospice : dès lors,
point de compensation à opposer, ni de compte à faire avec
l'amnistié.

C'est dans le sens de cette argumentation qu'un premier décret du 21 août 1806 a prononcé « que, par la
« loi du 16 vendémiaire an 5, les hospices ont été réin-
« tégrés dans leurs biens non aliénés ; que, dès lors, l'état
« n'étant plus propriétaire des capitaux dont il s'agit, ni
« des intérêts, il ne pourrait plus en admettre l'extinction

« par compensation avec le produit des biens vendus sur
« l'émigré »;

Un second, du 31 août 1806, « qu'il n'appartient pas au
« préfet de statuer sur la nature de l'obligation du débi-
« teur envers l'hospice, mais seulement de savoir s'il était
« encore obligé envers ledit hospice ; que, par l'effet de la
« loi du 16 vendémiaire an 5, l'hospice a repris son action
« contre le débiteur »;

Un troisième, du 16 septembre 1806, « que, par les lois
« des 2 brumaire an 4 et 16 vendémiaire an 5, les hospices
« ont été réintégrés dans leurs biens non aliénés, et dans
« leurs rentes et créances non cédées ou transportées.

Un quatrième, du 23 septembre 1806, « que, par la
« loi du 2 brumaire an 4, les hospices ont été réintégrés
« dans leurs biens et rentes non aliénés ; que dès lors
« l'hospice d'*** est rentré en possession de la créance dont
« il s'agit ; que lui seul aurait pu en consentir légalement
« l'extinction, et qu'il ne l'a pas fait »;

Un cinquième, du 19 octobre 1806, « que par les lois
« des 2 brumaire an 4 et 16 vendémiaire an 5, lesdits
« hospices ont été réintégrés dans leurs biens et rentes
« non aliénés ni transférés ; et que la confusion, qui n'a
« pas d'effet si elle n'est perpétuelle, a cessé dès lors ;
« que le remplacement qui aurait été fait ou qui le serait,
« libérerait le débiteur aux frais de l'état, et donnerait
« ainsi indirectement une indemnité contraire aux dispo-
« sitions de l'art. 17 du sénatus-consulte du 6 floréal an
« 10 »;

Enfin un sixième, du 6 janvier 1807, « que, par les lois des
« 2 brumaire an 4 et 16 vendémiaire an 5, les hospices ont

« été réintégrés dans leurs biens et rentes non aliénés
« ni transférés; que la confusion, qui n'a pas d'effet si elle
« n'est perpétuelle, n'a pu frapper sur la créance dont il
« s'agit; et que cette créance, qui a cessé dès l'an 4 d'être
« nationale, n'est pas non plus dans le cas de la compen-
« sation autorisée par l'arrêté du 3 floréal an 11 , au profit
« d'un émigré débiteur envers l'état ». (1)

HUITIÈME QUESTION. — *Un amnistié était-il fondé à
attaquer un arrêté de conseil de préfecture qui validait le transfert opéré, au profit de la caisse d'amortissement, d'une rente par lui due à l'état, et qu'il
prétendait éteinte par confusion ?*

On disait que la caisse d'amortissement fait partie
du trésor public ; qu'ainsi la rente était considérée comme
étant toujours dans les mains du gouvernement : d'où l'on
concluait qu'il y avait extinction.

On ajoutait que, lors du transfert, il n'y avait pas eu
d'intérêt pour l'état, puisque le domaine, représentant le
débiteur, était obligé de servir la rente.

Mais on répondait qu'un décret du 17 février 1809,
inséré au Bulletin, porte « que les biens cédés à la caisse
« d'amortissement ne sont pas censés faire partie du do-
« maine public » ;

Que la confusion ne pouvait être opposée à l'état ; (2)

Que l'extinction ne s'opérait pas de droit ; qu'elle était
assujettie à une justification préalable, et avait besoin d'un

____

(1) Décr. du 16 septembre 1808.

(2) Décr. du 30 thermidor an 12 (au Bull.).

arrêté spécial ; que le transfert avait été consommé avant l'amnistie et avait dessaisi l'état ;

Que, depuis le sénatus-consulte du 6 floréal an 13, l'état, dans la prévoyance de l'amnistie du créancier, s'était empressé de se dessaisir de ses créances actives ; enfin, qu'il aurait fallu donner une autre rente en remplacement à la caisse d'amortissement, ce qui eût été préjudiciable au domaine et aurait grevé le trésor public. (1)

NEUVIÈME QUESTION. — *Les cautions solidaires d'une abbaye, représentée par l'état, ont-elles pu être attaquées, par un amnistié, en paiement d'un capital portant rente, prêté par ledit amnistié à ladite abbaye ?*

Pouvait-on déclarer qu'il n'y avait que la moitié de la dette éteinte par confusion, et que la femme de l'amnistié avait la faculté de se pourvoir en liquidation pour la moitié qui lui appartenait dans ladite rente ?

I. Il eût fallu que l'amnistié articulât fraude ou mauvaise foi dans l'emprunt : autrement, les art. 9, 10 et 11 du tit. 4 de la loi du 5 novembre 1790 déclaraient valables les emprunts faits par les bénéficiers, pour des causes reconnues nécessaires ou utiles à leurs bénéfices, ainsi que ceux faits de bonne foi, par actes authentiques d'une date antérieure au 2 novembre 1789.

Si donc l'acte était utile, et dès lors valable, l'intérêt

____

(1) Décr. des 16 septembre 1808 et 29 octobre 1809.

de l'état naissait de l'action en garantie que les cautions poursuivies auraient exercée contre lui.

Comment éviter ce recours ? Par la confusion résultant de ce que l'état avait représenté à la fois l'abbaye débitrice et l'émigré créancier.

II. Quant à la femme, dès qu'il ne s'agissait que d'une somme mobilière, la comparution de la femme dans l'acte constitutif n'altérait pas les droits exclusifs du mari. C'était à lui seul que le capital appartenait. Chef de la communauté, il avait seul le droit de percevoir les intérêts comme de recevoir le remboursement du capital ; la confusion devait avoir lieu, à l'égard de l'état, sans réserve et pour la totalité.

C'est dans ce sens qu'il a été statué par un décret portant « que le sieur de **, à l'époque de son émigration, « était maître de la communauté d'entre lui et sa femme, « et qu'ainsi l'extinction par confusion s'est opérée sur la « totalité de la créance dont il s'agit ».

Dixième question. — *Y avait-il lieu de prononcer, au profit de l'état, la confusion d'une rente qui n'appartenait plus à l'ancien propriétaire, décédé avant son inscription sur la liste, mais à ses héritiers régnicoles, qui en étaient saisis ?*

Dès l'instant du décès, les héritiers avaient été saisis de la rente sur l'état : d'où il suit que l'inscription de leur auteur sur les listes n'avait pas eu l'effet d'éteindre la rente par confusion, soit parce qu'avant les premières lois sur l'émigration, l'inscrit n'en était plus propriétaire, soit parce que la propriété de la rente avait saisi les

héritiers avant l'inscription de l'ancien propriétaire, in‑
scription erronée (postérieure au décès), qui n'avait pu les
dépouiller d'un droit acquis.

C'est dans ce sens qu'il a été prononcé par un décret
du 20 février 1810, portant « que les héritiers.** étaient
« saisis, au jour du décès, de la propriété des trois
« dixièmes de la rente sur l'état, et que l'inscription posté‑
« rieure de leur auteur n'a pu avoir l'effet d'éteindre ce
« qui leur appartenait ».

§ II.

DE LA COMPENSATION.

PREMIÈRE QUESTION. — *Les revenus de biens séquestrés
étaient-ils susceptibles de compensation avec les sommes
que l'amnistié devait à l'état ?
En était-il de même quant aux capitaux indistinctement ?*

I. L'arrêté du 29 messidor an 8 défendait de restituer
aucuns revenus ou fruits. Or, compenser, eût été restituer
indirectement.

Quant à l'arrêté du 5 floréal an 11, il permettait la com‑
pensation avec le prix des biens vendus. Or, disait-on, les
fruits ne sont que l'accessoire. Cela est vrai ; mais l'arrêt
les excluait formellement.

II. Quant aux capitaux de créances, s'ils avaient péri,
comme des titres féodaux, par exemple, entre ses mains, ou
par l'insolvabilité des débiteurs, ils n'étaient point com‑
pensables. Car l'arrêté du 5 floréal an 11, art. 3, voulait
que « la compensation n'eût lieu que jusqu'à concurrence
« de ce dont aurait profité la république ».

C'est ce qui résulte de deux décrets des 13 octobre 1809 et 3 juin 1811, ainsi motivés :

« Considérant, d'une part, que les fruits et revenus « provenant de séquestre sont irrévocablement acquis au « gouvernement, et non susceptibles de compensation ; de « l'autre, que le domaine n'a reçu pour le compte de « l'émigré que la somme de . . . »

Un décret du 16 septembre 1808 porte « qu'on ne « compense que d'anciennes créances de l'état ».

DEUXIÈME QUESTION. — *La compensation était-elle ad-missible entre des créances réclamées par une femme sur son mari émigré, et des prix de fermage des biens dudit émigré ?*

Non. En effet, la loi du 1er floréal an 3, art. 31, porte : « Les créanciers d'un émigré, qui se trouveront à « la fois débiteurs de ce même émigré, seront admis à la « compensation ». Mais si la femme était bien *créancière de l'émigré* à raison de sa dot, *elle était débitrice de l'état* à raison des perceptions de son fermage : elle ne réunissait donc pas sur sa tête la qualité simultanée de créancière et de débitrice de *l'émigré*. Dès lors, la compensation n'était pas admissible. (1)

TROISIÈME QUESTION. — *A-t-on pu remettre, en l'an 11, à un émigré, à titre de compensation, des arrérages d'un capital par lui dû à un hospice ?*

Il a été souvent décidé que la confusion ne s'opérait

____

(1) Décr. du 3 vendémiaire an 13..

pas de droit, et qu'il fallait que cette confusion ou extinction par compensation fût prononcée par un arrêté
spécial, et lorsque les choses se trouvaient réunies dans
les mains de l'état. La réintégrande des hospices dans leurs
biens date de l'an 5 : donc, en l'an 11, le préfet n'avait
pu compenser ce dont l'état avait profité sur l'émigré, avec
une créance due à ces hospices, et dont, depuis long-temps,
l'état s'était désinvesti ; *a fortiori,* si l'arrêté était antérieur
au 3 floréal an 11, qui le premier a autorisé les compensations (1).

QUATRIÈME QUESTION. — *Les rentes dues à des fabriques
par des émigrés rayés ont-elles été de plein droit, et en
vertu de l'acte du 3 floréal an 11, éteintes par compensation avec les capitaux de leurs biens vendus et fruits
et revenus touchés par l'état pendant l'émigration?*

La raison de douter se tirait de ce que l'arrêté du 7
thermidor an 11, qui a réintégré les fabriques, est postérieur à l'arrêté du 3 floréal an 11, dont l'article 3 prononçait l'extinction.

La raison de décider se tirait de ce que l'extinction n'é-
tait point une confusion, mais une compensation, puisqu'elle n'avait lieu que jusqu'à concurrence des produits
du séquestre.

Une compensation ne s'opère que de liquide à liquide.
Il fallait de plus un arrêté spécial du préfet.

L'avis du conseil d'état du 27 mars 1806 portait que
les dettes des émigrés envers les fabriques ne seraient ré-

---

(1) Décr. du 6 janvier 1810.

putées éteintes que quand il existerait un arrêté du préfet pris entre l'arrêté du 3 floréal an 11 et celui du mois de thermidor suivant, qui avait remis les fabriques en possession de leurs biens non vendus. Mais si l'arrêté du préfet était postérieur à l'arrêté du 7 thermidor, il n'avait pas opéré la compensation : d'où il suit que la fabrique avait été, par l'arrêté du 7 thermidor an 11, ressaisie de son droit contre ses anciens débiteurs. Ceux-ci n'avaient donc pu, en l'an 13, éteindre leur dette par une compensation opérée vis-à-vis de l'état, qui n'était pas propriétaire. (1)

CINQUIÈME QUESTION. — *Les amnistiés pouvaient-ils donner, en compensation des rentes dues par eux, le prix de leurs biens vendus, si l'abandon de ce prix à une fabrique n'avait été fait par l'état que depuis leur amnistie ?*

Il est vrai que la compensation n'était pas de plein droit, mais ne pouvait s'opérer que par des arrêtés spéciaux.

Si toutefois la demande en compensation était antérieure aux abandons, elle constituait une espèce d'opposition, nonobstant laquelle on n'avait pu transférer à une fabrique ; mais la raison décisive est que ni loi ni arrêté n'autorisaient à céder aux fabriques, en remplacement de leurs biens, des rentes qui avaient appartenu, non à elles, mais à d'autres établissements religieux. (2)

---

(1) Décr. du 21 août 1806.

V. l'avis du conseil d'état du 30 avril 1807.

(2) Décr. du 10 mars 1807.

SɪxɪÈᴍᴇ ǫᴜᴇsᴛɪᴏɴ. — *Devait-on autoriser la compensation des sommes dont les adjudicataires de domaines nationaux se trouvaient redevables sur le prix de leurs acquisitions, avec le montant du prix des biens aliénés ou des revenus perçus pour le compte de l'état pendant la durée du séquestre?*

Si les ventes de domaines nationaux ont été assujetties à un mode particulier de paiement, c'est afin que le gouvernement pût compter sur les rentrées : donc tout autre mode de paiement était inadmissible. Autoriser des émigrés à donner, en paiement, des prix de vente de leurs biens ou des revenus touchés pendant le séquestre, c'eût été opérer une restitution indirecte, prohibée par l'arrêté du 29 messidor an 8 : d'où il suit que l'article 3 de l'arrêté du 3 floréal an 11 ne s'appliquait réellement qu'aux créances actives et passives, et non à des prix de vente.

C'est ce qui résulte d'un arrêté du 14 ventôse an 11, et d'un décret du 28 août 1808, portant « que ledit article « 3 de l'arrêté du 3 floréal an 11 n'est pas applicable aux « sommes dues pour prix de vente de biens nationaux ».

SᴇᴘᴛɪÈᴍᴇ ǫᴜᴇsᴛɪᴏɴ. — *Les débiteurs des successions échues à l'état pendant la mort civile, et qui étaient en même temps créanciers de l'état, pouvaient-ils être admis à compensation?*

Il fallait que la créance fût liquide : car la compensation, qui est un paiement, ne peut pas s'opérer avec un objet dont la valeur n'est pas déterminée. (1)

____

(1) Décr. du 28 messidor an 13.

HUITIÈME QUESTION. — *Le montant des réparations adjugées avant l'amnistie se compensait-il avec des fermages suffisants dus à cette époque?*

Décidé affirmativement par décret du 23 vendémiaire an 13.

SECTION XIII.

DES USUFRUITS ET DES RENTES VIAGÈRES.

PREMIÈRE QUESTION. — *Les usufruits qui reposaient sur la tête des émigrés se consolidaient-ils à la nue propriété par le décès desdits émigrés?*
Ce décès éteignait-il les rentes viagères?

Ces questions ont été fort controversées.

L'art. 3 de la loi du 28 mars 1793 prolongeait, par une fiction monstrueuse, la vie naturelle des émigrés pendant cinquante années; elle dispensait par-là le domaine de justifier de l'existence des rentiers viagers ou usufruitiers. Ainsi l'ordre des successions était changé au détriment des parents régnicoles, et les débiteurs des rentes viagères suivaient le même sort.

La durée des usufruits avait, dans cet absurde système, une autre base que la vie naturelle. La vérité cédait à la fiction, quoiqu'il répugnât à la raison, de considérer comme vivant un homme mort, et à la justice d'exiger un usufruit après le décès de l'usufruitier.

De vives réclamations s'élevèrent contre la violation des conventions et des droits des débiteurs.

La loi du 3 juin 1793 annonça, pour déterminer la durée

des rentes viagères et des usufruits, une loi qui n'a jamais été rendue. Dans l'absence de cette législation, le gouvernement jouissait, sans avoir besoin de prouver l'existence de l'émigré, et même malgré son décès, dont il ne permettait pas de faire la preuve. (1)

En l'an 8, on proposa de déclarer 1° que les usufruits et rentes viagères dus à la nation, et constitués sur des têtes d'émigrés, seraient éteints aux époques où lesdits émigrés seraient présumés avoir cessé de vivre, d'après leur âge au moment de la constitution de ces usufruits et rentes viagères, conformément au tableau de la durée probable de la vie aux différents âges, dressé par Buffon; 2° qu'à partir du décès des émigrés rentrés et morts en France, les usufruits et rentes viagères seraient éteints.

Ce projet, présenté le 18 thermidor an 8, fut retiré le 28 ventôse an 11.

On continua donc de marcher suivant les anciens errements.

Cependant on s'élevait de toutes parts avec une nouvelle force contre la perpétuité fiscale de ces usufruits.

Alors un arrêté du gouvernement, du 9 fructidor an 11, établit « que l'état conserverait la jouissance, dans le cas de « preuve légale du décès antérieur de l'émigré, soit jusqu'au « 1er messidor an 11, si le créancier n'avait pas été rayé, « éliminé ou amnistié antérieurement, soit jusqu'à sa ra- « diation, élimination ou amnistie, si elle avait précédé « ledit jour ». (2)

---

(1) Arr. des 3 pluviôse et 9 germinal an 10.
(2) Circ. du 22 fructidor an 11; — Arr. des 15 vendé-

Il faut ajouter que, dans l'application, on accordait aux débiteurs des délais pour se libérer, et qu'on s'abstenait même de les poursuivre en cas de retard.

Cependant les nus propriétaires et les débiteurs, toujours menacés par ce principe de la loi de 1793, encore subsistant, objectaient qu'en exigeant les rentes, ou en empêchant la consolidation, le gouvernement violait le contrat de constitution; que l'état ne pouvait avoir plus de droits que ceux qu'il représentait, et que c'était grever le débiteur et le nu propriétaire à raison d'une présomption d'émigration qui leur était étrangère, et dont, même après la mort de l'émigré, on le punissait sur leur personne.

Ces motifs prévalurent enfin.

On fixa l'extinction de la rente viagère, ou de l'usufruit, au jour du décès même, pourvu qu'on en rapportât la preuve légale. (1)

Toutefois, quoiqu'on n'opposât plus la présomption de survie, le domaine ne consentait à la mainlevée des inscriptions hypothécaires qu'après la rentrée des arrérages de la rente échus au jour du décès. (2)

En effet, ces arrérages échus lui appartenaient, et ils n'étaient pas restituables. (3).

---

miaire, 11, 22 brumaire, 2, 16 frimaire, 22 germinal an 12; — Décr. des 20 pluviôse an 13, — 22 brumaire an 14.

(1) Décr. des 6 mars, 20 juillet 1807, — 11 janvier 1811.

(2) Décr. du 5 octobre 1808.

(3) Arr. des 28 floréal an 11, — 11 ventôse an 12; —

Il est inutile d'ajouter que les questions qui pouvaient s'élever sur la prescription quinquennale des arrérages étaient du ressort des tribunaux.

DEUXIÈME QUESTION.—*L'état, héritier, en ligne colla-térale, du chef d'un émigré, devait-il acquitter un legs d'usufruit valablement fait?*

Quant à la nue propriété, elle était, à la vérité, éteinte et confondue entre les mains de l'état, du moment de l'ouverture de la succession, si le régnicole n'en avait pas disposé; mais quant à l'usufruit, il était sorti de l'hérédité. La loi du 28 mars 1793 avait bien interdit aux ascendants d'émigrés toute disposition, au préjudice de l'action natio-nale, sur les biens futurs et présents de leurs héritiers pré-somptifs en ligne directe qui étaient prévenus d'émigra-tion; mais elle n'avait gêné en aucune manière la volonté des républicoles dont les émigrés étaient appelés à recueil-lir la succession en ligne collatérale. Il est donc vrai de

---

Décr. des 11 thermidor an 12, — 30 thermidor an 13, — 12 décembre 1806.

Les arrérages de rentes viagères sont des revenus d'un capital. L'arrêté du 29 messidor an 8 ne distinguait pas, et le sénatus-consulte du 6 floréal an 10 s'appliquait à tous les revenus absolument. *V*. même titre, sect. 5, quest., etc.

Mais quant aux arrérages viagers touchés par les héritiers d'un prévenu, en vertu d'arrêtés d'autorisation de jouissance des préfets, il était passé en jurisprudence qu'on ne pouvait les répéter au profit du fisc. — Décr. des 30 août 1806 et 20 juillet 1807.

dire que le républicole avait pu ici disposer de l'usufruit réclamé, et que, jusqu'au décès du légataire, l'état, qui ne pouvait confondre cet usufruit, devait en servir les arrérages, pourvu que la disposition testamentaire ne fût pas d'ailleurs prohibée par les lois de l'époque. (1)

TROISIÈME QUESTION. — *Des nus propriétaires pouvaient-ils être envoyés en possession, par le préfet, de divers immeubles dont l'usufruit avait été aliéné par l'état et qui appartenaient à un émigré décédé et amnistié?*

Aucune loi n'a autorisé l'aliénation des usufruits qui reposaient sur la tête des émigrés.

La loi du 28 mars 1793 ne parlait pas des usufruits; celle du 3 juin suivant ne permettait que de les affermer.

Quant au 6e alinéa du § 1er de la loi du 6 floréal an 4, il ne concernait que les biens appartenant à l'état pour la nue propriété.

Ce n'était pas le cas de l'espèce : les usufruits n'étaient ni soumissionnables ni vendables, et il y avait eu fausse application de la loi du 6 floréal an 4.

Au surplus, l'usufruitier aux droits duquel l'acquéreur avait été subrogé étant décédé, et la prévention d'émigration qui pesait sur lui ayant disparu, l'usufruit avait cessé, et avec lui le droit de l'acquéreur; la radiation définitive de son nom avait fait tomber la fiction de la survie et réalisé la consolidation de l'usufruit à la nue propriété. (2)

---

(1) Décr. du 8 floréal an 13.

(2) Décr. du 11 janvier 1808. *V*. tit. 5.

SECTION XIV.

DES CRÉANCIERS D'ÉMIGRÉS.

SOMMAIRE.

Tout ce qui se rapporte aux actions des créanciers d'émigrés se trouve compris dans les quatre paragraphes suivans :

1° La compétence;

2° Les droits des créanciers d'émigrés contre l'état, soit à titre de créanciers directs des émigrés, soit à titre de créanciers des successions à eux échues pendant leur mort civile;

3° Les droits des créanciers contre les émigrés depuis l'amnistie;

4° Les droits des créanciers d'émigrés contre les tiers.

§ Ier.

DE LA COMPÉTENCE.

PREMIÈRE QUESTION. — *Les tribunaux étaient-ils compétents pour établir l'ordre entre les créanciers et fixer le rang d'un créancier éliminé ?*

La question doit être résolue affirmativement, parce que la position des créanciers entre eux ne pouvait être fixée que d'après les règles du droit civil; mais les tribunaux n'étaient pas compétents pour juger si les intérêts de la créance de ce créancier éliminé lui appartenaient, ou à l'état : il fallait, en effet, consulter les dispositions générales des lois de l'émigration, apprécier les effets du séquestre na-

tional, ceux de l'élimination, ceux de l'application de l'arrêté du gouvernement du 29 messidor an 8, de son étendue, soit au capital, soit aux intérêts de la créance, toutes
choses qui étaient du ressort des conseils de préfecture. (1)

DEUXIÈME QUESTION. — *Le titulaire d'une rente demande son paiement à son débiteur, émigré amnistié.
Celui-ci oppose que la maison sur laquelle la rente est
hypothéquée a été saisie et vendue par l'état pendant
son émigration. Les tribunaux décident qu'aux termes
de la coutume du Hainaut, le créancier, n'ayant qu'une
action réelle, ne peut l'exercer contre le débiteur, qui
n'est plus propriétaire. Conflit. — Etait-il fondé?*

La question a été décidée affirmativement par un décret
du 24 avril 1810, et par le motif que « l'induction na-
« turelle du jugement est que le détenteur actuel de la
« maison peut être passible de la rente, ou que le créancier
« est fondé à se pourvoir contre l'état; que les lois qui ont
« prononcé la confiscation des biens des émigrés ont or-
« donné que ces biens seraient vendus francs et quittes de
« toutes charges et hypothèques; que, par conséquent, toutes
« dispositions de coutumes contraires à ces lois sont abro-
« gées, et que l'article 12 de l'arrêté du gouvernement du 3
« floréal an 11 veut qu'avant liquidation, les créanciers
« soient tenus de discuter leurs débiteurs; qu'il résulte des
« lois d'exception que les créanciers ont une action directe,
« contre leurs débiteurs, sur tous les biens qui leur ont été
« rendus et autres dont ils se trouvent saisis ».

____

(1) Arr. du 2 frimaire an 12.

TROISIÈME QUESTION. — *La connaissance de l'exécu-*
tion d'un acte souscrit par un amnistié et sa caution
était-elle du ressort des tribunaux ?

Si le débiteur était émigré ainsi que le créancier, ou que
l'un d'eux fût une corporation ou un hospice, etc., on n'aurait pu soutenir qu'il y avait eu confusion, car la confusion n'était opposable que dans l'intérêt de l'état. (1)

Si la caution était solidaire, elle pouvait être actionnée
avant le débiteur principal.

Mais elle ne pouvait mettre l'état en cause devant les
tribunaux, à moins de justifier de l'insolvabilité de l'amnistié; le gouvernement ne devait que jusqu'à concurrence
de la portion non acquittée par l'émigré : dans ces deux cas
le paiement ne pouvait avoir lieu que par liquidation administrative, d'après l'art. 12 de l'arrêté du 5 floréal an 11.(2)

QUATRIÈME QUESTION. — *Le ministre des finances pou-*
vait-il autoriser la régie des domaines à faire pronon-
cer par les tribunaux sur la question de savoir si des
deniers consignés dans les caisses du trésor, par le dé-
biteur acquéreur d'un émigré, appartenaient à l'état,
du chef dudit émigré ?

La négative, prononcée par un décret du 25 brumaire an
10, reposait sur le motif « qu'aux termes de la loi du 1er
« floréal an 3, la liquidation des créances des émigrés

---

(1) Décr. du 30 thermidor an 12 précité. *V.* même titre,
sect. 12, § 1.

(2) Décr. du 18 avril 1807.

« est formellement attribuée à l'autorité administrative;

« Que la même loi lui attribue également l'ordre à ré-
« gler entre les créanciers, et, par conséquent, la connais-
« sance des questions de privilége et priorité d'hypothè-
« ques qui peuvent s'élever entre eux;

« Que le renvoi erroné du ministre des finances ne peut
« dépouiller l'autorité administrative de sa juridiction, et
« que l'incompétence des tribunaux, étant à raison de la
« matière, est absolue ».

§ II.

DES DROITS DES CRÉANCIERS D'ÉMIGRÉS CONTRE L'ÉTAT.

PREMIÈRE QUESTION. — *Quel caractère devaient avoir
les titres de créances sur émigrés pour être admis en
liquidation ?*

Les titres de créances sur les émigrés devaient être authentiques, et l'état se refusait impitoyablement, et par
présomption de fraude, à liquider toutes créances dont les
titres n'avaient pas de date certaine par enregistrement ou
autrement, avant la promulgation de la loi du 7 février
1792, ou l'émigration légale des débiteurs. (1)

Le préfet déclarait la nullité du titre. Le pourvoi contre
sa décision se portait directement au conseil d'état.

Mais c'était au conseil de préfecture à appliquer les

------

(1) Lois des 28 mars 1793, sect. 2, art. 5, — 1er floréal
an 3, art. 5, 113 et 114; — Arr. des 3, 29, *id.* pluviôse,
23 ventôse an 10; — Décr. des 13 fructidor an 13, — 10
brumaire an 14.

amendes, en cas de fausse affirmation de créances sur émigrés. (1)

DEUXIÈME QUESTION. — *Pouvait-on abandonner aux
créanciers unis d'un émigré insolvable les biens confisqués sur lui, et ordonner que les sommes provenant
de la vente desdits biens, et qui auraient été versées
dans les caisses du domaine, seraient payées auxdits
créanciers ?*

Cet abandon était illégal.

1° Il y avait contravention d'une part à la loi du 1er floréal an 5, article 53, qui ne permettait ici de paiement
que jusqu'à concurrence du prix, en la même monnaie que
celle affectée au paiement des autres créanciers, et non
l'abandon des biens et la distribution du prix des ventes
aux créanciers.

2° Il y avait contravention, d'autre part, à la loi du 24
frimaire an 6, lorsqu'on payait intégralement des créanciers qui ne devaient l'être que pour un tiers consolidé, et
pour deux tiers mobilisés. (2)

TROISIÈME QUESTION. — *Les créanciers étrangers pouvaient-ils être payés en numéraire de leurs créances
sur leurs débiteurs français émigrés ?*

Résolue négativement par arrêtés du gouvernement des 14
brumaire an 9 et 29 ventôse an 10, « attendu que les lois

---

(1) Loi du 1er floréal an 3, art. 74 ; — Arr. du 7 germinal an 9.
(2) Décr. du 18 juillet 1806.

« des 1ᵉʳ floréal an 3 et 24 frimaire an 6, qui ont statué
« sur la liquidation et le remboursement de la dette des
« émigrés, ont établi un mode unique de paiement de cette
« dette, savoir : par liquidation et inscription au livre de
« la dette publique, sans admettre ni différence, ni excep-
« tion en faveur des créanciers, quels qu'ils soient ».

QUATRIÈME QUESTION. — *L'état pouvait-il refuser de
délivrer des bois par lui réservés, comme inaliénables,
en paiement de créances sur un amnistié ?*

La loi du 18 pluviôse an 5 ordonnait, à la vérité, le
paiement des légitimes en biens-fonds héréditaires. Mais
s'il y avait eu substitution volontaire d'une rente constituée à la légitime, ce n'était plus, dès lors, qu'une simple
créance, dont le paiement n'était exigible qu'en deniers.
Ainsi l'avait jugé le ministre des finances, par décision générale du 7 prairial an 5. Peu importe que les bois réservés fussent passifs de l'action hypothécaire : c'était par
voie de liquidation que l'état payait toutes ses dettes, sans
distinction. A la vérité, la réserve diminuait la créance, et
le sort des créanciers n'était plus le même après l'amnistie :
car avant, ils avaient l'état pour débiteur, et depuis, ils
n'avaient plus d'action que contre l'émigré, devenu insolvable, souvent à cause de ces réserves mêmes de biens
qui composaient toute sa fortune. Mais telle était la
loi. (1)

CINQUIÈME QUESTION. — *Les rentes ou redevances en*

____

(1) Décr. du 15 brumaire an 13.

nature, provenant de corporations ecclésiastiques et aliénées par l'état, devaient-elles être payées, par le domaine, sur le produit des biens originairement hypothéqués au service de ces rentes, et depuis confisqués au profit de l'état, à cause de l'émigration du propriétaire?

Voici les raisons de douter :

Il s'agissait de rentes foncières. La rente foncière n'est pas une dette du propriétaire de l'héritage, mais une charge inhérente au fonds grevé, dont elle est considérée comme une délibation. Il est de la nature d'une telle rente de suivre le fonds dans quelques mains qu'il passe. A la vérité, la loi du 3 juin 1793 voulait que les biens confisqués fussent vendus francs et quittes de toute dette et hypothèque; mais cette loi ne concernait que les biens aliénés, de manière que, tant que le fonds grevé restait entre les mains de l'état, il demeurait chargé de la rente foncière qui l'affectait et dont elle faisait partie. Enfin l'état devait la garantie de ce qu'il avait vendu.

Voici les raisons de décider :

L'art. 16 de la loi du 3 juin 1793 n'admettait pas la distinction entre les biens aliénés et ceux remanants dans les mains de l'état; il les affranchissait de toutes dettes, dès que l'état les appréhendait.

L'art. 1er de la loi du 1er floréal an 5 déclarait tous les créanciers des émigrés, sans exception autre que celle des créanciers des émigrés insolvables, créanciers directs de l'état, ce qui embrassait les rentes assises sur les fonds comme les autres créances.

Les art. 28 et suivants indiquaient ce mode d'exécution pour la liquidation des rentes foncières; ils ne distinguaient pas entre les rentes étrangères à l'état et celles vendues en son nom, antérieurement à l'émigration du détenteur des fonds grevés.

L'état était subrogé aux corporations supprimées. Si elles eussent continué d'exister, elles n'auraient pu être liquidées que suivant le mode administratif ordinaire.

La garantie contre l'état était réelle, puisque l'action en liquidation pouvait s'exercer dans la forme prescrite par la loi du 24 frimaire an 6.

C'est dans ce sens que statue un arrêté du 15 floréal an 9, et par le motif « qu'une pareille réclamation était « contraire à l'art. 16 de la loi du 3 juin 1793 et aux « art. 1 et 28 de la loi du 1er floréal an 3 ».

SIXIÈME QUESTION. — *Un préfet a-t-il pu, en 1808, faire abandon d'une maison séquestrée sur un émigré, à un cessionnaire des droits et reprises de la femme divorcée de cet émigré, en paiement desdites reprises?*

Le cessionnaire n'avait pas plus de droits que le cédant, d'après les art. 1, 18, 55 et 65 de la loi du 1er floréal an 3. Les droits des époux divorcés d'avec les émigrés devaient être liquidés comme ceux des autres créanciers. En vain disait-on que la créance était hypothéquée par privilége sur les biens cédés : la loi ne reconnaissait pas ce privilége; elle soumettait tous les créanciers au niveau de la liquidation, surtout à l'époque dont il s'agit. (1)

____

(1) Décr. du 27 octobre 1808.

Sᴇᴘᴛɪᴇ̀ᴍᴇ ǫᴜᴇsᴛɪᴏɴ. — *Des créanciers pouvaient-ils demander la distraction de biens échus aux héritiers d'un émigré, par un partage administratif, et dont ils avaient obtenu cession de leur débiteur, auteur de la succession, condamné à mort?*

S'ils réclamaient le paiement d'une créance, ils avaient dû se pourvoir en liquidation, en faisant les justifications en temps utile; créanciers de l'état, ils étaient étrangers à la disposition des biens; le partage était inattaquable par eux.

Il en était de même s'ils réclamaient les biens. Envisagés alors comme copropriétaires, à défaut d'avoir fait distraction du séquestre, ils ne le pouvaient plus après la consommation du partage.

Au surplus, ce droit de copropriété, en soi, eût été très contestable, car la cession faite par le débiteur ne le dépouillait pas de la propriété. L'effet de la cession est de donner un gage, pour empêcher le divertissement des revenus; mais la propriété ne cesse pas de résider sur la tête du débiteur, parce qu'il reste toujours le maître de désintéresser le créancier, en le payant.

L'état était donc propriétaire aux droits des condamnés. Or, la loi offrait paiement aux créanciers. (1)

Hᴜɪᴛɪᴇ̀ᴍᴇ ǫᴜᴇsᴛɪᴏɴ. — *Une créance sur émigré, appartenant à plusieurs individus, pouvait-elle être employée, en totalité, en paiement du prix de l'acquisi-*

____

(1) Décr. du 5 septembre 1810.

tion faite par l'un des créanciers, en son nom personnel?

Ne fallait-il pas être propriétaire direct et sans cession?

1° Il fallait que les titres de la créance fussent authentiques et antérieurs à la loi du 9 février 1792.

2° Il fallait distinguer si la créance appartenait moitié à des tiers, moitié aux cohéritiers de l'acquéreur.

Si elle appartenait à des tiers, la créance ne pouvait se trouver, pour cette moitié, entre les mains de l'acquéreur, qu'à titre de cession. Or, aux termes de la loi du 3 juin 1793, il ne pouvait donner en paiement que sa propre créance.

Si elle appartenait à des cohéritiers, en vain il eût justifié de leur consentement. Toutefois si, par l'effet du partage de succession, il avait été fait emploi, dans son lot, de la moitié de la créance appartenant à l'auteur commun, il n'en aurait pas été réputé cessionnaire, mais propriétaire direct.

En vain disait-on que, depuis la loi du 1er floréal an 3, un acquéreur pouvait donner en paiement une reconnaissance définitive de liquidation, même celle dont il n'était propriétaire que par cession : ceci n'avait pu s'exécuter après la loi du 9 vendémiaire an 6, qui avait mobilisé les deux tiers de la dette publique.

C'est dans ce sens qu'a statué un décret du 3 juillet 1806, portant « que, d'après la loi du 3 juin 1793, un acquéreur « ne peut donner, en paiement de son acquisition, que des « créances qui lui appartiennent directement, et non celles « qui lui auraient été cédées ».

Neuvième question. — *Des certificats d'inscriptions de rente, tiers consolidé et bons de deux tiers, représentatifs de la liquidation d'un office de judicature, délivrés par le liquidateur général de la dette publique, depuis et en exécution de l'arrêté du gouvernement du 9 floréal an 9, constituaient-ils des titres définitifs contre le gouvernement, et pouvaient-ils être cédés, par ceux qui les avaient obtenus, pour être employés dans le partage à faire des biens du créancier émigré ?*

L'art. 56 de la loi du 24 août 1793 porte que « les « débiteurs pourront rembourser, au moyen d'un trans- « fert, leurs créanciers personnels ayant hypothèque spé- « ciale et privilége sur l'objet liquidé ». L'art. 67 leur permettait de présenter au liquidateur de la trésorerie les titres authentiques de la créance, pour que la division et le transfert de l'inscription, résultant de la liquidation de l'office, fussent opérés en faveur des créanciers.

Mais le titre était-il cessible ?

S'il s'agissait, disait-on, d'une inscription provisoire, la question serait facile à résoudre, car cette inscription provisoire était un titre définitif de créance contre l'état ; elle se négociait ; l'état l'admettait en paiement, soit de domaines nationaux, soit de créances susceptibles d'être éteintes par compensation.

Mais les certificats qui, d'après l'arrêté du 9 floréal, en tenaient lieu, avaient-ils la force et les effets d'une inscription provisoire ?

Les états nominatifs des noms des créanciers de l'état porteurs de certificats de cette nature avaient été approuvés par le conseil d'état. Ainsi, ils ont été, depuis l'époque de leur délivrance par le liquidateur général de la dette publique, jusqu'à celle de leur conversion en inscriptions définitives, le titre unique de la créance qu'ils constataient. Ces créances n'ont été assujetties à aucune révision ultérieure : par conséquent, elles avaient toute la force et tout l'effet d'une inscription provisoire. Ainsi, les débiteurs étaient libérés envers leurs créanciers, par la cession ou la remise qu'ils leur avaient faite des valeurs qui, dans leurs mains, représentaient celles de l'office de judicature sur lequel les créanciers avaient privilége. (1)

DIXIÈME QUESTION. — *Des créances sur des séminaires devaient-elles être admises en liquidation ?*

Si les titres de créances étaient postérieurs au 2 novembre 1789, ils étaient frappés de nullité par la loi du 5 novembre 1792, qui voulait que ces titres fussent, pour être reconnus valables, constatés par actes antérieurs au 2 janvier 1789, ou relatés, avant cette époque, sur les registres des établissements ecclésiastiques. (2)

ONZIÈME QUESTION. — *Quelle était la nature et l'étendue des droits des créanciers des successions échues à l'état, du chef et pendant la mort civile de l'émigré ?*

Il faut distinguer :

Aux termes des art. 2 et 3 de la loi du 16 thermidor an 7, les créanciers des successions échues aux émigrés depuis

____

(1) Décr. du 17 nivôse an 13.
(2) Décr. du 25 germinal an 13.

é 9 floréal an 3 devaient être payés en biens de ces successions.

Mais pour les successions ouvertes avant cette époque
et surtout avant la révolution, les art. 112 et 117 de la
loi du 1ᵉʳ floréal an 3 voulaient que les créances sur les
biens indivis fussent liquidées par les corps administratifs,
mais pour la portion seulement qui pouvait concerner la
nation. Ainsi, au lieu d'un prélèvement en biens-fonds
pour payer les créanciers, on ordonnait le partage, et si
les immeubles étaient impartageables, leur vente et l'acquittement de la portion des dettes à la charge de l'état,
d'après le mode déterminé par l'art. 117 de la loi du 1ᵉʳ
floréal an 3.

Il a été décidé, dans le sens de cette distinction, par un
arrêté du 17 floréal an 9, par un décret du 3 août 1808,
et par un autre décret du 14 décembre 1809, « que la loi
« du 1ᵉʳ floréal an 3 a fixé le sort des créanciers des émi-
« grés ou parents d'émigrés ; qu'il n'a été dérogé à ces dis-
« positions, par celle du 16 thermidor an 7, que pour les
« créanciers des successions échues à l'état, comme repré-
« sentant des émigrés, depuis le 9 floréal an 3 ; et que, par
« conséquent, les créanciers des successions ouvertes avant
« cette époque sont sans qualité pour s'immiscer dans les
« dispositions administratives concernant les biens des-
« dites successions. »

Si toutefois, et contrairement à ces dispositions, des
créanciers de successions antérieures au 9 floréal an 3
avaient obtenu délivrance de biens, avant le sénatus-consulte du 6 floréal an 10, il était de principe que le gouvernement, non plus que les amnistiés, ne pouvaient l'at-

taquer, quelque irrégulière qu'elle fût; mais encore fallait-
il que les arrêtés d'abandon eussent reçu leur exécution:
car si la délivrance n'avait été ordonnée ou consommée que
depuis l'amnistie, elle blessait les lois de la liquidation,
puisque, les successions étant dévolues au gouvernement,
par l'effet de la mort civile, ce n'était pas par voie d'a-
bandon de biens que les créanciers avaient dû être remplis, mais par voie de liquidation, aux termes de l'arrêté
du gouvernement du 3 floréal an 11. (1)

DOUZIÈME QUESTION. — *Quelle était l'étendue des droits
des créanciers d'un émigré, relativement à des biens
recueillis par l'état, à titre d'héritier dudit émigré?*

Il faut distinguer:

Si une femme demandait à exercer son douaire, ou des
créanciers hypothécaires leur droit, sur un immeuble ap-
préhendé par l'état, comme du chef d'un émigré et à titre
d'hérédité, la femme et les créanciers pouvaient contester
à l'état, devant les tribunaux, la qualité d'héritier de l'é-
migré.

Mais si cette qualité était constante, ils n'avaient pas
droit à l'abandon du bien, mais à une simple liquidation
administrative; et si surtout, avant leur réclamation, l'état
avait disposé du bien, par voie d'affectation à une sénato-
rerie, Légion-d'Honneur, hospices, etc, cette affectation
était absolument irrévocable. (2)

____

(1) Décr. du 10 mars 1807.
(2) Décr. du 18 septembre 1807.

'REIZIÈME QUESTION. — *Les créanciers de successions collatérales, recueillies par l'état et réglées par la loi du 16 thermidor an 7, pouvaient-ils, à défaut de productions de titres dans le délai fixé par ladite loi, être relevés de la déchéance et obtenir leur paiement en numéraire ?*

Un délai de deux mois avait été donné aux créanciers pour l'affirmation de leurs créances et le dépôt de leurs titres; ce délai était de rigueur, et non comminatoire; une fois passé, ils étaient déchus; ils n'avaient plus droit au paiement intégral sur le prix des ventes : seulement, on ne les obligeait pas à la restitution des sommes touchées par cette voie; elles étaient imputées sur le montant de la liquidation ultérieure. (1)

QUATORZIÈME QUESTION. — *Un émigré rayé pouvait-il exercer l'action de créancier dans une succession où il avait été représenté comme héritier par le domaine ?*

Ces deux qualités s'excluaient. Si le domaine avait saisi, géré et disposé comme héritier, il ne pouvait répudier cette qualité : or, le rayé venait à sa représentation.

D'après le code spécial des émigrés, l'état succédait. (2) Au contraire, sous l'empire de la loi ancienne de confiscation, l'état saisissait, et ne succédait pas : il y avait donc adition irrévocable d'hérédité. (3)

---

(1) Décr. du 31 mai 1807.
(2) Loi du 28 mars 1793, art. 5.
(3) Décr. du 10 brumaire an 14.

Quinzième question. — *Le créancier de cohéritiers de l'état, dans une succession indivise, était-il fondé à les représenter et à exercer leurs droits dans les opérations administratives de la liquidation et des partages de présuccession ?*

Cette question a été résolue négativement par le motif « que la loi du 1ᵉʳ floréal an 3 s'oppose à ce que l'adminis-« tration puisse opérer les partages avec d'autres que les co-« héritiers eux-mêmes; que d'ailleurs l'administration avait « souvent à juger, en même temps, la qualité des cohéritiers « et la question de savoir s'ils étaient émigrés ou prévenus « d'émigration, toutes questions étrangères aux tribunaux « en vertu des autorisations desquels les créanciers pré-« tendaient représenter leurs débiteurs ». (1)

§ III.

DES DROITS DES CRÉANCIERS CONTRE LES ÉMIGRÉS AMNISTIÉS.

Première question. 1° *Les créanciers d'un émigré am-nistié devaient-ils être payés par l'état ?*
2° *Y avait-il lieu d'annuler des arrêtés portant liqui-dation provisoire de créances, sur des biens de succession restitués à des émigrés ?*

1° L'état avait cessé de représenter les émigrés depuis

______

(1) Arr. du 3 prairial an 10.

V. en outre, et généralement sur toute la matière, les *Questions de droit administratif,* par M. de Cormenin, au mot *Emigrés ,* tom. 2 , p. 321 , 370 et suivantes.

que leurs biens non vendus, et la vie politique et civile leur avaient été restitués. (1)

Un créancier d'émigrés ne pouvait donc se faire liquider par l'état, soit des capitaux ou des arrérages de rentes échus pendant le séquestre, soit de legs faits par des émigrés, postérieurement à leur radiation définitive. (2)

A la considération que l'état, pendant le séquestre, avait plus reçu que dépensé, on opposait l'arrêté du gouvernement du 29 messidor an 8, qui interdisait toute répétition de fruits ou jouissances. (3)

La loi du 16 thermidor an 7 n'ordonnait le paiement des créances par délégation sur le prix de la vente des biens des successions échues en totalité ou en partie à l'état, depuis le 9 floréal an 3, que lorsque l'état les possédait encore: car si l'état avait cessé de les posséder, soit par renonciation volontaire, soit par radiation ou élimination de ceux qu'il représentait, c'était à ceux à qui étaient remis les bénéfices qu'incombaient aussi les charges.

D'après l'article 4 de l'arrêté du 3 floréal an 11, les créanciers de l'émigré n'avaient droit qu'après le paiement des créanciers de la succession. Cet article n'exceptait que les biens vendus, réservés ou affectés à un service public ; mais il s'agissait toujours de biens existant dans les mains de l'état, et non de ceux restitués, comme dans l'espèce, à des amnistiés.

Les articles 12 et 13 disposaient que l'état ne liquiderait

---

(1) Arr. des 22 frimaire et 15 pluviôse an 10.
(2) Arr. des 7 floréal an 9 et 7 fructidor an 10.
(3) Arr. du 9 frimaire an 11.

les créances que lorsque l'héritier n'aurait retiré aucun bien, ou n'en aurait point retiré de suffisants; et l'instruction du ministre des finances voulait que, pour établir cette insuffisance, on rapportât une procédure d'expropriation. Jusque là, on ne pouvait poursuivre que l'amnistié réintégré.

C'est dans ce sens qu'un décret du 9 ventôse an 13, « considérant que l'état n'a plus de droit dans les succes- « sions, au moyen de la radiation des héritiers et de leur « réintégration dans les biens invendus de la succession », renvoyait les créanciers à agir contre ces héritiers, sauf le recours contre l'état, dans les cas prévus par les articles 12 et 13 de l'arrêté du 3 floréal an 11, et en faisant les justifications y prescrites.

DEUXIÈME QUESTION. — *Y avait-il lieu de mettre à la charge de l'état l'intégralité des créances sur émigrés, quoique, par suite de leur radiation, ils fussent rentrés dans une partie de leurs biens qu'ils avaient vendus?*

Avant l'arrêté du 3 floréal an 11, les créanciers étaient renvoyés à se pourvoir vis-à-vis de leurs débiteurs radiés, et sur les biens à eux restitués. Cet arrêté a chargé le gouvernement de la liquidation de leurs créances, mais au cas seulement d'insolvabilité des débiteurs. Il s'appliquait sans distinction aux émigrés rayés avant comme depuis; mais il fallait que les créanciers justifiassent de la nonrestitution ou de l'insuffisance des biens de leurs débiteurs. La loi du 16 ventôse an 9 provoquait l'ouverture d'un registre spécial aux secrétariats des préfectures, pour que les créanciers pussent faire leurs actes conservatoires, et, par conséquent, prendre des inscriptions hypothécaires sur les biens restitués. Mais, s'ils avaient été vendus par l'émigré, il fallait distraire de la créance le montant du prix de la vente.

C'est dans ce sens qu'il avait été décidé que la valeur des anciens biens de l'émigré, à lui restitués par suite de sa radiation, serait précomptée sur les sommes dont il y aurait lieu de faire le paiement à ses créanciers, d'après l'arrêté du 3 floréal an 11 et les lois relatives à la liquidation des dettes de l'état,

Par le motif « que l'arrêté du gouvernement du 3 flo-« réal an 11 n'a admis les créanciers des émigrés rayés à se « porter créanciers de l'état qu'à la déduction des biens « dont leur débiteur a obtenu la restitution; que cet ar-« rêté ne fait aucune distinction entre les émigrés précé-« demment rayés et ceux qui le seraient à l'avenir; qu'en-« fin, la loi du 16 ventôse an 9 avait ouvert aux créanciers « un moyen de faire tourner à leur paiement les biens en « possession desquels la radiation de l'émigré pouvait le « mettre (1) ».

TROISIÈME QUESTION. — *L'état, depuis la radiation ou élimination des débiteurs émigrés, était-il chargé du paiement de leurs dettes, lorsque le gage avait disparu par la vente?*

Cette question a été négativement résolue par arrêtés des 7 floréal an 9 et 5 brumaire an 11.

-----

(1) Décr. du 28 messidor an 13.

En vain on objectait que l'état, ayant ordonné que les biens confisqués seraient vendus francs et quittes de toutes dettes et hypothèques, et en annulant toutes les oppositions dont ils étaient grevés, avait contracté en même temps par plusieurs lois, et notamment par celle du 1er floréal an 5, l'obligation formelle d'admettre les créanciers des émigrés au nombre de ses créanciers; que la stricte justice paraissait exiger que l'on vînt au secours des créanciers dont le gage a été aliéné.

Ce système fut repoussé. Les consuls décidèrent que, du moment où un prévenu d'émigration était rayé, ses créanciers perdaient tout droit contre l'état, et que les ventes qui pouvaient avoir été faites pendant la prévention ne pouvaient autoriser des liquidations auxquelles on n'eût pu procéder qu'à titre de restitution, et sans porter, dès lors, une atteinte directe à l'arrêté du 29 messidor an 8.

On ne faisait pas même d'exception pour les militaires absents et créanciers qui invoquaient le bénéfice de l'art. 1 de loi du 6 brumaire an 5. (1)

Quatrième question. — *L'art. 12 de l'arrêté du gouvernement du 3 floréal an 11, qui renvoyait à liquidation sur l'état les créanciers des émigrés, au cas où leurs débiteurs n'auraient reçu aucune restitution de biens, ou n'en auraient pas possédé de suffisants, était-il applicable aux créanciers acquéreurs des biens de leur débiteur?*

Il fallait que l'état eût reçu par la vente plus que la cré-

---

(1) Arr. du 10 vendémiaire an 11.

ance; mais le motif de décider n'était pas là : il était personnel au créancier, à qui la loi du 3 juin 1793, portant affranchissement de toute hypothèque, permettait, par voie de compensation, d'acheter les biens de son débiteur, et de remettre en paiement, soit l'acte de liquidation, soit le simple certificat de dépôt du titre de la créance, en donnant, dans ce dernier cas, caution d'en rapporter le montant, jusqu'à due concurrence, si une créance était rejetée ou réduite.

Si donc il y avait eu remise du certificat du dépôt du titre, il y avait eu paiement réel aussi bien que vente ; l'état s'était dessaisi du bien comme le créancier de son action ; le contrat formé était irréfragable ; la caution était également affranchie ; la liquidation ultérieure n'ajoutait rien à la libération de l'acquéreur créancier ; elle ne faisait que vérifier la réalité du paiement, et la radiation de l'émigré, venue après ou avant, n'empêchait pas que ces sortes de créances ne passassent en liquidation.

C'est dans ce sens qu'il a été statué par décret du 10 prairial an 13, portant « que le principe d'après lequel « les créanciers non liquidés définitivement au moment « de la radiation de l'émigré, leur débiteur, sont renvoyés « à se pourvoir contre lui, sauf le bénéfice de l'arti- « cle 12 de l'arrêté du 3 floréal an 11, n'est pas applicable « aux créanciers acquéreurs qui ont donné et fait recevoir « légalement, en paiement provisoire du prix du bien na- « tional par eux acquis, le titre de leur créance ».

CINQUIÈME QUESTION. — *Les créanciers d'émigrés amnistiés étaient-ils tenus de discuter préalablement les biens restitués auxdits amnistiés, avant d'exercer leurs*

*droits sur les biens obvenus au lot de l'état par le par-
tage de présuccession?*

*Les affectations provisoires desdits lots aux hospices fai-
saient-ils obstacle à l'exercice de l'action des créanciers?*

L'article 4 de l'arrêté du gouvernement du 3 floréal an
11 voulait que les biens obvenus à l'état par les partages de
présuccession fussent affectés spécialement aux créanciers
de l'émigré, après le paiement des créances de la succession : on aurait donc eu tort de prétendre que, pour recueillir le bénéfice de cette disposition, il eût fallu que le créancier prouvât que son débiteur n'avait pas de quoi le payer.
L'affectation des biens aux dettes était simple, absolue,
sans conditions. L'art. 12 n'était pas inconciliable avec l'art.
4 : en effet, l'art. 12 disposait pour le cas où la dette de l'é-
migré serait inscrite au grand-livre. Or, pour constater l'insolvabilité, cas qui seul déterminait la soumission du trésor aux dettes, il fallait discuter préalablement le débiteur;
mais dans le cas de l'art. 4, il ne s'agissait pas de liquider
et d'inscrire les créances au grand-livre : l'état retenait les
biens; la confiscation survivait à la mort civile de l'émigré.
La réserve eût semblé odieuse à l'égard des créanciers : il
n'était donc point nécessaire de procéder à l'expropriation
préalable du débiteur; mais si le lot de présuccession ne suffisait pas pour éteindre la dette, il y avait lieu pour le surplus à l'application de l'art. 12. (1)

Quant à l'affectation de ce lot à un hospice, elle n'était

____

(1) Circ. du ministre des finances du 3 frimaire an 12.

que provisoire; il ne s'agissait, d'ailleurs, que d'un simple remplacement.

C'est dans ce sens qu'il a été décidé par décret du 23 janvier 1806, portant « que le lot de présuccession serait « mis en vente, et que le prix serait employé à acquitter « la partie des créances de la mère tombant à la charge de « ses fils amnistiés, ainsi qu'il est prescrit par l'art. 4 de l'ar- « rêté du gouvernement du 3 floréal an 11. »

SIXIÈME QUESTION.— *Y avait-il lieu d'annuler, comme contraires à l'arrêté du 3 floréal an 11, des jugements qui déchargeaient un amnistié de l'action intentée contre lui, comme héritier bénéficiaire dans une succession dont le gouvernement avait recueilli tous les biens, comme appartenant à l'amnistié?*

La raison de douter se tirait de ce que c'était par le fait de son émigration que tous les biens de l'amnistié avaient été vendus, et que ce fait constituait une responsabilité à l'égard des créanciers; que les tribunaux avaient contre-venu à l'arrêté du 3 floréal an 11 en déniant leur action contre l'amnistié;

Que l'héritier bénéficiaire est véritablement héritier, et non administrateur, si ce n'est qu'il n'est tenu des dettes que jusqu'à concurrence des biens.

Mais la raison de décider se tirait de ce que l'arrêté du 3 floréal an 11 n'avait fait que conférer une faculté au créancier contre son débiteur, et qu'il n'avait pas imposé aux juges civils l'obligation de condamner l'amnistié, s'il ne devait rien; qu'ils avaient jugé définitivement que l'héritier bénéficiaire n'était obligé qu'au prorata des forces de la succession, et que, dépossédé, par les violences de la loi, de son administration bénéficiaire, il se trouvait, n'ayant rien recueilli, ne rien devoir; que l'état seul, ayant profité des ventes, était chargé des dettes: d'où il suit que, la contestation étant toute judiciaire, il n'y avait pas lieu à l'évoquer au conseil d'état. (1)

SEPTIÈME QUESTION. — *L'état était-il tenu de payer les arrérages de rentes affectées sur les biens d'un prévenu d'émigration et dont le domaine avait perçu les revenus pendant la durée du séquestre?*

La position des prévenus, depuis rayés, était très fâcheuse: en effet, on avait souvent aliéné leurs biens; l'ignorance, le désordre, les passions qui dominaient, l'appât du droit de remise sur les ventes, avaient fait très souvent violer par les administrateurs la propriété privée; la difficulté de réclamer et d'obtenir justice, l'absence de revenus par l'effet du séquestre, les versements de capitaux exigibles entre les mains de l'état, les remboursements de rentes pendant la durée du papier-monnaie, les dépenses extraordinaires que nécessitait cet état de choses, toutes ces raisons semblaient affranchir les rayés de la charge de payer, sur leurs biens rendus, les arrérages des rentes foncières non acquittés par l'état, qui avait perçu les revenus.

Mais l'impossibilité de payer, l'arbitraire des classifi-

____

(1) Décr. du 1er juillet 1809.

cations de rayés, ont fiscalement élargi l'application de l'arrêté du 29 messidor an 8.

Cette application a été constamment faite aux prévenus et à leurs ascendants, par le motif qu'en contraignant l'état à payer les arrérages de rente échus pendant la durée du séquestre, jusqu'à concurrence des revenus perçus par le domaine, on admettrait indirectement une demande en restitution de fruits, au préjudice de l'arrêté du 29 messidor an 8. (1)

Les arrérages suivaient le sort du reste de la dette : ce principe ne fut pas altéré par la règle portée dans l'arrêté du 3 floréal an 11. (2)

HUITIÈME QUESTION. — *Un créancier d'émigré qui s'était fait liquider définitivement, et qui avait accepté les certificats de liquidation, était-il admissible, en remettant lesdits certificats, à retirer les titres par lui déposés, pour les faire valoir contre son débiteur originaire, ainsi et devant qui il appartiendrait?*

Il a été établi, par la jurisprudence du conseil d'état, que la loi du 1er floréal an 3 (art. 1 et 18) n'avait statué sur les droits des créanciers que pour le cas de l'émigration du débiteur, et non pour celui où l'émigré débiteur aurait obtenu sa radiation; que, d'après l'art. 69, le certificat de liquidation ne devenait utile dans les mains du créancier, et n'opérait réellement son paiement, que lorsqu'il en avait

____

(1) Arr. du 7 floréal an 9.
(2) Décr. du 26 mars 1806.

fait emploi, soit en le donnant en paiement de biens nationaux, soit en le convertissant en inscriptions. Mais le
créancier demeurait-il toujours tenu du même emploi, lorsque l'état se trouvait évincé des biens du débiteur, par sa radiation? C'est ce que la loi du 1er floréal an 3 n'a pas décidé.

Cependant, jusqu'au 3 floréal an 11, on a toujours réputé le créancier rempli par l'acceptation qu'il avait faite
d'un certificat de liquidation. On disait que les paiements
faits par l'état, représentant l'émigré, étaient valables; que
le créancier, en acceptant volontairement les certificats,
s'était reconnu créancier de l'état, de créancier d'émigré
qu'il était; qu'il y avait eu novation opérée, et, par conséquent, extinction de la créance; que, dès que la liquidation
était consommée par la remise du certificat de liquidation,
les titres qui lui avaient servi de base devenaient la propriété de l'état; qu'ils devaient être estampillés et demeurer
dans les archives du département, comme pièces de comptabilité.

C'est dans ce sens qu'un arrêté du gouvernement du
23 pluviôse an 11 a décidé que l'acceptation d'un certificat
de liquidation, en rendant le créancier d'un émigré définitivement créancier de l'état, lui ôtait toute action contre
son débiteur, dans le cas de radiation définitive de ce
dernier.

Mais cette jurisprudence a dû cesser à l'instant que, par
son arrêté réglémentaire du 3 floréal an 11 (art. 11), le gouvernement a décidé que le créancier d'un émigré rayé ou amnistié, qui voudrait exercer ses droits contre son débiteur,
pourrait retirer ses titres, et qu'on les lui remettrait. Il
fallait seulement exiger la remise de la reconnaissance ori-

ginale de liquidation ou de la lettre d'avis, qui avait dû lui être expédiée, pour éviter un double paiement (1). La remise des certificats de liquidation pouvait même se suppléer, s'ils étaient égarés, par la preuve qu'il n'en avait pas été fait usage. (2)

C'est dans ce sens qu'antérieurement à un décret réglémentaire du 5 floréal an 11, un arrêté du gouvernement du 7 fructidor an 10 avait déjà statué.

C'est dans le même sens qu'un décret du 13 janvier 1806 disposa que, si la créance, après avoir été définitivement liquidée, avait été mobilisée suivant la loi du 24 frimaire an 6, inscrite au grand-livre pour le tiers consolidé, et suivie de paiement réel, les titres ne devaient pas être rendus.

C'est enfin dans le même sens qu'il a été déclaré par huit décrets des 2 complémentaire an 12, — 6 frimaire an 13, — 11 mars et 16 mai 1806, — 4 juin et 4 décembre 1809, — 6 mars 1810, — 6 juin 1811, « qu'une « simple reconnaissance de liquidation, non suivie d'une « inscription sur le grand-livre de la dette publique, n'o- « père pas un paiement définitif ».

NEUVIÈME QUESTION.— *Les créanciers des émigrés radiés étaient-ils admissibles à demander la remise de leurs titres de créance, pour les faire valoir contre l'émigré, lorsque, par suite de la liquidation desdites créances, l'inscription en avait été faite sur le grand-livre de la dette publique ?*

Cette question s'est élevée en l'an 9.

____

(1) Décr. du 10 mai 1806.
(2) Décr. du 6 juin 1811.

On soutenait, à l'appui de l'affirmative, que la réintégrande avait fait cesser la confiscation des biens de l'émigré,
qui retombaient sous l'hypothèque du créancier originaire;

Que les autres créanciers hypothécaires auraient été
payés sur les biens, dans les mêmes valeurs que celles qu'ils
avaient fournies, et qu'il serait injuste de refuser le même
avantage à l'un d'eux;

Que, par décision du 18 germinal an 7, le ministre des
finances avait autorisé plusieurs départements à recevoir
des créanciers les reconnaissances de liquidation définitive
qui leur avaient été expédiées, et à leur remettre, en
échange, leurs titres de créance.

Mais ce système n'a pas prévalu.

On établit que les créanciers qui avaient en leur possession des reconnaissances de liquidation définitive ne res-
semblaient pas à ceux qui avaient échangé contre elles des
inscriptions, reçu le remboursement des deux tiers, et qui
étaient devenus ainsi créanciers directs de l'état;

Que, si d'autres créanciers avaient conservé leurs droits
entiers, ceux-ci avaient volontairement abandonné ou
échangé les leurs; qu'ils ne pouvaient imputer ce changement de condition qu'à eux-mêmes; qu'il y aurait de graves
inconvénients à annuler des liquidations pleinement consommées.

C'est dans ce sens qu'il a été statué par décret du 6 germinal an 9, et par le motif « que le créancier s'est pourvu
« en liquidation; qu'il lui a été expédié en conséquence
« une reconnaissance de liquidation définitive, qu'il a reçue
« en échange de ses titres; qu'il l'a fait inscrire sur le grand-
« livre de la dette publique, et qu'il a reçu, depuis, le rem-

« boursement des deux tiers de sa créance, en conformité
« de la loi du 24 frimaire an 6, et qu'ainsi tout est irrévo-
« cablement consommé ».

Mais l'état, subrogé par le paiement aux droits du créancier, eût-il pu agir récursoirement contre le débiteur? Celui-ci n'aurait-il pas pu opposer la confusion? De pareilles
actions n'ont jamais été intentées; il y avait d'ailleurs surabondante compensation avec le prix des biens vendus.

DIXIÈME QUESTION. — *Devait-on annuler un arrêté de
préfet qui, sous le prétexte d'une liquidation de créances sur un émigré, ordonnait que le créancier serait
tenu de restituer le montant de cette créance, que
l'émigré lui avait payé volontairement depuis son
amnistie?*

On pouvait objecter que, d'après l'article 11 de l'arrêté
du 5 floréal an 11, la seule délivrance du certificat de liquidation faisait cesser l'action du créancier contre l'émigré
amnistié.

Mais il avait été établi en principe (outre que l'article
cité ne disait pas cela) que la liquidation ne devenait définitive que lorsqu'elle avait été suivie d'une inscription au
grand-livre de la dette publique; il ne suffisait pas même
qu'on eût délivré à un créancier des certificats de liquidation et des mandats sur la caisse du trésor pour le paiement
des arrérages d'une rente. (1)

Si donc le débiteur amnistié, après avoir payé, avait obtenu
ensuite un arrêté administratif et un jugement qui pronon-

____

(1) Arr. du 2 complémentaire an 11.

çât la restitution (et ici ces arrêté et jugement avaient été exécutés), le conseil d'état devait les annuler, l'un comme base, l'autre comme conséquence.

Ceci était dans l'intérêt de l'état : car le créancier, forcé de réintégrer la somme, eût pu actionner l'état en garantie, soit pour avoir paiement de sa créance sur le prix des ventes des biens de son débiteur, soit pour le complément de sa liquidation.

C'est dans le sens de ces observations qu'il a été statué par décret du 4 juin 1809, et par le motif « qu'une simple « reconnaissance de liquidation, non suivie d'inscription « sur le grand-livre, n'opère pas un paiement définitif; « qu'ainsi, le créancier est autorisé à retirer ses titres de « créance pour se pourvoir contre son débiteur ».

ONZIÈME QUESTION. — *Les titres de créance sur émi-grés n'ont-ils dû être remis aux créanciers que sous la condition de renoncer à toute répétition envers l'état?*

L'affirmative était généralement embrassée par la juris-prudence, avant l'arrêté du 3 floréal an 11.

A la vérité, disait-on, aucune loi n'autorise à imposer une pareille condition à la remise des titres ; la circulaire du ministre des finances du 19 frimaire an 5 ne prescrit cette mesure, dans l'intérêt de la libération de l'état, que lorsqu'il n'y a qu'un seul débiteur émigré : car le créancier renonce alors et ne peut revenir long-temps après réclamer sa liqui-dation, puisqu'il ne peut essayer de poursuites immédiate-ment contre son débiteur; mais lorsqu'il y a avec l'état d'autres coobligés solidaires et régnicoles, le créancier peut s'adresser à l'un d'eux, et si la remise des titres sans lesquels il ne peut agir et que l'état retient était subordonnée à la condition de la renonciation, il se verrait dépouillé de la faculté de subroger à sa place le débiteur solidaire payant, et, par conséquent, d'exiger la totalité de la créance.

Ce système avait d'abord prévalu; mais, soit l'intérêt de l'état, soit la force de l'acquiescement résultant de sa renonciation, qu'on présumait volontaire, on refusa d'admettre le créancier à liquidation, après la remise des titres. (1)

§ IV.

DES DROITS DES CRÉANCIERS D'ÉMIGRÉS CONTRE LES TIERS.

PREMIÈRE QUESTION. — 1° *Un créancier hypothécaire pouvait-il poursuivre devant les tribunaux un légitimaire, comme détenteur des biens à lui délivrés par l'état en paiement de sa légitime?*
Les biens abandonnés au légitimaire l'étaient-ils francs d'hypothèques?
2° *Les biens remis par l'état aux copropriétaires et aux cohéritiers l'étaient-ils avec les charges antérieures qui les grevaient?*

I. Sur la première partie de la question,

On soutenait que la solidarité, que l'action hypothécaire, autorisaient tout créancier d'une succession à demander paiement de l'intégralité de sa créance, à tout héritier, même légitimaire, détenteur d'une partie des biens de la succession; que cette solidarité, cette action hypothécaire, éteintes par les lois, quant aux biens que le partage attribuait à l'état,

____

(1) Arr. du 3 prairial an 9.

existaient toujours vis-à-vis de ses copartageants; que deux fois le conseil des cinq-cents avait voulu faire disparaître cette différence préjudiciable aux héritiers régnicoles, que deux fois il avait échoué; qu'ainsi l'action subsistait; qu'une dette dont moitié était à la charge de l'héritier régnicole, moitié à celle du trésor public, pouvait être demandée en entier à celui-là; qu'il en était de même de celle due en entier par le fisc, représentant un héritier universel; que le légitimaire qui ne devait rien personnellement pouvait être contraint de payer le tout, en vertu de l'action hypothécaire, sauf son recours; que ce recours engendrerait une action en garantie contre l'état, qui deviendrait ainsi, au profit des abandonnataires contraints à payer, justiciable des tribunaux, quoique dans une matiere administrative, puisqu'en effet l'état serait tenu de rendre ce à quoi les tribunaux auraient condamné le cohéritier; qu'enfin cela résultait d'un arrêté du 19 thermidor an 9.

Mais ce système n'a pas prévalu.

On pensa que l'action en garantie, exercée par les cohéritiers contre l'état, ne les dédommagerait pas des résultats de l'action exercée contre eux par les créanciers; que souvent l'indemnité ne serait pas égale au paiement; qu'ainsi l'état ne payait pas les créances fondées sur des titres sous seing privé; qu'il se dispensait, au moyen de la confusion, de l'acquit de ses obligations envers un émigré rayé, qui se trouvaient antérieures à la radiation définitive; qu'enfin la déchéance, à défaut de production de pièces, était encore une fin de non recevoir qui lui appartenait et qui n'appartenait qu'à lui; qu'il y avait donc des cas où les tribunaux condamneraient un cohéritier régnicole à payer à un créancier de la succession ce que l'état ne lui rembourserait pas; que beaucoup de femmes qui avaient accepté la communauté, que beaucoup de légitimaires qui avaient reçu en paiement les biens grevés, se seraient vus ruinés, puisque la liquidation par voie de recours ne leur aurait donné souvent que le quart en indemnité de ce qu'ils auraient payé aux créanciers hypothécaires; qu'une foule de ces créanciers se réveilleraient tout à coup, etc.

D'après ces motifs, on décida, en la forme, que, « quoi- « qu'il s'agit d'une action hypothécaire, dont la connais- « sance appartient au droit commun, néanmoins elle est « dirigée sur des biens délivrés par des actes administra- « tifs dont il faut expliquer le sens »;

Et au fond, « que les biens délivrés au légitimaire le « sont comme l'état délivre les biens d'émigrés, francs « d'hypothèques; qu'un légitimaire payé par lui est à l'in- « star de tout autre tiers ou créancier ».

D'où il suit que le légitimaire n'était tenu d'aucun paiement sur les biens à lui délivrés.

Ce principe résulte d'un arrêté du 29 germinal an 11, et d'un décret du 19 octobre 1806.

Il a été reconnu aussi par la récente jurisprudence du conseil d'état. (1)

II. Sur la deuxième partie de la question,

Le décret précité du 19 octobre 1806, après avoir affranchi de toutes charges et hypothèques les biens abandonnés aux légitimaires, déclare « qu'il n'en est pas de

---

(1) *V. Questions de droit administratif.*

« même des biens que l'état restitue aux copropriétaires,
« qui les reprennent avec leurs charges, et sont tenus de
« les acquitter ».

Pareillement, un autre décret, du 19 octobre 1808, établit que l'héritier régnicole, auquel l'état avait délivré des biens, était assimilé à un copropriétaire, qui ne devait reprendre les biens qu'avec leurs charges; que, l'art. 112 de la loi du 1er floréal an 5 n'ayant éteint l'action de solidarité que vis-à-vis du domaine, il n'appartenait qu'aux tribunaux de statuer sur l'action des créanciers hypothécaires, sur les biens délivrés, et sans qu'il fût nécessaire aux créanciers d'épuiser préalablement les biens recueillis par l'état, à titre de donataire du chef d'un cohéritier émigré.

DEUXIÈME QUESTION. — *Un créancier d'émigré pouvait-il attaquer des arrêtés qui abandonnaient des biens de la succession du père de l'émigré, en paiement de la légitime de la sœur de ce dernier?*

Le créancier ne pouvait alléguer:

1° Que la disposition était nulle, parce que la créance de la sœur était soumise à une simple liquidation : car elle répétait une créance dotale ou légitimaire, payable, de sa nature, en biens héréditaires;

2° Que l'abandon était fait au préjudice d'une inscription hypothécaire prise sur les biens délivrés : car la loi purgeait les biens confisqués de toute action hypothécaire, passée ou future;

3° Que cette délivrance lésait son droit : car ce droit était assuré par la liquidation de l'état, à moins que le créancier ne préférât attendre le retour de l'émigré, pour agir sur les biens à lui restitués.

On doit ajouter que le créancier personnel du fils ne pouvait avoir d'action sur les biens du père qu'après le paiement des dettes de la succession, dont la dot faisait partie.

Enfin, en supposant les vices de l'abandon, il n'aurait pu être annulé que dans l'intérêt de l'état; mais même ce retour n'eût tendu qu'à remettre les biens à l'amnistié par les mains du domaine, retour indirect proscrit par l'article 16 du sénatus-consulte du 6 floréal an 10. Le simple créancier était donc exclu de toute recherche des actes par lesquels il avait été disposé des biens confisqués. (1)

TROISIÈME QUESTION. — *Un tiers régnicole pouvait-il attaquer des actes administratifs d'abandon ou de partage qui avaient accordé aux copartageants d'un émigré, ou à des légitimaires, des biens ou créances qu'il prétendait lui appartenir?*

Il est bien évident que l'état ni l'émigré ne pouvaient attaquer ces sortes d'actes : le sénatus-consulte et la jurisprudence le défendaient. Mais le tiers intéressé le pouvait-il ?

Il faut distinguer :

1° S'il venait comme créancier de l'émigré, d'une part, on eût pu craindre que, malgré l'authenticité de son titre, il n'y eût eu une libération qu'on aurait dissimulée, fraude que le législateur avait voulu éviter; ensuite, le créancier

____

(1) Décr. du 22 janvier 1808.

venant aux droits de l'émigré n'avait pas plus de droits que son auteur, et le sénatus-consulte repoussait celui-ci.

2° Si le tiers ne venait pas par représentation des droits de l'émigré, mais de lui-même, il est certain qu'on n'avait pu disposer de sa propriété en faveur des parents de l'émigré; mais il fallait que la justification de son titre fût établie par des actes authentiques, dans les formes prescrites par les lois sur l'émigration : sans quoi, à l'aide de titres supposés, on fût revenu sur des cessions et partages déjà consommés. L'intérêt de l'état, qui en avait recueilli une portion, eût été lésé, et c'était pour cela que l'état s'était institué juge des actes produits.

C'est l'application de ces principes qui a été faite dans un décret du 12 pluviôse an 13, portant « que l'acte de « cession dont excipe le sieur ***, n'ayant pas les carac- « tères d'authenticité exigés par les lois de floréal an 3 et « pluviôse an 6, ne le rend pas propriétaire vis-à-vis de l'é- « tat, et que, dès lors, il n'a pas qualité pour attaquer les « actes administratifs qui, durant l'émigration du débiteur, « ont mis dans les mains de ses frères la créance à laquelle « prétend le réclamant ».

QUATRIÈME QUESTION. — *Des créanciers hypothécaires, antérieurement au contrat de mariage, pouvaient-ils réclamer contre l'abandon, fait à la femme d'un émigré, de biens en nature, pour la remplir de ses créances au préjudice de leurs droits?*

Ils venaient ou de leur chef, ou du chef de l'émigré.

S'ils venaient de leur chef, ils étaient sans intérêt et sans qualité : sans intérêt, car l'état, qui avait *abandonné*, eût

pu *vendre*, et il eût vendu franc et quitte de toute dette;
sans qualité, car, par la novation légale, c'était à l'état
seul qu'ils devaient s'adresser pour se faire liquider.

S'ils venaient du chef de l'émigré, ils n'avaient pas plus
de droits que leur auteur, à qui l'article 16 du sénatus-
consulte interdisait d'attaquer des actes, même illégaux,
passés en son absence.

C'est ce qu'ont décidé deux décrets des 22 brumaire an
14 et 18 juillet 1806, portant « que l'abandon des biens
« n'a pas été fait au préjudice des créanciers, qui n'avaient
« alors droit qu'à demander d'être liquidés, et que, d'après
« l'article 16 du sénatus-consulte, l'état ni l'émigré ne peu-
« vent attaquer les actes et arrangements faits pendant la
« mort civile de celui-ci ».

Cinquième question. — *Un créancier, pouvait-il, aux
droits de son débiteur émigré, attaquer des arrêtés
d'administrations centrales qui avaient affecté une
maison de l'émigré au paiement du douaire de la
femme dudit émigré ?*

Il est vrai que, par l'article 55 de la loi du 1er floréal an
5, les femmes d'émigrés avaient été assimilées aux autres
créanciers, pour le paiement de leurs droits et reprises.

Mais le créancier aurait-il eu des droits sur l'immeuble ? Non. L'affectation au douaire de la femme avait le
même effet, à l'égard du créancier, qu'une aliénation qui aurait transmis à un acquéreur cet immeuble franc et quitte
de l'hypothèque.

Depuis la radiation du mari, et d'après l'article 16 du
sénatus-consulte, l'état n'aurait pu attaquer l'arrêté d'af-

fectation, non plus que le mari : or, le créancier n'avait pas plus de droits que le mari lui-même. (1)

SIXIÈME QUESTION. — *Un créancier d'émigré pouvait-il attaquer un arrêté qui délaissait à la femme de cet émigré des biens, comme étant sa propriété, tandis qu'ils étaient celle de l'émigré rayé ?*

En admettant même que les biens litigieux fussent la propriété de l'émigré rayé, la jurisprudence du conseil d'état respectait les anciens envois en possession des biens d'émigrés, obtenus par leurs femmes en paiement de leurs droits ; de plus, le mari étant rayé, les actes et arrangements faits entre l'administration et des particuliers, durant la mort civile, ne pouvaient être rescindés. On ne distinguait pas à l'égard des créanciers, surtout s'ils étaient eux-mêmes émigrés : car, ne pouvant pas attaquer la disposition de leurs propres biens, à plus forte raison celle des biens d'un autre émigré. (2)

SEPTIÈME QUESTION. — *Les créanciers d'un émigré pouvaient-ils attaquer des arrêtés d'abandon de biens dont la nue propriété était dévolue à cet émigré, et qui avaient été délaissés à sa mère par partage de présuccession ?*

Le créancier ne pouvait exercer de droits personnels : car la mère, se dessaisissant de la nue propriété de ses biens, ne s'était pas portée caution de son fils, qui était resté seul débiteur.

---

(1) Décr. du 21 février 1808.
(2) Décr. du 11 mars 1806.

C'était donc comme exerçant les droits de l'amnistié, son débiteur, et se mettant à sa place, qu'il pouvait se pourvoir. Or, comment eût-il été recevable à se plaindre d'un arrêté que l'amnistié lui-même, s'il eût été vivant, eût du respecter, aux termes de l'article 16 du sénatus-consulte ? (1)

Huitième question. — *En thèse générale, et spécialement en matière de succession, l'article 112 de la loi du 1ᵉʳ floréal an 3, ainsi conçu : « Les créances sur « les biens indivis seront liquidées par les corps admi- « nistratifs comme les autres créances sur les émigrés, « mais pour la portion seulement qui concernera l'é- « tat, et après qu'elles auront été préalablement discu- « tées par les parties intéressées ; néanmoins, les li- « quidations déjà faites, conformément à la loi, par « les corps administratifs, sont maintenues, sauf à « répéter sur les copartageants les portions de ces « créances qui auraient été acquittées à leur décharge ; « toute action de solidarité envers la nation, à raison « desdites créances, demeure éteinte.», avait-il éteint la solidarité, non seulement à l'égard de l'état, mais encore à l'égard de ses codébiteurs ou copartageants, de manière qu'ils ne pussent être actionnés pour rai- son de la portion de dettes qui se trouverait à la charge du gouvernement ?*
2° Si, en principe, le cohéritier ne pouvait se soustraire à l'action solidaire, les créanciers pouvaient-ils l'exer- cer depuis que leur créance avait été liquidée par l'ad-

______

(1) Décr. du 28 août 1808.

ministration centrale, et que leurs titres avaient été estampillés?

5° Qu'entendait-on par créances liquidées définitivement? Etait-ce celles reconnues légales par arrêtés des préfets, mais dont les créanciers n'avaient pas retiré les certificats de liquidation, ou celles dont les certificats avaient été retirés?

I. Le système de libération avait deux fois été adopté par deux résolutions du conseil des cinq-cents des 24 nivôse an 5 et 26 germinal an 6; mais deux fois le conseil des anciens le rejeta après de longues et mûres délibérations, par le motif que « l'article 112 de la loi du 1er floréal an 5 « n'avait éteint la solidarité qu'à l'égard de l'état; qu'un « motif d'utilité publique, la nécessité de vendre les do- « maines nationaux francs et quittes de toutes dettes et hy- « pothèques, avait imposé au législateur l'obligation de dé- « roger au droit commun et d'éteindre la solidarité à l'égard « de l'état; mais qu'aucun motif, aucune raison d'utilité pu- « blique, ne l'avaient mis dans la nécessité de dépouiller le « créancier d'un droit légitime; qu'il importait peu à l'état à « qui il payât sa portion contributive dans les dettes, que ce « fût au créancier direct, ou au cohéritier subrogé au droit « du créancier; que ce qui lui importait, c'était de ne pas « payer au-delà de cette portion contributive; qu'ainsi, l'ex- « tinction de la solidarité à l'égard de l'état n'entraînait pas « celle de la solidarité à l'égard des cohéritiers; que, si quel- « qu'un pouvait se plaindre de cette infraction au droit com- « mun, ce serait le créancier seul, et non le cohéritier, à qui « elle ne porte aucune espèce de préjudice, puisqu'en suppo-

« sant que l'article 112 n'eût jamais existé, il n'en serait pas
« moins tenu de la totalité de la dette; qu'à la vérité les
« cohéritiers régnicoles sont exposés à voir leurs portions
« dans les biens absorbées par le paiement de la totalité des
« dettes de la succession; mais qu'aucune portion quel-
« conque des biens hypothéqués au paiement d'une dette
« ne pouvait être recueillie qu'après le paiement de cette
« dette; qu'il n'y avait pas de biens pour le cohéritier,
« pour le communier, pour le codébiteur solidaire, jusqu'à
« ce que les dettes de la succession, de la communauté, de
« la société, fussent acquittées ».

D'après ce rejet du conseil des anciens, les tribunaux ont
constamment admis toutes les demandes formées par des
créanciers contre des régnicoles copropriétaires, débiteurs
avec l'état. (1)

II. Sur la deuxième question, on soutenait, à l'appui de
la négative, que la liquidation suffisait seule, et sans le concours du créancier, pour consommer l'opération; qu'ainsi
le persuadaient les articles 50 et 53 de la loi du 25 frimaire
an 6.

On répondait que la liquidation n'était que la reconnaissance des titres de créances réclamées sur émigrés; mais
qu'elle ne suffisait pas pour opérer la novation; que le
remboursement seul pouvait effectuer l'extinction de la
créance. (2)

III. Sur la troisième question, le ministre des finances
avait décidé que l'arrêté de liquidation n'était qu'une recon-

---

(1) Décr. du 25 ventôse an 13.
(2) Loi du 1er floréal an 3, tit. 5, art. 1er.

naissance de la créance, dont l'extinction ne pouvait être effectuée que par le paiement, c'est-à-dire par la remise du certificat; que cette remise engendrait seule la novation, rendait le créancier d'émigré créancier direct de l'état, en un mot, consommait l'opération; qu'ainsi, toutes les fois que cette remise n'avait pas eu lieu, la liquidation devait être considérée comme non avenue.

Un arrêté des consuls du 12 brumaire an 11 a décidé, dans ce sens,

« Que les créanciers qui n'ont pas retiré leur certificat « de liquidation définitive, dont l'acceptation pouvait seule « opérer le remboursement et l'extinction de la portion de « créance à la charge de l'état, obtiendraient la remise de « leurs titres, pour en user ainsi qu'ils aviseraient, sans que « l'estampille dont ces titres ont été frappés puisse y « mettre obstacle ». (1)

NEUVIÈME QUESTION. — *Des créanciers hypothécaires pouvaient-ils poursuivre les codébiteurs solidaires d'une rente mise à la charge de l'état par un partage administratif?*

La solidarité n'avait été détruite, par l'art. 112 de la loi du 1er floréal an 3, qu'à l'égard de l'état; mais les codébiteurs n'en avaient pas été affranchis. S'ils étaient condamnés à payer la totalité de la dette, ils ne pouvaient, comme subrogés nécessairement aux droits du créancier, que demander à être liquidés, ainsi que le créancier l'aurait été lui-même, conformément aux lois, à moins que

------

(3) Arr. du 17 prairial an 11.

l'émigré codébiteur n'eût été rayé ou amnistié, auquel cas ils auraient été fondés à s'adresser directement à lui.

Cette action hypothécaire devant les tribunaux ne portait pas atteinte au partage administratif. En effet, il importait peu que la portion de la rente mise à la charge de l'état fût payée par le domaine aux créanciers, ainsi que le voulait le partage, ou qu'elle fût délivrée aux cohéritiers de l'émigré qui l'auraient acquittée pour l'état. Le partage restait le même.

C'est ce qui a été décidé par décret du 29 octobre 1809, et par le motif « que l'arrêté de partage n'a porté aucune « atteinte à l'action solidaire et hypothécaire exercée par « le créancier, et que cette action, est, par sa nature, de la « compétence des tribunaux ».

Dixième question. — *Les tribunaux pouvaient-ils condamner des héritiers républicoles au paiement d'une créance réclamée sur une succession indivise avec l'état ?*

On disait, pour la négative, que les créanciers, aux termes de l'art. 111 de la loi du 1er floréal an 3, étaient tenus, sous peine de déchéance, de déposer aux secrétariats des administrations départementales les extraits de leurs titres. On en concluait que l'administration seule était compétente.

On répondait que le but de l'art. 111 avait été de connaître le passif dont l'état serait grevé en se portant héritier, et d'accélérer le partage des successions indivises ; et que cette mesure ne pouvait pas nuire aux droits des créanciers contre les codébiteurs, droit consolidé par l'art. 112, en ce qu'il ne dégage que l'état de la solidarité.

De ce que le créancier pouvait être déchu vis-à-vis de l'état, dans le cas prévu par l'art. 111 de la loi du 1er floréal an 5, il ne s'ensuit pas qu'il ne pût plus exercer son action solidaire contre les codébiteurs régnicoles. L'action restait donc ouverte contre eux devant les tribunaux. (1)

ONZIÈME QUESTION. — *Des créanciers hypothécaires pouvaient-ils poursuivre, sur des acquéreurs de domaines nationaux, le recouvrement des dettes dont les biens étaient grevés avant la vente ?*

En vain disait-on, selon le droit commun, que les biens n'avaient pu être dégagés de leur hypothèque par l'état; qu'il succédait aux obligations de son auteur; qu'en vertu de la solidarité hypothécaire, tout l'effort de l'action serait retombé sur les biens particuliers, s'il y en avait eu de soumis, dans l'origine, à la même affectation, et non vendus.

Tous ces arguments s'évanouissaient devant la loi générale de la matière et devant la loi spéciale du contrat, qui affranchissaient les acquéreurs de toute charge et hypothèque, soit pour cause d'emprunt, soit pour cause de réparations, constructions et entretien de canaux d'irrigation, ou pour toute autre cause existante antérieurement à l'adjudication.

Le but politique de la loi avait été de donner cet avantage aux domaines nationaux sur les biens patrimoniaux, souvent grevés de dettes et hypothèques, qui embarrassent et entravent les transactions. (2)

---

(1) Arr. des 12 brumaire et 18 thermidor an 11.

(2) Arr. du 4e jour complémentaire an 11.

Mais si l'héritier pur et simple du débiteur émigré était en même temps acquéreur national d'un bien de ce débiteur, il y avait lieu de distinguer :

La vente avait affranchi le bien de toute hypothèque dans la personne de l'acquéreur national.

L'acceptation de la succession avait imposé à l'héritier l'obligation d'acquitter les dettes de son auteur, proportionnellement à sa portion virile. (1)

Douzième question. — *Des créanciers pouvaient-ils attaquer des abandons provisoires faits à des hospices de biens de successions ouvertes depuis la loi du 9 floréal an 3 ?*

Non, attendu qu'aux termes de la loi du 16 thermidor an 7, les créanciers des successions échues depuis le 9 floréal an 3 à l'état, représentant des émigrés, devaient être payés de leurs créances par délégation sur le prix de la vente des biens desdites successions non encore aliénés, et que l'abandon provisoire fait aux hospices était antérieur (dans l'espèce) à la demande du créancier, en application des dispositions de cette loi. (2)

---

(1) Décr. du 17 germinal an 13.

(2) Arr. du 20 pluviôse an 9.

SECTION XV.

DES ACTES FAITS AU PROFIT DES ÉMIGRÉS AVANT ET DEPUIS LA MORT CIVILE.

SOMMAIRE.

Avant de s'expatrier, beaucoup d'émigrés avaient vendu donné ou cédé des biens, touché par anticipation ou transféré des créances non encore exigibles, fait, en un mot, une foule d'arrangements réels ou simulés, dans la prévoyance des confiscations et dans le but de soustraire tout ou partie de leur fortune à l'action de la mainmise nationale.

De même, après leur radiation ou amnistie, ils s'empressaient, et souvent même avant leur réintégration définitive, de vendre des biens, de percevoir des capitaux, etc.

C'était renverser implicitement des dispositions de biens irrévocables ou des réserves établies par le sénatus-consulte floréal an 10.

On remit alors en vigueur l'article 46 de la loi du 28 mars 1793, portant que tous actes quelconques faits par des émigrés avant leur émigration, à quelque date qu'ils fussent dressés et signés, étaient nuls et de nul effet s'ils anéantissaient la saisine nationale prononcée par la loi du 9 février 1792.

Nous allons examiner dans trois paragraphes et résoudre successivement les questions relatives :

1° Aux actes frauduleux faits, au préjudice de l'état, en faveur et à l'occasion des émigrés;

2° A l'effet des testaments, donations et substitutions faits par ou en faveur des émigrés;

3° **Aux droits des acquéreurs d'émigrés, avant, durant et depuis la mort civile.**

§ Ier.

DES ACTES FRAUDULEUX FAITS, AU PRÉJUDICE DE L'ÉTAT, EN FAVEUR OU A L'OCCASION DES ÉMIGRÉS.

PREMIÈRE QUESTION. — *L'art. 41 de la loi du 28 mars 1793 prononçait-il, dans tous les cas, la nullité des paiements faits aux émigrés ?*

La nullité n'était prononcée que pour les paiements de sommes non exigibles, et faits par anticipation, depuis la promulgation de la loi du 9 février 1792, parce qu'on ne pouvait méconnaître des paiements attestés par des actes ayant la forme libératoire du temps où ils étaient présumés délivrés. Il résulte de là qu'un paiement non anticipé était admissible, lorsqu'il avait été fait antérieurement à la loi du 9 février 1792. (1)

Mais on n'admettait pas les débiteurs à opposer l'altération des valeurs dont ils avaient fait la déclaration et qu'ils avaient gardées. (2)

On prononçait aussi l'amende contre les débiteurs en retard de faire la déclaration des sommes dues à des émigrés. (3)

Quant aux quittances données par les émigrés depuis la loi du 9 février 1792, on les admettait difficilement : les

______

(1) Décr. du 3 juillet 1806.

(2) Décr. du 3 nivôse an 13.

(3) Loi du 25 novembre 1792 ; — Décr. du 23 avril 1807.

débiteurs étaient tenus de payer au domaine; on voulait éviter les fraudes. Si donc le débiteur ne rapportait pas le certificat de résidence du créancier au jour du paiement, le paiement était nul; la prévention s'établissait par un simple arrêté de district qui, attendu l'absence non permise du créancier, le réputait émigré. Les débiteurs s'exposaient donc, faute de ces justifications, à payer deux fois : c'est aussi ce qui rendait les libérations si favorables, lorsque le débiteur prenait soin de faire constater l'absence du créancier par un corps administratif. (1)

DEUXIÈME QUESTION. — *Devait-on valider des paie-ments anticipés, faits à un prévenu pendant sa jouis-sance provisoire?*

Le paiement d'une année par anticipation n'était pas abusif, s'il y avait eu convention authentique antérieure au rétablissement du séquestre; les besoins du prévenu pouvaient justifier cette mesure; il n'y avait rien là de contraire à la jouissance d'un bon père de famille.

Mais si la convention stipulait un paiement pour une époque qui se trouvait être postérieure au rétablissement du séquestre, le paiement, fait avant ce séquestre, était contraire à la convention et nul. (2)

TROISIÈME QUESTION. — *Les ventes, entre cohéritiers, de*

---

(1) Loi du 8 avril 1792, art. 42, 43, 45; — Décr. du 9 frimaire an 13.

(2) Décr. du 27 mars 1807.

droits successifs, pendant l'indivision des biens et le sé-
questre, étaient-elles nulles?

On craignait les ventes simulées : aussi ces ventes étaient annulées si elles avaient été faites en fraude des droits du domaine. Sans doute, si ces ventes eussent été réelles, l'état eût pu les maintenir, à cause des reventes faites par les cessionnaires et de l'intérêt des tiers : en effet, l'état ne recueillait que pour vendre. Or le prix valait pour lui la chose; mais encore fallait-il que ce prix fût la vraie valeur de la chose ou du lot de l'état, et si ce lot présumé n'avait été vendu qu'à vil prix, l'état était lésé. (1)

QUATRIÈME QUESTION. — *La vente d'un bien d'ascen-*
dant d'émigré, faite avant le partage de présuccession,
et dont le prix de vente avait été compris au partage
opéré avec l'état et mis dans le lot de l'ascendant, était-
elle nulle?

La vente n'était pas nulle si l'acquéreur était de bonne foi et si l'état était désintéressé; mais il n'en eût pas été de même s'il y avait eu concert frauduleux avec l'acquéreur pour diminuer la masse partageable et si le reste des biens existants n'eût pu couvrir la lésion. (2)

CINQUIÈME QUESTION. — *La vente d'un bien qu'un dé-*
cret contradictoire avec le mari amnistié avait dé-
claré acquis à l'état, faite après ce décret, pour

---

(1) Décr. du 23 avril 1807.
(2) Arr. du 23 frimaire an 10.

remplir la femme de ses reprises dotales, était-elle nulle?

Cette vente était censée frauduleuse, encore que la fraude ne se présume pas: en effet, la vente n'avait pu être opérée que parce que le séquestre n'avait pas été rétabli immédiatement après le décret. La bonne foi ne pouvait se présumer de la part du vendeur, qui se savait évincé par le décret. Quant à la femme, elle n'avait pas les droits d'un acquéreur de bonne foi qui peut perdre le prix fourni au vendeur: ici, le paiement n'était qu'une compensation de ses reprises dotales. Sans doute, l'état doit acquitter cette créance, mais par la vente des biens dans la forme ordinaire, et suivant les règles prescrites par l'arrêté du 5 floréal an 11; il y avait, d'ailleurs, à venger ici une infraction manifeste du décret. (1)

En général, on déclarait nuls tous actes faits en fraude de la saisine nationale.

Ainsi, l'administration annulait des baux passés par des émigrés à des tiers. (2)

Ainsi, des testaments ou donations faits par des émigrés ou déportés inscrits, et antérieurement à leur radiation, étaient annulés, aux termes de l'article 38 de la loi du 28 mars 1793.

-----

(1) Décr. du 25 avril 1807.
(2) Décr. du 14 messidor an 12.

§ II.

DE L'EFFET DES TESTAMENTS, DONATIONS ET SUBSTITUTIONS FAITS PAR OU EN FAVEUR DES ÉMIGRÉS.

PREMIÈRE QUESTION. — *Si l'état, au lieu de faire procéder à un partage de succession, s'en tenait à la donation par contrat de mariage, les biens donnés étaient-ils considérés comme échus à l'état, ou comme personnels à l'émigré?*

La donation avait saisi irrévocablement l'émigré; la mort du donateur n'ajoutait rien à ses droits; elles les ouvrait. Si, depuis, l'état, son représentant, avait renoncé au bénéfice du partage, pour s'en tenir à la donation, ce n'était pas à titre d'héritier copartageant qu'il conservait les biens, mais à titre de donataire; dès lors, les biens n'avaient pas cessé d'être propres à l'amnistié. Le sénatus-consulte du 6 floréal les lui rendait. Le partage des biens indivis n'attribuait, dans ce cas, aucun droit nouveau à l'état; seulement il déterminait sa part.

C'est dans ce sens qu'il a été statué par décrets des 28 messidor an 13 et 21 août 1806, portant « que, l'administra-« tion du département ayant renoncé à prendre part dans « la succession des père et mère, pour s'en tenir à la dona-« tion qu'ils avaient faite à leur fils, depuis émigré, rien « n'est échu, du chef du fils, par le décès de ses père et mère, « et ainsi la réserve des lots de succession et de présucces-« sion n'a pas d'application ici ».

DEUXIÈME QUESTION. — *Les avantages résultant du*

16.

droit d'aînesse et de la qualité de principal héritier, accordés par contrat de mariage à un émigré, pouvaient-ils être recueillis par l'état, représentant l'amnistié, au décès de l'instituant, ou par l'amnistié?

Toute la question gît à savoir si l'institution était une donation entre vifs. Dans ce cas, elle aurait saisi irrévocablement le donataire. Seulement, le jour du décès de sa mère aurait fixé le jour de sa jouissance.

Mais si la donation était à cause de mort, ou autrement une institution contractuelle d'héritier, l'instituant ne s'était pas dépouillé.

Les lois des 15 mars 1790 et 8 août 1791 n'avaient aboli le droit d'aînesse que pour l'avenir. La loi du 7 mars 1793 avait également aboli la faculté de disposer en ligne directe, et voulu que chaque héritier eût un droit égal dans toutes successions.

Mais la loi du 18 pluviôse an 5 avait rendu, à ceux des donataires entre vifs ou héritiers institués dont le droit était irrévocablement acquis avant le 7 mars 1793, la faculté de jouir de tous leurs avantages. Or l'institué, ayant droit à une part principale d'héritier au décès de sa mère, n'avait été saisi de rien pendant sa vie : l'ouverture de son droit ne remontait donc pas au contrat de mariage, mais au décès de sa mère, arrivé pendant son émigration. D'après l'arrêté du 5 brumaire an 11, l'état avait seul droit aux successions échues pendant la durée de la mort civile des émigrés. Ainsi le bénéfice de l'institution contractuelle ne pouvait être recueilli que par l'état.

C'est dans ce sens qu'il a été statué par décret du 4 ger-

minal an 13, portant « que la disposition contractuelle
« dont il s'agit ne peut être qualifiée donation entre vifs;
« que l'effet n'en a pu être recueilli qu'à titre successif;
« qu'ainsi il y a eu, au décès de la mère, échute au profit
« de l'état, en vertu de l'art. 3 de la loi du 28 mars 1793,
« à raison de la mort civile de l'émigré ».

TROISIÈME QUESTION. — *Le fils d'un émigré pouvait-il
réclamer le bénéfice d'un contrat de mariage par lequel ses père et mère s'étaient réservé la faculté de disposer, par forme de donation pure et simple, de tous
leurs biens présents et à venir, en faveur de celui de
leurs enfants qu'ils choisiraient ?*

La loi du 7 mars 1793 avait prohibé les dispositions
entre vifs et à cause de mort.

La loi du 17 nivôse an 2 avait interdit les nominations
d'héritiers non consommées avant le mois de juillet 1789.

La loi du 18 pluviôse an 5, en maintenant ces diverses
dispositions, les avait seulement purgées de leur effet rétroactif. Ainsi, comme nous venons de le voir, elle avait
rendu, à ceux des donataires entre vifs ou héritiers institués
dont le droit était irrévocablement acquis avant la loi du
7 mars 1793, la faculté de jouir de tous leurs avantages.

Si donc la nomination n'était pas antérieure à ces lois,
la donation était caduque. Si elle était antérieure à ces lois,
mais postérieure à l'émigration du père, il y avait incapacité de sa part, pendant la mort civile. La circonstance que
le mariage n'aurait produit qu'un seul enfant ne suffisait
pas, car il n'y avait pas eu de nomination explicite.

C'est dans ce sens qu'il a été statué par décret du

17 prairial an 13, portant « qu'à défaut de nomination par
« le père, antérieurement soit à son émigration, soit à la
« loi du 7 mars 1793, la donation est devenue caduque et
« n'a pu produire aucun effet ». (1)

QUATRIÈME QUESTION. — *Les donations contractuelles,
mais à cause de mort, n'avaient-elles d'effet que sur
les biens-fonds invendus de l'émigré donateur, décédé et
amnistié ?*

D'une part, la donation ne pouvait s'ouvrir avant la
mort, et la mort n'ouvrait point le droit des donataires,
tant que le donateur restait frappé de la confiscation.

D'autre part, le droit ne pouvait s'exercer ni sur les biens
vendus, parce qu'ils l'étaient irrévocablement, ni sur le prix,
parce que l'état avait pu, comme le donateur qu'il représentait, en disposer ainsi qu'il lui plaisait : le droit du donataire
ne s'ouvrait donc que sur les biens libres au décès. (2)

CINQUIÈME QUESTION. — *Un héritier était-il tenu de
payer un legs à un mineur émigré, représenté par l'é-
tat, attendu que les formalités exigées par le testateur
pour le placement des legs n'avaient pas été remplies,
que, par conséquent, l'héritier n'était pas vablement
libéré vis-à-vis du mineur ?*
*Était-ce aux tribunaux ou à l'administration à pronon-
cer, en cas de contestation ?*

Comme il s'agissait ici de l'exécution d'un testament, il

---

(1) Décr. du 17 prairial an 15.
(2) Arr. du 18 thermidor an 11.

semblait que la matière était judiciaire, et que, si les corps administratifs pouvaient prononcer, c'était par voie de refus de conciliation, et non par voie de jugement.

Toutefois, il a été décidé qu'ils avaient pu condamner l'héritier à payer, comme débiteur du legs. (1)

Cependant, dans une affaire semblable, le conseil d'état avait délaissé les réclamants à se pourvoir devant les tribunaux, s'ils s'y croyaient fondés, pour discuter la validité et les effets d'un testament. (2)

Cette doctrine était la véritable.

SIXIÈME QUESTION. — *Pouvait-on réintégrer un héritier institué, saisi avant la loi du 17 nivôse an 2, dans une succession séquestrée du chef du présomptif héritier collatéral du testateur?*

La loi du 7 mars 1793 interdisait la faculté de disposer, mais en ligne directe.

L'article 1er de la loi du 7 nivôse an 2 avait généralisé la prohibition; il annulait toute disposition à cause de mort dont l'auteur était alors vivant, ou ne serait décédé que depuis le 14 juillet 1789.

Mais les lois des 9 fructidor an 3 et 3 vendémiaire an 4 ont fait cesser cet effet rétroactif, en disposant que la loi du 17 nivôse an 2 n'aurait d'application qu'à partir de sa promulgation. Donc les testaments ouverts par le décès du testateur, avant cette promulgation, n'étaient pas atteints par l'interdiction.

____

(1) Arr. du 3 frimaire an 10.

(2) Arr. du 27 brumaire an 10.

Il suit de là que le séquestre avait dû être levé, et les fruits restitués depuis la demande, l'état faisant les autres siens, attendu sa bonne foi.

C'est dans ce sens qu'a statué un décret du 25 octobre 1806, et par le motif que « le réclamant avait recueilli « l'effet du testament antérieurement à la promulgation de « la loi prohibitive du 17 nivôse an 2, et qu'aux termes des « lois subséquentes des 9 fructidor an 3 et 5 vendémiaire « an 4, il n'y a lieu à garder les biens saisis du chef de l'é- « migré, sauf la retenue des fruits antérieurs à la demande « en levée de séquestre ».

SEPTIÈME QUESTION. — *Au profit de qui s'ouvrait la substitution, lorsque le grevé était émigré.*

Si le grevé était émigré, on n'avait pu opposer à l'état sa mort naturelle. Les biens lui étaient dévolus, et comme il le représentait, l'émigré profitait de l'abolition des substitutions établie par la loi du 25 octobre 1792. Lors même que les enfans du grevé eussent été les premiers appelés par le testament de leur aïeul, et que le décès de leur père grevé eût été antérieur à la loi du 25 octobre 1792, ils n'auraient pas, à cause de la présomption de survie, recueilli sa succession. (1)

____

(1) Décr. du 11 janvier 1808.

§ III.

DES ACQUÉREURS DES ÉMIGRÉS.

PREMIÈRE QUESTION. — *Les ventes ou cessions de prix faites par des émigrés ou leurs héritiers, avant la mainlevée du séquestre, étaient-elles valables?*

I. Si, sur la foi d'une mainlevée définitive, l'héritier de l'émigré avait vendu à des tiers, encore bien qu'à l'époque des ventes un arrêté eût ordonné le rétablissement du séquestre, on décidait que, si cet arrêté n'avait pas été connu de l'émigré ou de son héritier ni des tiers, attendu leur bonne foi réciproque, ces tiers devaient garder les biens vendus, et l'émigré ou héritier les sommes par lui touchées.

II. Quant à la cession à un tiers du reliquat de prix, il fallait examiner s'il n'y avait pas personne interposée et fraude. La nature de l'objet, le temps, la précipitation de la cession, sa cause, les circonstances qui l'avaient accompagnée, il fallait tout consulter. L'article 46 de la loi du 28 mars 1793 permettait l'annulation des actes qui respiraient la fraude. (1)

III. De même, si, avant l'arrêté du 21 floréal an 8, qui déclarait certains biens réunis au domaine en vertu du traité de Lunéville, les possessionnés avaient vendu ces biens à des acquéreurs de bonne foi, ces ventes étaient maintenues dans l'intérêt des tiers; seulement, le prix restant dû devait être versé au trésor. (2)

____

(1) Décr. du 12 novembre 1806.
(2) Décr. du 20 juin 1806.

Deuxième question. — *Si un émigré rayé définitivement et réintégré dans ses biens invendus avait aliéné, à des tiers de bonne foi, des biens déjà soumissionnés, de telles ventes pouvaient-elles être maintenues?*

Oui, s'il ne s'était élevé aucune réclamation sur l'envoi en possession des rayés, lorsqu'ils avaient vendu les biens restitués, et si les actes translatifs de la propriété avaient été transcrits au bureau des hypothèques, sans opposition.

En vain eût-on dit que soumission vaut vente, et que la cession était irrégulière : cela était vrai, mais la foi publique exigeait que les aliénations consommées fussent maintenues dans l'intérêt des tiers, sauf la restitution, par le rayé, au soumissionnaire, des à-compte par lui versés dans les caisses du trésor. (1)

Troisième question. — *La cession d'une créance faite par un émigré à un régnicole était-elle valable, s'il n'y avait eu inscription ou séquestre que postérieurement à ladite cession?*
Le remboursement fait dans ces circonstances à l'état, du chef de l'émigré, par le débiteur, était-il libératoire?
Qu'est-ce qui constituait le fait de l'émigration?

D'un côté, l'art. 40 de la loi du 28 mars 1793 déclarait nuls tout acte de vente, obligation, cession, et tout transport de sommes ou créances, faits par des émigrés, depuis la promulgation de la loi de février 1792.

Mais les dispositions de l'article 45 de la même loi, de

______

(1) Arr. du 1er frimaire an 12.

l'article 114 de la loi du 1ᵉʳ floréal an 3, et de celle du 6 pluviôse an 6, ne permettaient pas de considérer l'art. 40 comme absolu, et de dater, dans tous les cas, de ce jour, l'incapacité des émigrés.

Aussi, par une circulaire du 6 pluviôse an 12, le conseiller d'état ayant le département des domaines nationaux n'avait restreint la faculté de recueillir qu'à partir de l'inscription ou du séquestre; pareillement, un arrêté des consuls du 13 frimaire an 10 avait décidé que l'apposition du séquestre formait prévention d'émigration, de même que l'inscription. (1)

On pouvait, à la vérité, objecter que, lorsqu'il s'agissait, pour l'émigré, de recueillir des biens invendus, c'est-à-dire de restreindre le droit de l'état, celui-ci pouvait user d'une interprétation plus indulgente que lorsqu'il s'agissait d'annuler un remboursement, c'est-à-dire de préjudicier à un tiers.

Mais on se déterminait d'après les circonstances: ainsi, s'il était démontré par tous les actes de la cause que l'émigré avait joui, lors de la cession, de sa pleine capacité civile, on validait cet arrangement, ce qui entraînait, par conséquent, l'invalidité du remboursement, et ce qui résout négativement la deuxième question. (2)

QUATRIÈME QUESTION. — *Un émigré avait-il pu, depuis son amnistie, céder à des tiers une rente déjà transférée par l'état, pendant son émigration, à des hos-*

---

(1) Loi du 25 brumaire an 5, sect. 5, art. 29,

(2) Décr. du 20 pluviôse an 13,

pices , en exécution de la loi du 21 nivôse an 8 , et de l'arrêté du gouvernement du 15 brumaire an 9 ?

L'insertion de la rente aux sommiers du domaine opérait séquestre. L'émigration entraînait la confiscation. Ainsi, l'état avait pu, soit à titre de possesseur, soit à titre de propriétaire , aliéner la rente par voie de transfert. Il l'avait cédée aux hospices, d'après le mode et selon les conditions prescrites par la loi du 21 nivôse an 8 et l'arrêté du 15 brumaire an 9. La disposition était consommé; elle était irrévocable.

On objectait la levée du séquestre? mais cette levée n'embrassait que les biens alors disponibles : or la rente ne l'était plus.

La bonne foi de l'amnistié ? Mais pouvait-elle valider la vente d'une propriété qui n'était plus la sienne ? Comment attaquer l'état ? il n'était plus propriétaire. Comment attaquer l'hospice ? il l'était devenu irrévocablement.

C'est dans ce sens qu'il a été statué par décret du 20 novembre 1809, portant « que l'amnistié ne pouvait dis-
« poser, en l'an 11, d'une propriété qui avait été aliénée
« par l'état, pendant son émigration, et que sa réclama-
« tion contre l'acte de transfert du 6 fructidor an 9 est
« contraire aux dispositions du sénatus-consulte du 6 flo-
« réal an 10. » (1)

CINQUIÈME QUESTION. — *Les ventes judiciaires faites depuis la mainlevée du séquestre, et avant sa réappo-*

(1) Décr. du 20 novembre 1809.

sition , ainsi que les paiements de sommes versées , en exécution des jugements d'adjudication, aux créanciers utilement colloqués , étaient-elles valables ?

On a toujours maintenu ces ventes, lorsqu'il y avait eu de la part des réintégrés disposition légale et sans fraude. La bonne foi des adjudicataires aux enchères d'un bien exposé en vente par autorité de justice était toujours admise jusqu'à preuve contraire. Il suit de là qu'on devait, d'une part, et à l'égard des acquéreurs, ordonner la levée du séquestre , et, d'autre part, prononcer la validité des paiements authentiques opérés avant le rétablissement du séquestre ou la notification du décret qui l'avait prescrit.

Il y avait encore moins lieu d'annuler la vente lorsque le prix n'était pas payé. En effet, l'intérêt de l'état n'était pas lésé, puisqu'on substituait la valeur de la chose à la chose en nature. L'intérêt des tiers était conservé, puisqu'on maintenait la foi due aux actes authentiques qui constituaient leur droit: on atteignait ce double but, d'une part, en ratifiant la vente; d'autre part, en ordonnant le versement de tout ou partie du prix dans les caisses du domaine, selon le droit proportionnel de l'état. (1)

De même, le conseil d'état maintenait l'aliénation d'un immeuble dont un premier acquéreur avait encouru la déchéance, et qui, restitué à l'ancien propriétaire rayé provisoirement, avait été vendu judiciairement à sa requête.

Car c'était à l'administration à s'opposer à cette vente,

____

(1) Décr. des 13 avril 1807 et 17 mai 1809.

qui avait été faite solennellement et avec la plus grande publicité. Sans doute, aux termes de l'arrêté du 29 messidor an 8, les biens n'auraient pas dû être restitués; mais la vente ayant été consentie sous la foi publique, elle devait être respectée. (1)

SIXIÈME QUESTION. — *Des ventes faites à des tiers de bonne foi, par des héritiers d'émigrés, mal à propos appelés par l'état à partager des biens dépendants de la succession de l'émigré, étaient-elles valables?*

Les tiers qui avaient acquis de bonne foi des héritiers régnicoles d'un inscrit, mort en France, après un partage légalement consommé entre ces héritiers et l'état, représentant le prévenu d'émigration, ne devaient pas être victimes de l'erreur dans laquelle était tombée l'administration en admettant les héritiers républicoles au partage d'une succession qui eût dû rester tout entière sous le séquestre, attendu l'inscription de l'auteur commun. En conséquence, dans ce cas, on ordonnait la restitution des fruits et revenus, et la levée du séquestre. (2)

A plus forte raison, s'il s'agissait d'un bien vendu par des héritiers, dans l'ignorance des droits de l'état, et sur le vu d'un certificat de non-émigration, délivré par l'administration centrale. (3)

SEPTIÈME QUESTION. — *Les prix de ventes faites par*

---

(1) Arr. du 7 fructidor an 12.
(2) Arr. du 5 ventôse an 10.
(3) Arr. du 25 floréal an 8.

les émigrés avant l'émigration appartenaient-il au do-
maine, et devait-on en déduire le montant des quit-
tances de sommes exigibles au temps des paiements?

Le paiement était dû au domaine, puisqu'il représentait l'émigré.

Quant à l'admission des quittances, le domaine invoquait
l'article 43 de la loi du 28 mars 1793, qui défendait d'opposer au gouvernement tous actes sous signatures privées
souscrits par des émigrés, à moins que leurs dates n'eussent été arrêtées avant la prévention d'émigration, soit par
l'enregistrement ou par des actes de dépôts publics, ou enfin par des mentions dans des jugements des tribunaux
civils.

Mais cet article 43 avait été déclaré inapplicable aux
quittances: on ne leur appliquait que les articles 41 et
42, ainsi que l'article 15 de la loi du 8 avril 1792.

La règle adoptée a été que toutes quittances de sommes
exigibles au temps des paiements seraient bonnes, pourvu
qu'elles fussent d'une date antérieure à la promulgation de
la loi du 8 avril 1792. Il n'était pas nécessaire que leur date
fût authentique: l'exigibilité des paiements suffisait pour
en attester la sincérité. (1)

HUITIÈME QUESTION. — *Le paiement d'un prix de*
vente entre les mains d'un inscrit était-il valable?

Si le paiement avait été fait dans l'ignorance bien prouvée de l'inscription du vendeur, la bonne foi du débiteur

____

(1) Décr. du 12 janvier 1808.

empêchait la répétition du prix, de la part de l'état, et le paiement était jugé valable et libératoire.

C'est ce qui résulte d'un arrêté du gouvernement du 29 ventôse an 10.

Toutefois, il est vrai de dire que cet arrêté n'établissait pas un principe général, car on avait accumulé dans l'espèce les détails justificatifs, et il entrait sans doute beaucoup de faveur dens leur appréciation.

NEUVIÈME QUESTION. — *Lorsqu'un émigré, avant son absence, avait vendu un bien payable en assignats, l'acquéreur, aux termes de la loi du 16 nivôse an 6, pouvait-il faire réduire le prix en numéraire?*

Cette faculté ne lui était pas interdite, mais à la charge de renoncer, entre autres conditions, aux termes stipulés dans le contrat, au-delà de trois ans après la publication de la loi du 29 messidor an 4. Si donc le débiteur avait laissé écouler ce délai, il ne pouvait prétexter le terme plus éloigné stipulé dans le contrat; ce terme, d'ailleurs, avait été convenu dans l'intérêt du vendeur émigré pour s'assurer de la réalité du prix par la disparition des assignats. Mais l'état, qui le représentait, avait un intérêt contraire à avancer le terme; enfin, la faculté de la libération l'emportait ici sur toute clause prohibitive. (1)

DIXIÈME QUESTION. — *Si, avant l'arrêté du 11 floréal an 12, qui déclarait certains biens réunis au domaine, en vertu du traité de Lunéville, les possessions avaient*

----

(1) Arr. du 13 messidor an 9.

vendu ces biens à des acquéreurs de bonne foi, ces ventes devaient-elles être maintenues ?

Elles étaient confirmées dans l'intérêt des tiers. Seulement, le prix restant dû devait être versé au trésor. (1)

ONZIÈME QUESTION. — *Un immeuble dont l'acquéreur avait encouru la déchéance, et qui avait été restitué à l'ancien propriétaire, rayé provisoirement de la liste des émigrés, devait-il être remis sous le séquestre, nonobstant la vente judiciaire qui en avait été faite à la requête de l'ancien propriétaire réintégré ?*

Non : c'était à l'administration à s'opposer à la vente. Cette vente était solennelle. Sans doute, aux termes de l'arrêté du 29 messidor an 8, les biens n'auraient pas dû être restitués; mais la vente ayant été consentie sous la foi publique, elle devait être respectée. (2)

DOUZIÈME QUESTION. — *L'ancien propriétaire pouvait-il être maintenu dans la propriété des domaines vendus sur lui avant son amnistie, ou, du moins, être dispensé de payer le restant du prix de la vente dû par les acquéreurs, ses cédants ?*

Non : s'il avait été rayé après l'arrêté du 29 messidor an 8, cet arrêté s'y opposait. On lui accordait seulement un délai pour payer comme cessionnaire ; faute de quoi, il y avait lieu à revente. (3)

______

(1) Déc. du 20 juin 1816.
(2) Décr. du 7 fructidor an 12.
(3) Arr. du 30 pluviôse an 12.

SECTION XVI.

DES COPROPRIÉTAIRES D'ÉMIGRÉS.

PREMIÈRE QUESTION. — *Le copropriétaire pouvait-il demander, par abandon de biens invendus, la portion qui lui revenait dans les biens vendus?*

Oui: en effet, l'arrêté du directoire exécutif du 23 vendémiaire an 8 disposait que, lorsqu'une partie des biens de la succession indivise aurait été vendue par les corps administratifs, les ventes seraient dans tous les cas imputées à compte des droits de l'état. On voulait que des copropriétaires ne souffrissent pas des ventes que l'état, copropriétaire avec eux, avait faites seul et à son profit; on les indemnisait en leur délivrant des biens libres et disponibles, jusqu'à concurrence de ce qui leur avait appartenu dans les biens que l'état avait vendus et dont il avait touché le prix. Peu importait qu'il n'y eût eu de rentrée dans les mains de l'état qu'après déchéance: cela pouvait être opposé à l'émigré rayé, mais non au copropriétaire.

Toutefois, si les seuls immeubles indivis non vendus étaient, de leur nature, impartageables, tels qu'un moulin, etc., l'état devait les vendre, sauf au copropriétaire à toucher une part équivalente dans le prix.

Quant aux fruits perçus et aux remboursements de créances indivises reçus par l'état, la compensation ne pouvait s'en faire en immeubles; la liquidation et le paiement devaient s'opérer d'après la loi du 24 frimaire an 6. (1)

____

(1) Arr. des 28 floréal an 11 et 13 pluviôse an 12.

DEUXIÈME QUESTION. — *Des légataires qui n'avaient pas réclamé dans les délais de la loi du 1ᵉʳ floréal an 3 pouvaient-ils demander la réformation du partage de la succession et la délivrance de leurs legs sur les biens échus au domaine de l'état?*

Tout copropriétaire qui voulait revendiquer sa part dans des biens indivis devait avoir un droit acquis et devait produire son titre. La loi du 1ᵉʳ floréal an 3, article 96, exigeait ces productions et justifications; l'article 10 de la loi du 9 floréal an 7 n'a pas abrogé cette loi. Si le partage, faute de ces productions en temps utile, avait été consommé, il était valable, et le copropriétaire était sans qualité pour l'attaquer; il fallait, de plus, que son droit, s'il était litigieux, commençât par être reconnu judiciairement avec le domaine; il avait ensuite sa part, soit dans le prix des biens, s'ils avaient été vendus, soit en nature (1), s'ils ne l'avaient pas été, mais proportionnellement au passif dont le domaine cohéritier pouvait être tenu. (2)

---

(1) *Soit en nature.* Cela est douteux : car, s'il y avait eu déchéance, on devait vendre, et la part à prendre par le copropriétaire n'était que dans le prix des ventes. — Décr. du 29 mai 1808.

(2) Décr. du 7 mai 1808.

C'est dans ce sens qu'il a été décidé, par arrêté du 2 frimaire an 12, « que des acquéreurs déchus faute de paiement, « et qui avaient profité du délai accordé aux retardataires « pour se libérer avant l'envoi en possession du coproprié-

17.

SECTION XVII.

DES ACTES ET ARRANGEMENTS FAITS ENTRE L'ÉTAT ET DES TIERS PENDANT L'ABSENCE DES ÉMIGRÉS.

PREMIÈRE QUESTION. — *Les rayés, éliminés ou amnistiés pouvaient-ils attaquer les actes faits pendant leur mort civile?*
L'état était-il recevable à attaquer ces mêmes actes?

Le sénatus-consulte du 6 floréal an 10 porte, art. 16:
« Les individus amnistiés ne pourront, en aucun cas et
« sous aucun prétexte, attaquer les partages de présuc-
« cession, succession, et autres arrangements faits entre
« l'état et les particuliers, avant l'amnistie. »

Voilà le principe politique dont la jurisprudence a étendu l'application : (1)

Aux rayés et éliminés comme aux amnistiés; (2)

« taire, devaient être maintenus dans la propriété du bien
« par eux acquis ».

Toutefois, il faut prendre garde qu'il s'agissait ici de l'intérêt des tiers; mais si le bien rentré, par déchéance, dans
les mains de l'état, n'était pas réclamé par les acquéreurs,
le copropriétaire devait prendre sa part en nature, et non
dans le prix. *V. supra.*

(1) Le motif politique qui se faisait apercevoir dans les
arrêtés et décrets de cette époque, c'était de ne pas revenir
sur les choses consommées, même lorsque la loi avait été
violée dans sa lettre.

(2) Arr. des 2 et 4 frimaire an 11.

Aux héritiers, créanciers et ayant-droit des émigrés; (1)

Au domaine lui-même. (2)

I. Ainsi, étaient inattaquables, de la part des émigrés et de leurs ayant-droit :

1° Les partages consommés entre l'état et les héritiers régnicoles, quelle que fût l'inégalité des parts héréditaires qu'ils attribuaient aux cohéritiers régnicoles, et quelque irrégulièrement qu'ils eussent été dressés; (3)

2° Les arrêtés des représentants du peuple, qui, n'ayant pas été attaqués dans le délai utile, avaient force de loi, et qui avaient disposé des biens de l'émigré par voie d'échange ou de vente ; (4)

3° Les attributions, même provisoires, faites aux hospices ; (5)

---

(1) Arr. du 2 germinal an 11 ; — Décr. des 22 brumaire an 14, — 11 mars 1806.

(2) Arr. des 5 brumaire et 2 frimaire an 12 ; — Décr. du 18 juillet 1806.

Lors même que ces actes privaient l'état d'une portion des fruits et revenus des biens attribués, en excédant, au lot des régnicoles, et échus avant l'amnistie. Décr. des 10 mars 1807 et 27 août 1809.

(3) Arr. des 2, 4 frimaire, 18 thermidor, 2 fructidor an 11, — 24 ventôse, 23 germinal an 12.

V. même titre , sect. *des Partages de successions.*

(4) Arr. du 20 prairial an 11.

(5) Avis du conseil d'état du 1er floréal an 10 ; — Arr. des 22 prairial , 9 fructidor an 11, — 8 floréal an 12.

V. même titre , sect. *des Affectations des biens aux hospices,* etc. *V.* lois des 5 décembre 1814 et 27 avril 1825.

4° Les dispositions, par voie d'affectation à la Légion-d'Honneur, de biens provenant tant du chef des émigrés que des successions à eux échues, et recueillies par l'état, de leur chef; (1)

5° Les arrêtés des administrations centrales, qui avaient cassé des ventes privées, et réintégré, par suite, le vendeur régnicole dans des biens acquis par l'émigré; (2)

Ou qui avaient délaissé des biens d'émigrés, en toute propriété, au tiers revendicant, encore bien que ces arrêtés eussent excédé leur compétence en appréciant des titres privés et déterminé les effets de transactions; (3)

Ou qui avaient, en vertu des lois existantes, reconnu, fixé et délivré la part des enfants naturels du père commun; (4)

Ou qui, par surprise, avaient délivré à un héritier régnicole un legs qui ne lui appartenait pas, encore bien que l'état fût sans intérêt, et que la question roulât tout entière sur le sens et les effets d'un testament; (5)

Ou disposé de biens compris dans une donation; (6)

---

(1) Décr. du 18 septembre 1807. *V. ibid.*

(2) Décr. des 26 floréal an 12 et 5 nivôse an 13.

(3) Décr. du 22 fructidor an 12.

(4) Décr. du 2ᵉ jour complémentaire an 12.

Le conseil d'état refusa de déclarer que ces arrêtés ne faisaient pas obstacle à l'action devant les tribunaux, et il écarta la demande de l'amnistié par l'application pure et simple du sénatus-consulte du 6 floréal an 10. Décr. du 10 mars 1807.

(5) Décr. du 15 pluviôse an 13.

(6) Décr. du 15 septembre 1810.

Ou dévolu des biens d'une ligne à une autre ligne ; (1)

Ou qui avaient concédé des biens d'émigrés, à titre d'arrentement, aux chefs de famille non imposés ; (2)

Ou qui avaient délaissé à des femmes d'émigrés une portion des biens confisqués sur leurs maris, pour les remplir d'autant de leurs reprises et créances matrimoniales.; (3)

Ou à des sœurs régnicoles, des biens confisqués sur leur frère émigré,. pour les remplir de leurs droits légitimaires ; (4)

Ou qui avaient autorisé des coayant-droit dans une

---

(1) Décr. du 2 février 1809.

(2) Les lois des 3 juin et 15 septembre 1793, dans le double but de rattacher plus de familles à la cause de la révolution et de multiplier le nombre des propriétaires , avaient ordonné : la première, de vendre aux chefs de famille non imposés , c'est-à-dire aux prolétaires , jusqu'à concurrence de cinq cents livres, des biens d'émigrés ; la seconde, de les concéder à titre d'arrentement. *V*. décr. du 22 vendémiaire an 13.

(3) Décr. du 18 juillet 1806.

De pareils abandons étaient cependant contraires à l'article 55 de la loi du 1er floréal an 3 ; mais l'art. 16 du sénatus-consulte les maintenait tant à l'égard des maris qu'à l'égard du domaine, lequel n'aurait pu les attaquer que pendant la prévention , mais non depuis l'amnistie. *V*. arr. du 7 thermidor an 10.

(4) Surtout si ces arrêtés avaient été exécutés de la part du domaine , soit par la jouissance longue et paisible des légitimaires, soit par la vente du surplus des biens non cédés, soit par la réception sans réserves de la plus-value ou soulte de partage. Décr. du 5 septembre 1808.

succession indivise à intenter une action judiciaire contre le domaine, relativement à une donation faite à un émigré; (1)

Ou qui avaient déclaré se désister, au nom de l'état, de l'appel de jugements intervenus contre les émigrés, avant leur absence, au profit de communes ou de particuliers; (2)

Ou qui prononçaient la compensation et l'extinction de sommes dues à des émigrés, ou d'autres sommes dues par ces émigrés à titre d'honoraires; (3)

6° Des arrêtés de préfets qui avaient fait l'apurement des comptes de gestion restés en litige entre l'émigré et ses auteurs, ou des tiers. (4)

II. Etaient inattaquables, de la part de l'état, les actes de partages de succession, présuccession, et autres actes antérieurs à l'amnistie, et dans lesquels il représentait des émigrés. (5)

---

(1) Décr. du 10 mars 1807.

(2) Décr. du 22 juin 1810.

Autre cas, dans le même sens : Un censitaire prétend que des biens, qu'il détient à titre de redevance, ont été usurpés sur lui par abus de la puissance féodale ; un jugement décide, par voie arbitrale, que la moitié des biens appartient au censitaire. L'administration centrale procède au partage ; les deux lots sont tirés au sort ; le tribunal homologue le procès verbal de partage ; ces actes administratifs et judiciaires étaient, quel que pût être le mal-jugé du fond, couverts par l'art. 16 du sénatus-consulte du 6 floréal an 10.

(3) Décr. du 29 septembre 1809.

(4) Décr. du 17 mai 1809.

(5) Arr. des 5 brumaire, 2 frimaire an 12 ; — Décr. du 18

C'est dans le sens de ces règles générales que la jurisprudence du conseil d'état a résolu la série des autres questions que nous allons exposer.

DEUXIÈME QUESTION. — *Les arrêtés des administrations centrales qui avaient réintégré ou maintenu des communes dans la propriété de biens prétendus usurpés par la puissance féodale étaient-ils attaquables devant le conseil d'état?*

Cette question a été très controversée.

I. On avait d'abord pensé que les administrations de département n'avaient pas qualité pour faire à des communes, sans la confirmation du gouvernement, la cession de terrains dont l'état était en possession, du chef des émigrés;

Que les partages faits, en conséquence, par les communes étaient nuls, comme ayant disposé d'une chose qui ne leur appartenait pas;

Que l'action en revendication devant les tribunaux appartenait aux amnistiés, après l'annulation des arrêtés;

Que, dans ces ventes, les précautions prises par les lois garantissaient les intérêts de l'état, qui seraient sacrifiés par des cessions pures et simples, faites sans le concours de l'autorité souveraine.

C'est dans ce sens que deux décrets des 28 fructidor an 12 et 25 prairial an 13 renvoyaient les parties devant

---

juillet 1806. *V.* au mot *Partages de présuccession. V.*, en outre, et généralement sur toute la matière, *Questions de droit administratif,* tom. 2, p. 504 et suivantes.

les tribunaux, nonobstant toute décision administrative.

II. Mais quatre autres arrêté et décrets des 1er ventôse an 12, 18 brumaire, 3 nivôse an 13 et 8 vendémiaire an 14, ont jugé dans un sens opposé.

On disait à cette occasion.

« Il n'y a que trop d'exemples de l'abus que, dans les « temps de révolution, les communes ont fait de leur force. « Mais l'état avait souffert ces abus : l'intention du gouver- « nement n'est pas que les amnistiés puissent revenir « contre. »

Ces décisions sont d'autant plus remarquables que, dans la dernière espèce, la commune ne demandait qu'une simple autorisation de plaider, et qu'aux termes des lois de la matière et de l'époque, les corps administratifs étaient incompétents pour statuer ainsi par voie de jugement de réintégrande.

Plus tard, un autre décret, du 2 février 1808, a décidé, contre la proposition du ministre de l'intérieur, que des partages de biens prétendus usurpés par la puissance féodale étaient irrévocables.

C'est encore dans le même sens qu'une délibération du conseil d'état du 30 décembre 1809 repoussa la demande d'un rayé, par le motif que, « d'après l'art. 16 du sénatus- « consulte du 6 floréal an 10, il n'était pas recevable à atta- « quer un arrêté de l'administration centrale qui, pendant « son émigration, avait relâché une portion de bois à une « commune ».

III. Mais si la réclamation avait lieu de la part d'un co-héritier régnicole, comme il s'agissait d'un droit de propriété dans lequel l'état n'avait et ne prétendait avoir aucun intérêt, l'arrêté de réintégrande ou de maintenue ne faisait pas obstacle à l'action judiciaire.

C'est ce qui résulte d'un décret du 19 avril 1806, portant : 1° en ce qui concerne les émigrés, « que leur réclamation « est proscrite par l'art. 16 du sénatus-consulte du 6 floréal « an 10 »;

2° En ce qui concerne le régnicole, « que l'arrêté n'a rien « statué contre lui, puisqu'il n'y était pas partie, et que « l'abandon qu'il a fait à la commune des deux tiers de la « montagne ne peut valoir que contre les deux émigrés, et « ne prive leur cohéritier ni du droit qu'il pouvait avoir, « ni des moyens de l'exercer devant les tribunaux ».

Troisième question. — *L'amnistié pouvait-il attaquer l'arrêté d'un préfet rendu en exécution d'un jugement arbitral qui maintenait une commune en possession d'un bien revendiqué par l'amnistié ?*

I. La loi du 7 brumaire an 3 prononça le sursis à l'exécution des sentences arbitrales. Une infinité de ces sentences, rendues presque sans examen de titres, lésaient les droits de l'état.

La loi du 28 brumaire an 7 ordonna leur révision et la production des titres.

Une autre loi, du 11 frimaire an 9, pour contraindre les communes récalcitrantes à produire, accorda un nouveau délai; mais, l'année expirée, les jugements arbitraux, non attaqués par la voie de l'appel, devaient recevoir leur exécution.

A la vérité, les pièces et l'avis devaient être soumis au ministre des finances, pour obtenir la force d'une décision définitive : faute de ce, l'appel était donc recevable.

II. On devait répondre que les communes avaient rempli leurs obligations en produisant leurs titres dans le délai utile, et que le reste leur était étranger; qu'elles n'étaient pas passibles, l'année écoulée, de la négligence des administrations secondaires, et enfin, que la question de savoir si l'appel serait ou non recevable était toute judiciaire.

III. Mais le conseil d'état s'est déterminé par un autre motif. Il avait existé, avant l'amnistie, un arrêté de préfet. Or, les meilleures contestations étaient interdites aux émigrés; sous quelque prétexte que ce fût, ils ne pouvaient ébranler la possession acquise à des tierces parties. Ce n'était pas la raison civile qui les en empêchait, c'était la raison politique : il y avait lieu à la pure application de l'art. 16 du sénatus-consulte. (1)

QUATRIÈME QUESTION. — *Les amnistiés étaient-ils recevables à attaquer les jugements arbitraux qui avaient remis des communes en possession de biens dont lesdits amnistiés revendiquaient la propriété ?*

Ces recours étaient interdits à l'amnistié comme au gouvernement, même lorsque l'action en réintégrande aurait été formée, avant l'amnistie, par le domaine : car, l'intérêt étant la mesure des actions, son action cessait depuis l'amnistie, puisque son intérêt tombait; il n'aurait repris, en effet, que pour remettre à l'émigré. A la vérité, la question semblait être du ressort des tribunaux, puisqu'il s'agissait de jugements arbitraux; mais elle pouvait res-

____

(1) Décr. du 25 janvier 1807.

sortir à l'administration, si le préfet, sur la provocation du domaine, avait réapposé le séquestre. Le conseil d'état ordonnait à la fois la mainlevée du séquestre et l'exécution des jugements.

C'est dans ce sens qu'a statué un décret du 29 mai 1808, portant « qu'aux termes de l'art. 16 du sénatus-consulte « du 6 floréal an 10 , les anciens propriétaires ne sont pas « plus fondés que le domaine à réclamer contre les juge- « ments arbitraux de l'an 2 et de l'an 4 ».

CINQUIÈME QUESTION. — *Un amnistié pouvait-il atta- quer un arrêté du conseil de préfecture confirmatif d'une sentence arbitrale qui adjugeait à une com- mune des bois provenant dudit émigré, et demander à interjeter appel, devant les tribunaux, de la sentence arbitrale ?*

Le conseil d'état, après mûre délibération, a repoussé cette demande par deux motifs :

Le premier, tiré de ce que, d'après l'art. 16 du sénatus- consulte du 6 floréal an 10, l'amnistié ne pouvait, en aucune manière, attaquer la sentence arbitrale, et les actes qui l'avaient approuvée;

Le second, tiré de ce que cette sentence était passée en force de chose jugée par l'effet de la déchéance que l'am- nistié avait encourue, faute par le ministre des finances d'avoir prononcé, dans le délai prescrit par la loi du 28 bru- maire an 7 , si l'appel devait en être interjeté. (1)

----

(1) Décr. du 29 septembre 1809.

SIXIÈME QUESTION. — *Y avait-il lieu d'admettre la ré-*
clamation d'un amnistié contre des arrêtés d'admi-
nistration centrale qui avaient reconnu la possession
de la commune du lieu dont il avait été seigneur, sur
des prés et étangs qu'il prétendait lui avoir appar-
tenu lors de son émigration ?

I. L'amnistié disait :

Les arrêtés que j'attaque sont vicieux, soit parce que la
reprise de possession de la commune ne pouvait être jugée que par des arbitres, soit parce que ces arrêtés ont
été rendus sans le concours des préposés du domaine. Celui-
ci aurait pu revenir contre de pareils actes : il m'a remis
ses droits ; je les exerce.

II. On lui répondit :

1° L'art. 5, sect. 5, de la loi du 10 juin 1793, n'attribuait
à des arbitres que l'action des communes en réintégrande
contre des tiers usurpateurs. Or, ici, la commune possédait. Qu'a fait l'administration centrale ? Elle a reconnu sa
possession.

2° Si le préposé du domaine n'a pas été entendu, c'est
que l'administration centrale était sans hésitation, et non
pas sans négligence.

Après tout, que ces arrêtés soient considérés ou comme
actes de reconnaissance de la propriété de la commune,
ou comme disposition de la propriété de l'émigré, leur
irrévocabilité est garantie par l'art. 16 du sénatus-consulte
du 6 floréal an 10. (1)

____

(1) Décr. du 11 janvier 1808.

Septième question. — *Un amnistié pouvait-il attaquer un arrêté de directoire de district qui avait réintégré un particulier en possession d'un bien prétendu usurpé sur lui par l'effet de la puissance féodale ?*

De semblables arrêtés étaient sans doute imcompétents ; mais s'il s'agissait surtout d'un bien rentré dans les mains de l'émigré par l'exercice du retrait féodal, et que l'abandon n'eût été fait que moyennant le versement du prix remis par le retraitant, on pouvait dire que, le district ayant droit d'aliéner le bien confisqué, l'abandon devait être considéré comme une simple vente, suivie du versement du prix dans la caisse de l'état.

Dans tous les cas, l'article 16 du sénatus-consulte défendait à l'amnistié de critiquer un tel acte, même pour incompétence, car la compétence entraînait ici le fond. (1)

Huitième question. — *Un conseil de préfecture a-t-il pu rapporter un arrêté de district du mois de pluviôse an 3, qui, sous la forme de jugement, avait ordonné, au profit d'un tiers, la distraction de la vente d'un bien revendiqué par ce tiers sur un émigré ?*

Lorsque la loi du 14 frimaire an 2 organisa le mode de gouvernement provisoire, la hiérarchie qui plaçait les districts sous la dépendance des administrations centrales fut supprimée. Le décret seul du 28 germinal an 3 rapporta cette loi ; mais, dans l'intervalle, les districts, autorité nouvelle et populaire, investis de puissance et d'activité, mar-

____

(1) Décr. du 30 décembre 1809.

chaient largement dans les envahissements du gouvernement révolutionnaire.

Il suit de là, d'une part, que leurs arrêtés ne constituaient pas alors de simples avis, et qu'ainsi le conseil de
préfecture avait excédé ses pouvoirs en les rapportant, et
d'autre part, que le sénatus-consulte du 6 floréal an 10
avait interdit à l'émigré tout recours contre eux, encore
bien qu'un décret du 21 prairial an 2 eût renvoyé aux tribunaux la connaissance des revendications de fonds ci-
devant possédés par des émigrés. (1)

NEUVIÈME QUESTION. — *Un amnistié pouvait-il attaquer un arrêté d'administration centrale portant
mainlevée du séquestre, et abandon d'un domaine
saisi sur un émigré à un tiers régnicole qui le réclamait en vertu d'un acte de vente sous seing privé antérieur à l'émigration?*

Il était inutile d'examiner si la vente avait pu transmettre la propriété du domaine ou si cette vente n'était que
simulée; si l'administration était ou non compétente pour
faire vérifier par des experts la réalité de la signature
apposée au bas de l'acte, ni même si elle avait pu considérer le vendeur comme non émigré à l'époque de cet acte.

L'article 16 du sénatus-consulte trancha la question,
puisqu'il défendit d'attaquer ces sortes d'actes, encore bien
que l'ancien propriétaire n'en requît pas directement l'a-
nulation, mais qu'il se bornât seulement à demander le
renvoi devant les tribunaux, pour y faire statuer, in-

____

(1) Décr. du 18 juillet 1806.

dépendamment de ces actes, sur la question de propriété. (1)

DIXIÈME QUESTION. — *Des héritiers collatéraux licitent entre eux un bien qui tombe en partage à l'un des cohéritiers. Il émigre. Son cohéritier obtient l'abandon de la totalité de la terre, de l'administration centrale. L'amnistié pouvait-il attaquer cet arrêté et réclamer l'exercice des droits résultant de leur acte de licitation?*

Non : on lui opposait l'article 16 du sénatus-consulte. (2)

ONZIÈME QUESTION. — *Le domaine pouvait-il attaquer l'arrêté d'une administration centrale qui avait prononcé, en faveur des créanciers d'un prévenu, la main-levée du séquestre des biens dont ils s'étaient rendus adjudicataires, pendant la prévention d'émigration, en vertu d'une procédure en expropriation forcée?*

Sans doute ces jugements et ces arrêtés étaient irréguliers : car l'administration, par suite de la prévention, avait eu la régie et la direction des biens, et avait pu seule connaître de toutes les demandes des prétendant-droits. Mais, depuis l'amnistie, le domaine n'aurait plus d'intérêt quant aux biens, puisqu'il ne les avait pas recouvrés pour lui; il n'avait plus également d'intérêt quant aux revenus, puisqu'il lui était interdit de revenir sur les paiements faits en vertu des décisions rendues par une autorité légale. L'art.

----

(1) Décr. du 17 février 1809.
(2) Décr. du 24 avril 1808.

16 du sénatus-consulte s'appliquait à l'état comme aux amnistiés. (1)

Douzième question. — *Un amnistié était-il recevable à attaquer un arrêté d'administration centrale qui avait rétabli la femme de son débiteur dans la possession d'un bien qu'il avait fait saisir réellement, et sur lequel une instance judiciaire était liée avant l'émigration?*

De deux choses l'une :

Si l'émigré avait été réellement, comme il le prétendait, possesseur incommutable du bien, l'état, qui l'avait représenté, avait, en disposant du bien, disposé de ce qui lui appartenait.

S'il y avait doute sur la possession, alors l'administration, d'accord avec le contendant, pouvait terminer le débat et juger elle-même de ce qui était ou dans son droit ou dans son intérêt.

Dans ces deux cas, le sénatus-consulte déclarait l'amnistié incapable de porter atteinte aux actes administratifs faits, en son nom, au profit des tiers régnicoles. (2)

Treizième question. — *Y a avait-il lieu de rejeter les réclamations d'émigrés rayés contre des arrêtés d'administrations centrales qui avaient reconnu le droit de l'héritière naturelle à la possession de tous les biens fiefs ou allodiaux, à l'exclusion des émigrés colla-*

____

(1) Décr. du 29 août 1809.
(2) Décr. du 10 mars 1807.

téraux appelés par l'ancien statut local aux fiefs mas-
culins ?

Deux moyens se réunissaient pour éloigner cette réclamation.

1° Lorsque l'état, par l'émigration, avait été saisi des droits des collatéraux, ceux-ci avaient perdu l'expectative de dévolution des fiefs, parce que la distinction de nobilité des biens était déjà abolie expressément par les dispositions de l'art. 11 de la loi du 15 mars 1790, et que, par l'ouverture de la succession sous l'empire de cette loi, la fille avait légalement recueilli toute la succession.

Ainsi l'héritier du sang écartait, d'après les lois de la matière, les collatéraux.

2° Mais il suffisait que l'état eût opéré par son fait le plein abandon de l'universalité de la succession pour que, aux termes de l'art. 16 du sénatus-consulte, les rayés fussent repoussés. (1)

QUATORZIÈME QUESTION. — *Un amnistié pouvait-il attaquer des abandons, faits par une administration centrale, de ses biens à l'une de ses sœurs, en paiement de sa légitime ?*
Les sœurs regnicoles de la légitimaire pouvaient-elles attaquer cet arrêté en ce qu'il faisait obstacle à leur action civile sur lesdits biens ?

Il y avait ici deux actions distinctes :
1° En disposant des biens, l'administration n'avait fait

______

(1) Décr. du 6 mars 1810.

qu'user des droits de l'émigré qu'elle représentait. Comme elle était libre de vendre, elle était libre de donner. Or, ce qu'elle avait fait ne pouvait être critiqué par celui au nom duquel elle avait agi.

2° Quant aux sœurs régnicoles, l'état, qui n'exerçait pas leurs droits, n'avait pu délaisser les biens en leur absence et à leur préjudice; et du moment qu'il s'élevait des questions de successibilité entre elles et leur sœur légitimaire, soit d'après les stipulations des contrats de mariage, soit d'après l'interprétation des statuts coutumiers, les arrêtés administratifs, qui n'avaient ni voulu ni pu prononcer avec ou contre elles, ne faisaient pas empêchement à leur action civile. (1)

QUINZIÈME QUESTION. — *Un amnistié pouvait-il attaquer un arrêté qui ordonnait la radiation d'une inscription hypothécaire, prise par le gouvernement, pour raison d'une créance provenant du chef de cet émigré, radiation faite depuis l'amnistie, mais avant la mainlevée du séquestre?*

La raison de douter pouvait se tirer de ce que l'amnistie de l'émigré, faisant cesser l'administration de ses biens par la régie des domaines, l'avait rétabli dans tous ses droits, avec la faculté de les exercer dans l'état où ils se trouvaient à l'époque de cette amnistie.

Mais la raison de décider fut que, relativement aux biens d'un émigré, on ne devait s'attacher qu'à la seule date de la mainlevée de séquestre; que toutes les dispositions

____

(1) Décr. du 22 octobre 1810.

faites jusque là par l'état, qui le représentait, étaient inattaquables; que l'émigré rayé ou amnistié devait les respecter ; que c'était l'esprit du sénatus-consulte, et que cet esprit pénétrait déjà la loi du 16 ventôse an 9, qui prorogeait, en faveur des créanciers d'émigrés, les délais fixés par celle de l'an 7, pour l'inscription des créances hypothécaires, et qui ne laissait courir le délai de trois mois que du jour où le rayé aurait fait prononcer par le préfet la mainlevée du séquestre de ses biens. (1)

SEIZIÈME QUESTION. — *L'héritier universel pouvait-il attaquer les partages de succession consommés pendant son émigration, et qui conféraient à des légitimaires des parts plus fortes que les lois mêmes révolutionnaires ne leur en attribuaient?*

Sans doute, les irrégularités ou fraudes même dont ces actes étaient entachés avaient pu paraître tellement graves, qu'il fallait les réformer; mais c'était précisément le péril de ces discussions que le conseil d'état voulait éviter.

« Si, disait-il, la république a souffert un dommage dont « profiteraient des individus restés fidèles à sa cause, on « n'a pas voulu que les émigrés reprissent un avantage qu'ils « avaient ou négligé ou perdu ».

Peu importait que les parties eussent volontairement procédé devant les tribunaux : il n'avait pu dépendre des parties d'intervertir, par leurs actions, l'ordre immuable des juridictions.

Le prompt rétablissement de cet ordre paraissait alors

____

(1) Décr. du 5 juin 1810.

d'un intérêt si pressant, que le conseil d'état annulait dans ce cas, directement et sans conflit, tous jugements contraires. (1)

DIX-SEPTIÈME QUESTION.— *Un amnistié pouvait-il réclamer au nom de l'ancien propriétaire amnistié, des biens de succession vendus avant son amnistie?*

Non, car s'il réclamait au nom de l'ancien propriétaire amnistié, et si la vente était antérieure à l'amnistie de ce dernier, celui-ci n'ayant pas le droit d'attaquer cette vente, aux termes de l'article 16 du sénatus-consulte, il n'avait pu transmettre plus de droits qu'il n'en avait lui-même.

S'il réclamait en son nom personnel, comme les biens de successions ouvertes pendant sa mort civile appartenaient irrévocablement à l'état, il était sans qualité. (2)

DIX-HUITIÈME QUESTION.—*Une administration centrale avait-elle eu le droit de résilier un bail à vie, fait à un émigré, comme il l'aurait eu lui-même avec le consentement du bailleur?*

Il a été jugé que c'était là l'un de ces arrangements faits avec l'état, pendant l'absence des émigrés, et contre lesquels il leur était interdit de revenir.

C'est ce qui résulte d'un décret du 2 mai 1806, portant « que l'administration avait le droit de résilier le bail à vie

---

(1) Décr. du 10 avril 1806.

V. Questions de droit administratif, au mot *Conflit*, 3ᵉ éd., tom. 1.

(2) Décr. du 16 mars 1807.

« comme l'avait l'émigré même, avec le consentement du
« bailleur; et que ledit arrêté contient, non pas une simple
« affectation de jouissance, avec faculté de reprendre, mais
« une véritable résiliation par laquelle le bail a été
« anéanti ».

DIX-NEUVIÈME QUESTION.—*L'interdiction d'attaquer les
actes administratifs faits pendant la mort civile des
émigrés leur était-elle personnelle ?*

Non. L'on avait seulement eu en vue de maintenir des
droits acquis et le repos des familles. C'est pourquoi le
domaine ne pouvait faire, comme représentant l'émigré, ce
qui était interdit au représenté amnistié. Une pareille action n'eût été, d'ailleurs, qu'une attaque déguisée de l'émigré
lui-même : car le bien rentré dans les mains du domaine par
voie d'annulation, comme illégalement aliéné, fût retourné
aux mains de l'émigré, par voie de remise, comme invendu.
Aussi, le conseil d'état a-t-il repoussé ce système, attendu
que « l'art. 16 du sénatus-consulte du 6 floréal an 10
« interdit aux amnistiés toute attaque contre les actes et
« arrangements faits avec l'état et les particuliers; qu'on
« ne pourrait, sans éluder le vœu de cette disposition, ad-
« mettre les réclamations de la même nature, faites après
« l'amnistie par l'administration générale des domaines,
« puisque l'effet de l'admission de ces réclamations serait
« de déposséder l'état en faveur et au profit des amnis-
« tiés ». (1)

____

(1) Arr. du 5 brumaire an 12.

Vingtième question.— *Les actes de disposition de biens d'émigrés, faits après la date de l'amnistie ou de la radiation définitive, étaient-ils valables?*

L'art. 16 du sénatus-consulte ne défendait de porter atteinte qu'aux actes faits avant la réintégration de droit, c'est-à-dire avant le jour de la radiation définitive, de même qu'avant la délivrance des certificats d'amnistie.

Mais si l'abandon n'avait été fait que depuis, si l'état était sans intérêt direct ou indirect, et s'il ne s'agissait que d'une revendication de propriété exercée par un tiers, cette revendication entraînait les parties devant les tribunaux. (1)

Vingt et unième question. — *Si un arrêté du préfet, qui adjugeait la propriété d'un émigré à un tiers, sur sa revendication, n'était que provisoire, les parties devaient-elles être renvoyées devant les tribunaux pour y être statué sur le définitif?*

Oui, sans doute; mais le provisoire demeurait au détenteur en vertu du sénatus-consulte, dont l'art. 16 défendait aux amnistiés d'attaquer les actes antérieurs. — On respectait cet acte dans son état provisoire, et pour ce qu'il avait voulu faire. (2)

Vingt-deuxième question. — *Les traités de concession de marais, passés avec l'état, représentant un émi-*

---

(1) Décr. du 11 janvier 1808.
(2) Décr. du 18 août 1807.

gré, et autorisés par des lois, étaient-ils censés faits salvo jure alieno?

Oui, sans doute. Une concession n'est pas une vente. Si des particuliers ou des communes revendiquaient la propriété des terrains concédés, cette question de propriété était du ressort des tribunaux. (1)

____

(1) Décr. du 18 août 1807.

TITRE II.

DES PRÊTRES DÉPORTÉS.

—

DIVISION DE LA MATIÈRE.

Il était établi en principe, dans cette matière :

1° Que la mort civile dont le prêtre avait été frappé à l'époque de sa déportation ne cessait, dans son rapport avec les droits qui lui appartenaient, que du jour de la radiation définitive, puisqu'il avait été assujetti à cette formalité par le § 10 de l'article 1er du règlement du 28 vendémiaire an 9 ;

2° Que la remise des biens aux héritiers présomptifs leur avait conféré une propriété incommutable qui n'était pas détruite par le relevé postérieur de la mort civile ;

3° Qu'ainsi, soit que l'on voulût exercer, comme représentant le prêtre, une action en reprise des biens, et qu'on attaquât par là le principe d'abandon ; soit qu'on prétendît former, de son chef, une action d'hérédité, à titre de droit ouvert par la mort naturelle du prêtre restitué, par sa seule rentrée en France, dans la capacité de ses droits civils, et qu'on préjugeât ainsi la question de savoir si la succession avait été ouverte par la déportation, et les héritiers saisis par les arrêtés administratifs, sous ce double rapport, l'affaire était de la compétence administrative.

4° La législation, radoucie pour la personne des prêtres déportés, depuis le régime consulaire, se montra plus rigoureuse pour la remise de leurs biens, et surtout des biens de successions.

5° Mais le respect des droits acquis est surtout le principe fécond qui domine presque toutes les solutions de cette matière. Il prévaut sur la raison du droit civil et sur l'intérêt fiscal. Favorable aux tiers qui avaient acheté les biens des prêtres, ou traité de quelque manière que ce soit avec l'état, qui les représentait, et à leurs héritiers mis en possession des biens de leur auteur vivant, il est aussi favorable aux prêtres déportés et même inscrits, restitués dans leurs biens avant leur radiation définitive.

Les décisions de la jurisprudence ont eu pour objet dans cette matière :

1° La compétence des autorités;

2° Le mode, les conditions et les époques des remboursements;

3° Les actions des prêtres déportés ou réclus;

4° Les actions de leurs héritiers;

5° Les actions du domaine ;

6° Les actions des tiers.

C'est ce qui se trouve exposé dans les cinq sections que nous allons parcourir suivant l'ordre de cette division.

SECTION PREMIÈRE.

DE LA COMPÉTENCE.

QUESTION UNIQUE. — *Quelle était l'autorité compétente pour statuer sur la validité et les effets des abandons de biens des prêtres déportés faits par les administrations de département à leurs héritiers présomptifs?*

Il s'agissait d'expliquer des actes administratifs d'abandons : les tribunaux était incompétents; on annulait même leurs jugements sans conflit. (1)

En vain disait-on que, d'après le décret du 30 thermidor an 12, le jugement des contestations résultant de l'exercice des droits dans lesquels avaient été rétablis les émigrés rayés, éliminés et amnistiés, auxquels étaient assimilés les prêtres déportés, appartenait aux tribunaux. (2)

Ce décret était inapplicable. En effet, les parties n'avaient pas de droits préexistants à exercer l'une envers l'autre, car l'action dérivait d'un acte administratif, soit de celui d'envoi en possession des héritiers présomptifs, soit de celui de mainlevée du séquestre en faveur du prêtre déporté : donc il fallait l'expliquer, donc les tribunaux étaient incompétents.

Il n'en était pas de même si le prêtre déporté prétendait qu'il y avait eu postérieurement cession ou abandon à son

____

(1) Décr. des 27 brumaire an 13 , — 22 brumaire an 14, — 22 janvier , 19 octobre 1808 , — 16 mai 1810.

(2) Décr. du 30 thermidor an 12 (au Bull.).

profit, et par ses héritiers présomptifs, des biens dont ils avaient été investis à son préjudice. C'était aux tribunaux à statuer sur la validité desdits actes. (1)

On peut en dire autant des questions de successibilité élevées entre les héritiers. (2)

SECTION II.

DU MODE, DES CONDITIONS ET DES ÉPOQUES DES REMBOURSEMENTS.

PREMIÈRE QUESTION. — *Le décret du 13 messidor an 3, suspensif de la vente des biens des déportés, a-t-il pu mettre obstacle au remboursement postérieur d'une rente entre les mains de l'état ?*

Deux lois régissaient la question : l'une, celle du 25 messidor an 3, suspendait à la vérité les remboursements ; mais, faite pour les débiteurs des particuliers, elle n'était pas opposable aux débiteurs de l'état.

L'autre, celle du 13 messidor an 3, suspendait à la vérité la vente, mais elle n'avait ni aboli la confiscation, ni levé le séquestre. Tant que le séquestre subsistait, l'état, comme administrateur légal du moins, représentait l'émigré ou déporté, et pouvait valablement recevoir pour eux et en leur nom, outre que l'état pouvait s'interdire à soi-même de vendre, mais non interdire à un tiers d'exercer envers lui la faculté toute favorable de la libération.

____

(1) Décr. des 6 janvier 1807 et 9 avril 1811.
(2) *V. Questions de droit administratif*, tom. 2, p. 303.

Aussi, le conseil d'état a-t-il décidé, d'une part, « que la « loi suspensive du 25 messidor an 5 n'était pas opposable « aux débiteurs envers l'état »;

Et, d'autre part, « que la loi du 13 messidor an 5 n'auto-« risait pas l'état à refuser un remboursement et ne pouvait « pas nuire an droit du débiteur ». (1)

DEUXIÈME QUESTION. — *Un prêtre se déporte volontai-rement. Sa mère décède le 13 juin 1793. Elle avait une portion indivise dans une rente due par un acquéreur. Celui-ci obtient du direc oire du département, le 5 prai-rial an 5, l'autorisation de se libérer. Le versement est-il libératoire?*

La demande en radiation de l'inscription hypothécaire prise sur les biens du débiteur était-elle du ressort des tribunaux?

I. Sur la première question :

Si le prêtre était déporté volontaire, la confiscation re-montait à sa sortie de France (2) : donc alors l'état avait succédé, de son chef, à sa mère, décédée depuis.

Si le prêtre était simple déporté, la confiscation ne da-tait, il est vrai, dans ce cas, que de la loi du 17 septembre 1793. Jusque là il était seul héritier, jusque là il avait seul capacité pour recevoir ; mais, maître de ses droits, il fallait qu'il en usât en temps utile.

A la confiscation de droit, résultant de la déportation,

----

(1) Arr. du 15 germinal an 11.
(2) Loi du 22 ventôse an 2, art. 8.

il faut joindre le séquestre de fait procédant de l'arrêté d'autorisation de se libérer donnée au débiteur.

Sous ces deux rapports, et soit qu'il fût besoin d'appliquer la loi du 17 septembre 1793 ou celle du 22 ventôse an 2, l'état avait été saisi d'un droit indivis dans la succession de la mère, et par conséquent dans le capital de la rente remboursée.

II. Sur la seconde question :

Toute demande en radiation d'inscription hypothécaire rentrait dans les exécutions judiciaires. (1)

TROISIÈME QUESTION. — *Faute de prestation de serment civique, un prêtre, créancier d'un capital d'emprunt, a été déporté nominativement. Le débiteur a remboursé ce capital dans les caisses de l'état, postérieurement à la loi du 22 fructidor an 3 ?*

Ce remboursement était-il libératoire ?

La raison de douter se tire de ce que, d'après la loi du 28 fructidor an 3, les biens n'appartenaient plus à l'état et devaient être restitués à ceux qui auraient été relevés de la déportation ou à leurs héritiers.

Mais la raison de décider se tire de ce que le prêtre, ayant été déporté nominativement, était, d'après la loi du 17 septembre 1793, assimilé à un émigré; que l'état, saisi par la confiscation, n'était dessaisi que par la mainlevée; que jusque là, s'il n'était pas propriétaire de droit, il était du moins administrateur de fait; qu'il avait donc, en cette dernière qualité, la perception des revenus et même des capi-

____

(1) Décr. du 28 messidor an 13.

taux dont un débiteur voulait se libérer, et que cette faculté ne cessait que lorsque les biens avaient été remis aux prêtres déportés ou à leurs héritiers présomptifs. (1)

Quatrième question. — *Les acquéreurs de biens confisqués sur des prêtres déportés et inscrits pouvaient-ils verser tout ou partie du prix de leur acquisition, avant la loi du 19 fructidor an 5, entre les mains des héritiers présomptifs des prêtres envoyés en possession de leurs biens ?*
Un tel remboursement était-il valable et libératoire à l'égard du domaine ?

La raison de douter se tire de ce que la loi du 26 fructidor an 4 renvoyait, pour le mode de restitution des biens ou de leur valeur, à l'article 5 de celle du 22 fructidor an 3, et celle-ci à la loi du 21 prairial an 3, sur la restitution des biens des condamnés, laquelle portait, à l'égard des biens vendus, que le prix seul qui en avait été ou qui en serait payé au trésor public. devait être restitué aux héritiers du condamné.

Mais, aux termes d'un message du directoire exécutif adressé au conseil des cinq cents, le 13 brumaire an 5, on voulait valider les paiements qui auraient pu être faits, par des acquéreurs de biens provenant des condamnés, de tout ou portion du prix entre les mains de l'état héritier. On voulait les assimiler aux héritiers des déportés, qui jouissaient, dit-on, de ce droit d'après l'article 3 de la loi du 19 fructidor an 4.

---

(1) Décr. des 24 frimaire an 14 et 2 février 1808.

Au surplus, une décision générale du ministre des finances du 6 ventôse an 11 prononça que l'on ne devait pas exercer d'action contre les héritiers des condamnés en remboursement des sommes par eux reçues.

L'objection tirée de l'inscription sur la liste additionnelle à la déportation n'avait de force que si les choses n'avaient pas été consommées.

C'est par ces motifs que le conseil d'état, « considérant « que l'arrêté de l'administration centrale du 14 brumaire « an 5, qui permettait à l'héritier présomptif de poursuivre « sur les acquéreurs le paiement des sommes dont ils se « raient redevables, avait reçu son exécution, et que tout « était consommé à l'égard de l'acquéreur, antérieurement « à la publication de la loi du 19 fructidor an 5;

« Ordonna que la quittance, délivrée à l'acquéreur, se « rait reçue pour comptant, et jusqu'à due concurrence, « en paiement du prix de son acquisition ». (1)

CINQUIÈME QUESTION. — *Les remboursements faits à l'état, au mois de messidor an 3, au nom d'un héritier déporté, étaient-ils valables pour le tout?*

La question a été résolue affimativement par décret du 20 janvier 1811.

SECTION III.

DES ACTIONS DES PRÊTRES DÉPORTÉS OU RÉCLUS.

PREMIÈRE QUESTION. — *La loi du 12 prairial an 4 ran*

______

(1) Décr. du 16 mai 1806.

*geait-elle les prêtres qui, quoique dans l'âge de la ré-
clusion, s'étaient volontairement déportés par obéis-
sance à la loi du 26 août 1792, dans la même classe
que les déportés forcés?*

L'autorisation de séjour en France n'était pas un relevé
de déportation : il fallait que le prêtre obtînt un acte spécial
de réhabilitation qui, faisant cesser son ban, lui rendît la
vie civile. S'il n'avait été ni éliminé, ni amnistié, et s'il
était mort dans l'incapacité depuis la saisine consommée
des héritiers présomptifs, la possession de ceux-ci était irrévocable. (1)

Deuxième questiom. — *Un prêtre déporté, puis inscrit
et amnistié, pouvait-il attaquer un acte administratif
qui avait déclaré, depuis son inscription, l'ouverture
d'une substitution dont il était grevé?*

A considérer le prêtre comme émigré, on pouvait dire
que l'abandon était illégal, attendu que la loi du 28 mars
1793 ne permettait pas d'opposer la mort civile à l'état;
qu'ainsi, celui-ci devait continuer à jouir des biens substitués.

Mais l'article 16 du sénatus-consulte défendait aux amnistiés d'attaquer les actes antérieurs, en aucun cas et sous
aucun prétexte : toute attaque des prêtres émigrés devait
donc être écartée.

Quant au domaine, il s'abstenait d'agir, par égard pour

______

(1) Décr. du 28 mars 1807.

les droits des cessionnaires de l'appelé et la bonne foi de celui-ci. (1)

TROISIÈME QUESTION. — *Y avait-il lieu de réintegrer un prêtre déporté et inscrit, dans la possession et jouissance des biens séquestrés sur lui et abandonnés à ses héritiers présomptifs, en vertu de la loi du 22 fructidor an 3 ?*

I. Ou le prêtre était simplement déporté, ou il était à la fois déporté et inscrit.

On raisonnait ainsi en faveur du prêtre, dans cette double hypothèse :

1° Si le prêtre était simplement déporté, ses héritiers ne doivent être considérés que comme des dépositaires; ils se trouvent d'ailleurs dans l'exception de la loi du 22 fructidor an 3. L'abandon aux héritiers n'est qu'une mesure provisoire, un envoi en possession à charge de rendre à leurs auteurs, lorsque ceux-ci auraient recouvré le plein exercice de leurs droits.

2° Si le prêtre était inscrit, les lois défendaient de disposer des biens d'un inscrit autrement que par voie de vente. Or, ils ne sont, dans l'espèce, ni vendus, ni réservés : donc ils doivent lui être remis, car ils devaient demeurer sous le séquestre jusqu'à son amnistie. Dès lors, la loi du 22 fructidor an 3 est inapplicable et la restitution est nulle. Cette loi recevrait encore moins son application dans le cas où l'inscription du prêtre, comme émigré, serait antérieure à la loi de déportation, car l'inscription subsiste tant

---

(1) Décr. du 21 brumaire an 13.

qu'elle n'est pas rayée : dès lors, toute restitution de biens était prohibée, car les biens appartenaient non aux héritiers du prêtre, mais à l'état.

II. On répondait au premier argument de la double hypothèse, que la loi ni la jurisprudence n'avaient admis cette distinction; que l'abandon n'était pas à titre de dépôt; qu'il saisissait irrévocablement les héritiers, malgré le relevé de déportation ou l'amnistie du prêtre; qu'une telle disposition était légale et définitive.

On répondait au second argument que, si le prêtre était inscrit, l'arrêté du gouvernement du 28 vendémiaire an 9 l'assujettissait à se faire rayer de la liste des émigrés; que l'article 16 du sénatus-consulte s'opposait à ce qu'il attaquât les actes définitifs passés avant sa radiation, entre l'état et des tiers; que d'ailleurs, si le prêtre n'était ni éliminé, ni amnistié, il était sans qualité, puisqu'il n'avait pas d'action; qu'il était sans intérêt, puisqu'il ne pouvait pas requérir personnellement une réintégrande qui n'eût profité qu'à l'état.

III. Il faut aussi distinguer entre les prêtres déportés volontairement ou forcément, et les prêtres inscrits avant leur déportation.

1° Quant aux prêtres déportés volontairement ou forcément en vertu de la loi du 26 août 1792, et inscrits postérieurement à leur déportation, on regardait l'inscription de ces prêtres comme la conséquence de la loi du 17 septembre 1793, qui assimilait les prêtres déportés aux émigrés. Or, malgré cette assimilation, les lois ultérieures de l'an 3 et de l'an 4 rendaient les héritiers de ces prêtres habiles à recueillir leurs successions.

L'inscription provisoire sur la liste des émigrés n'avait pu les dépouiller, sans effet rétroactif, des biens dont ils étaient saisis.

2° Quant aux prêtres inscrits avant leur déportation, il est certain qu'en principe, on devait les traiter comme émigrés, et que leurs biens ne pouvaient être abandonnés à leurs successibles, attendu qu'ils étaient confisqués au profit de l'état.

Néanmoins, à l'égard de leurs héritiers, les prêtres déportés, même antérieurement inscrits, n'ont été considérés que comme déportés; l'amnistie ne concernait que le prêtre; elle le rendait apte à recueillir les biens invendus, mais non les biens irrévocablement abandonnés à ses héritiers présomptifs.

À l'égard de l'état, on fit ployer la raison fiscale devant la raison politique. Les héritiers présomptifs avaient été envoyés en possession sur la foi d'une loi existante; ils avaient, aux yeux des tiers, tous les signes d'un véritable propriétaire : le gouvernement, pour ne pas troubler le repos des familles, maintint les résultats de ces erreurs de droit, par la puissante considération de l'intérêt des vendeurs et cessionnaires de bonne foi.

C'est dans le sens de ces distinctions qu'ont statué :

1° Un décret du 19 brumaire an 13, portant que, « l'abandon accordé par des arrêtés de l'an 4 ayant été fait « par une juste application des lois relatives aux prêtres « déportés, les héritiers sont devenus, dès lors, proprié-« taires des biens dont il s'agit; que leur titre de propriété « n'a pu éprouver aucune altération par la restitution d'exis-

« tence civile postérieurement accordée audit prêtre »; (1)

2° Un décret du 1ᵉʳ juillet 1809, portant que « l'arrêté
« d'abandon a été pris pendant le séquestre des biens du
« prêtre, et que l'article 16 du sénatus-consulte du 6 flo-
« réal an 10 défend aux amnistiés d'attaquer aucun des
« actes administratifs faits antérieurement à leur amnis-
« tie; »

3° Un décret du 16 mai 1810, portant que « l'arrêté de
« restitution de l'an 11 est contraire au vœu de la loi du
« 22 fructidor an 3, et de l'article 16 du sénatus-consulte
« du 6 floréal an 10; qu'ainsi les trois jugements rendus
« pour l'exécution dudit arrêté, qui renvoyait le prêtre
« devant les tribunaux pour se faire réintégrer dans ses
« biens, ne peuvent produire aucun effet ». (2)

QUATRIÈME QUESTION.— *Un prêtre déporté, inscrit et
rayé, pouvait-il demander la restitution d'arrérages
de rentes viagères perçus avant la radiation?*

I. On pouvait objecter, dans l'intérêt du prêtre, que
sa déportation était antérieure à son inscription; que cette
inscription n'avait pu changer son état, ni le priver du
bénéfice de l'art. 6 de la loi du 20 fructidor an 3; que

----

(1) Arr. du 13 vendémiaire; — Décr. des 8 floréal, 5 messidor an 12, — 3 pluviôse, 8 nivôse, 28 messidor an 13, —
22 brumaire an 14, — 22 janvier, 29 mai, 19 octobre 1808,
— 18 juin, 7 octobre 1809, — 9 août 1811.

(2) *V. Questions de droit administratif*, tom. 2, p. 308,
309, 310 et 311, ainsi que les décrets, ordonnances et avis
du conseil d'état qui y sont rappelés.

l'arrêté du 28 vendémiaire an 9, en assujettissant les ecclésiastiques à l'élimination, n'avait voulu autre chose, sinon que leur inscription matérielle fût annulée de la même manière que celle des émigrés; qu'il n'avait pas anéanti la loi du 20 fructitor an 3, ni entendu appliquer aux déportés des peines exclusivement réservées aux émigrés; enfin, que ni cet arrêté, ni le sénatus-consulte, ne s'étendaient aux propriétés mobilières, et encore moins à une pension alimentaire.

II. Mais il y avait lieu de répondre que l'arrêté du 28 vendémiaire an 9 assujettissait les déportés aux mêmes éliminations que les émigrés; que la loi du 20 fructidor an 3 ne conservait son effet qu'à l'égard des héritiers présomptifs mis en possession des biens; que les arrérages de rentes viagères n'avaient pas été distingués des autres revenus auxquels l'arrêté du gouvernement du 29 messidor an 8 était applicable; qu'ils étaient donc irrévocablement acquis au gouvernement. (1)

Cinquième question. — *Un prêtre déporté pouvait-il demander l'extinction, par confusion, d'une rente due par lui à l'état, et abandonnée à un hospice, avant qu'il n'eût été relevé de l'état de déportation par un arrêté spécial?*

La soumission des prêtres déportés au concordat, et leur prestation de serment de fidélité à la constitution, ne les relevait pas de l'état de déportation. Il fallait pour eux comme pour leurs héritiers présomptifs, un arrêté spécial

---

(1) Décr. du 23 avril 1807.

de l'autorité locale qui, après justification de leur qualité, les remît en possession de leurs biens.

Jusque là l'état a pu disposer du bien, et si la rente avait été cédée par une loi à un hospice, la cession était, d'une part, irrévocable, et de l'autre, l'extinction par confusion était inadmissible, parce qu'elle ne s'opérait pas de droit, qu'il fallait un arrêté spécial pour la prononcer, après justification des conditions voulues par l'arrêté du 3 floréal an 11 ; encore cet arrêté aurait-il été inutile, l'état ayant depuis long-temps cessé d'être propriétaire. (1)

SIXIÈME QUESTION.—*Un déporté pouvait-il être déclaré débiteur du trésor, pour excédant de dépense dont le domaine était en avance par suite de la gestion des biens sur lui séquestrés?*

D'après l'art. 18 de la loi du 21 prairial an 3, les émigrés devaient, après leur radiation ou amnistie, prendre les choses dans l'état où elles se trouvaient au moment de l'arrêté de mainlevée de séquestre. Lors donc que les biens étaient détériorés par défaut d'entretien, ou que des réparations, faites pendant le séquestre, n'avaient pas été soldées avant la réintégrande, le réintégré, non admissible à demander une indemnité dans le premier cas, était, dans l'autre, obligé d'acquitter le prix des ouvrages.

Cette règle a été appliquée aux condamnés et déportés pour causes politiques.

D'où il suit que tous les individus dont les biens avaient été frappés du séquestre national ne pouvaient, quel que

______

(1) Décr. du 16 septembre 1808.

fût l'état des biens, ou quelle qu'eût été leur administration,
faire aucune répétition, à titre de dédommagement ou de
compensation, à raison des détériorations ou de mauvaise
gestion de la part du domaine. (1)

SECTION IV.

DES ACTIONS DES HÉRITIERS DES PRÊTRES DÉPORTÉS.

PREMIÈRE QUESTION. — *A-t-on pu, depuis le 28 vendémiaire an 9, envoyer un héritier présomptif d'un
prêtre déporté, non rayé de la liste des émigrés, ni
amnistié, en possession des biens de ce prêtre?*

Avant le règlement du 28 vendémiaire an 9, l'envoi en
possession était permis sur une simple radiation provisoire, qui, suivie d'une radiation définitive, devenait irrévocable. Mais le n° 10 de cet arrêté astreignit tous les
déportés à l'élimination. Il suit de la combinaison de cet
article avec les art. 20 et 21 que les prêtres déportés ont,
depuis ledit règlement, été assujettis, quant à leurs personnes et à leurs biens, à toutes les obligations imposées
par le sénatus-consulte aux prévenus d'émigration; que le
séquestre tenait tant de leur chef que de celui de leurs
héritiers présomptifs, et qu'il n'y avait pas de remise valable jusqu'à la levée dudit séquestre.

C'est dans ce sens qu'ont statué deux décrets des 18 et
24 juillet 1806.

DEUXIÈME QUESTION. — *Des biens vendus en l'an 2 sur*

____

(1) Décr. du 11 juillet 1810.

dès prêtres déportés, et rentrés au domaine par la déchéance des acquéreurs, devaient-ils être remis à leurs héritiers?

I. Voici les raisons de douter :

1° L'arrêté du 29 messidor an 8 défendait de remettre aux émigrés les biens rentrés par déchéance.

2° L'arrêté du 28 vendémiaire an 9 obligeait les prêtres déportés à se faire éliminer ou amnistier, et les assimilait ainsi aux émigrés.

3° Le sénatus-consulte du 6 floréal an 10 a mis pour réserve qu'on ne rendrait aux émigrés ni les revenus de leurs biens, ni le prix des ventes consommées. On craignait en effet que, par toutes sortes de moyens, les émigrés ne déterminassent les acquéreurs à se laisser déchoir. Or, si les biens déchus eussent été remis, l'état se fût trouvé privé indirectement du prix de vente réservé. Propriétaire du prix, il l'était de l'immeuble, à défaut de paiement du prix.

II. Voici les raisons de décider :

1° La loi de restitution du 22 fructidor an 5 n'admettait pas de réserve. Au surplus, l'état était lui-même sans intérêt, car il n'aurait pu revendre que pour remettre le prix à l'héritier.

2° Quant à l'objection de l'élimination, on ne pouvait l'opposer aux héritiers, auxquels la loi avait fait une remise directe, et qui possédaient tellement, non par représentation, mais de leur chef, les biens à eux remis, que cette possession était irrévocable à l'égard du prêtre lui-même. (1)

____

(1) Décr. du 16 mai 1806.

Troisième question. — *Les héritiers d'un prêtre déporté, inscrit sur la liste des émigrés, pouvaient-ils être admis à réclamer contre la vente de ses biens, par le motif que l'acquéreur avait versé dans la caisse du receveur une créance inadmissible?*

La vente des biens d'un prêtre déporté, et en même temps inscrit sur la liste des émigrés, si elle avait été faite pendant la déportation, devait être maintenue.

Les créances sur émigrés, données en paiement de domaines nationaux, n'étaient admissibles, lorsqu'elles n'avaient pas été liquidées, qu'en paiement des biens du débiteur émigré. Mais, la loi du 1er floréal an 3, l'arrêté du gouvernement du 5 ventôse an 6, et la décision générale du ministre des finances du 27 pluviôse an 12, ont implicitement abrogé cette distinction de la loi du 25 juillet 1793. Seulement, les formalités omises devaient être suppléées par la production de la liquidation définitive de la créance; mais leur absence n'invalidait pas la vente. (1)

Quatrième question. — *Les héritiers de prêtres déportés pouvaient-ils être recherchés pour raison des sommes qu'ils avaient recues directement des acquéreurs de biens provenant de ces prêtres?*

L'article 21, section 2, de la loi du 21 prairial an 3, à laquelle se réfère la loi du 22 fructidor, porte:

« Les ventes de meubles et immeubles des condamnés « sont confirmées; le prix seul qui a été versé ou qui sera

____

(1) Décr. des 27 août 1806 et 22 janvier 1808.

« versé au trésor public sera restitué aux héritiers. »

Le texte de la loi obligeait peut-être le trésor à restituer; mais son esprit s'y opposait.

L'art. 3 de la loi du 19 fructidor an 4 voulait, pour les reclus, que le prix des ventes fût acquitté auxdits ecclésiastiques. C'était ici la même chose. Il n'y aurait eu, au reste, dans ce revirement, qu'embarras et surcharge d'écritures et de comptabilité, sans aucun profit pour le trésor, puisque les acquéreurs se fussent libérés en numéraire, que le trésor aurait remis aux héritiers.

Soit donc que les héritiers eussent reçu des acquéreurs, soit qu'étant acquéreurs eux-mêmes, ils se fussent payés de leurs propres mains, le trésor n'avait rien à répéter. (1)

CINQUIÈME QUESTION. — *L'acquéreur national des biens d'un prêtre déporté et inscrit qui était en même temps son héritier présomptif pouvait-il être dispensé de payer les sommes dont-il était reliquataire sur le prix desdits biens?*

Si l'envoi en possession était consommé de droit et de fait antérieurement à l'arrêté du 29 messidor an 8, voici comment on raisonnait dans l'intérêt des héritiers acquéreurs.

Aux termes de la loi du 22 fructidor an 3, les héritiers auraient eu droit au prix des biens, si la vente eût été consommée. Or, propriétaires du prix, ils le sont de l'im-

---

(1) Toutes recherches de cette nature ont été prohibées pour tous les héritiers des prêtres déportés du département des Vosges, par un seul et même décret du 31 mai 1807.

meuble, lorsque la vente est résolue. Ici, la résolution de la vente s'est opérée de fait, parce qu'ils étaient propriétaires et acquéreurs tout à la fois, et que la chose et le prix leur appartenaient; il y a compensation de la créance, comme héritier, avec la dette, comme acquéreur. (1)

SIXIÈME QUESTION.— *Les héritiers d'un prêtre déporté, inscrit et rayé, étaient-ils tenus de rapporter les fruits touchés sur les biens dont ils avaient été envoyés en possession jusqu'à la radiation de leur auteur?*

L'abandon fait aux héritiers en vertu de la loi du 22 fructidor an 5 était, dans son texte et dans son esprit, définitif; l'inscription n'avait d'effet qu'à l'égard du prêtre; des lois spéciales et distinctes régissaient la déportation. La loi du 19 fructidor an 5 art. 20, et la circulaire du ministre des finances du même mois, ne s'appliquaient qu'aux rayés provisoirement, et non aux successibles des prêtres déportés. Il suit de là qu'aucune loi n'autorisait, après un abandon provisoire ou définitif aux héritiers, ni le rétablissement du séquestre à cause de l'inscription du prêtre précédemment déporté, ni la saisie des revenus, qui ne pouvait opérer une interruption légale de la jouissance des héritiers : les arrêtés d'abandon avaient tout consommé. Les répétitions d'arrérages et de biens étaient proscrites.

C'est ce qui a été décidé par décrets des 5 nivôse an 13 et 10 mai 1808, et par le motif « que la saisie n'a pas pu

---

(1) Décr. des 16 mai 1806, — 19 octobre 1808, — 15 septembre 1810.

Conférer avec un autre décret, du 18 août 1807.

« porter atteinte à l'arrêté (d'abandon) de l'an 4, qui a
« continué de servir de base à la jouissance des héritiers, et
« qu'au surplus les lois relatives aux émigrés sont étran-
« gères aux cas où il a été fait une juste application des
« lois relatives aux déportés ».

SEPTIÈME QUESTION. — *Y avait-il lieu de restituer en
numéraire, aux héritiers d'un ex-religieux, décédé en
maison conventuelle, les valeurs provenant de sa succession ?*

La question se présentait sous une double face :

1° Aux termes de l'arrêté du directoire exécutif du 5
nivôse an 7, toutes les sommes appréhendées par le fisc,
soit par voie et comme produit de séquestre, soit par voie
de déshérence, soit pour dépôts et consignations, en un
mot, toutes sommes touchées par le trésor avant l'an 5, ne
pouvaient être restituées que dans les valeurs et d'après le
mode prescrits par la loi du 24 frimaire an 6 ;

2° Les lois des 19 mars, 8 octobre 1790 et 2 fructidor
an 4, appelaient, à la vérité, les présomptifs héritiers des
ex-religieux à leur succession ou à l'exercice de leurs
droits ; mais, au cas de décès en maison commune, les effets
et pécule appartenaient au domaine.

C'est dans ce sens qu'il a été statué par un décret du 25
thermidor an 13, portant

« 1° Que, toutes sommes versées dans la caisse nationale
« avant le 1er vendémiaire an 5 n'étant restituables qu'en
« la forme prescrite par la loi du 24 frimaire an 6, il n'y
« aurait pas eu lieu à un paiement en numéraire, lors même
« que le droit à la restitution eût été réel ;

« 2° Qu'il n'y a lieu à restitution d'aucune nature, puis-
« que l'ex-religieux a déclaré persévérer dans la vie com-
« mune, et a passé en conséquence de la maison conventuelle
« dans une autre, et y est décédé; qu'ainsi, la loi qui ac-
« cordait aux ex-religieux la faculté de disposer n'est pas
« applicable ».

SECTION V.

DES ACTIONS DU DOMAINE.

PREMIÈRE QUESTION. — *A-t-on pu refuser l'envoi en
possession de successions ouvertes pendant la déportation d'un prêtre rayé en l'an 7, et cependant amnistié?*

On objectait 1° que la loi du 12 ventôse an 8 avait réputé émigrés tous les individus inscrits avant le 4 nivôse
précédent et qui n'étaient pas rayés définitivement; 2° que
l'arrêté du gouvernement du 15 frimaire an 10 assujettissait tous les prévenus d'émigration, soit par inscription,
soit par séquestre ou vente de leurs biens, à se faire éliminer; 5° que la jurisprudence du conseil sur les droits de l'é-
tat comme subrogé à des rayés, ou éliminés, ou amnistiés,
ne contenait aucune exception; 4° que le règlement du 28
vendémiaire an 9 astreignait spécialement les prêtres déportés à se faire éliminer; 5° que, dans l'espèce, un certificat d'amnistie avait été délivré.

Mais on répondait que l'inscription ayant été annulée
par le directoire exécutif en l'an 7, c'est comme si le prêtre
n'avait jamais été inscrit : donc le certificat d'amnistie ob-

tenu ou non avait été superflu. Restait la déportation. Or,
la confiscation résultant de la déportation avait été abolie
par la loi du 22 fructidor an 5 ; donc il y avait lieu de rendre aux héritiers leur part héréditaire dans la succession. (1)

DEUXIÈME QUESTION. — *Un prêtre déporté, inscrit et
amnistié, ou son héritier, pouvait-il réclamer, depuis
l'an 9, une succession qui lui était échue avant son
amnistie?*

Si la réclamation avait été faite avant l'arrêté du gouvernement du 28 vendémiaire an 9, le prêtre, et surtout son
héritier présomptif, aurait pu invoquer le bénéfice de la
loi du 22 fructidor an 5 ; mais depuis cet arrêté, les déportés, astreints à l'élimination, étaient assimilés aux émigrés : dès lors, toutes successions échues pendant la déportation appartenaient à l'état.

Il suit de là que le frère d'un déporté détenteur de la
part héréditaire du prêtre, pour sa légitime, était tenu de
verser dans le trésor la somme à laquelle l'administration
avait liquidé cette légitime. (2)

TROISIÈME QUESTION. — *Le séquestre pouvait-il être rétabli, au préjudice des héritiers envoyés en possession,
sur des biens invendus provenant d'une succession*

---

(1) Décr. du 16 mai 1806.

(2) Décr. des 2 février et 30 mars 1808.

V. titre 1er, sect. 7 , *de la Retenue des biens de succession.*

dans laquelle l'état avait représenté un prêtre déporté et depuis amnistié?

On a souvent objecté aux héritiers présomptifs que, comme inscrits, leurs auteurs étaient sujets à la radiation, à défaut de quoi le séquestre devait être rétabli; mais on ne pouvait les réputer en même temps émigrés et déportés. Si on soumettait la formalité de la radiation à l'approbation de l'autoritésuprême, c'était afin que les administrations centrales ne transformassent point en déportés de véritables émigrés : ce qu'il fallait voir, c'était à quel titre les héritiers avaient été saisis. Or c'était à des héritiers présomptifs de prêtres, et non à des héritiers d'émigrés décédés, que la remise était faite; c'était la loi de déportation qu'on appliquait, car c'était d'elle que venait la saisine.

C'est dans ce sens qu'a statué un décret du 3o thermidor an 13, qui, considérant « que les héritiers ont été mis en « possession par des actes administratifs, en qualité d'héri- « tiers de prêtres déportés, qu'ils ont constamment joui des « biens et même en ont disposé », annulle l'arrêté de préfet qui rétablit le séquestre.

QUATRIÈME QUESTION. — *A-t-on pu, en l'an 13, resti- tuer, comme biens de prêtre déporté, la succession d'un individu inscrit sur la liste des émigrés antérieu- rement aux lois sur la déportation, puis amnistié, à ses héritiers, frappés eux-mêmes, comme émigrés, de la mort civile?*

Non, attendu 1° que les lois relatives aux biens des ec- clésiastiques déportés n'étaient pas applicables aux biens d'un prévenu antérieurement d'émigration, et depuis amnistié; 2° que le droit qui, indépendamment de la prévention d'émigration du décédé, appartenait, dans les biens, à l'état, du chef des héritiers éliminés, ne pouvait plus être restitué postérieurement aux arrêtés du gouvernement des 5 brumaire et 24 frimaire an 11. (1)

Il avait été déjà décidé dans le même sens, par arrêté du 3 brumaire an 10, qu'en ce qui concerne des prêtres déportés antérieurement inscrits sur les listes d'émigrés, c'était la date de la radiation définitive, et non celle du relevé de déportation, qu'il fallait considérer pour la levée du séquestre, et que les héritiers présomptifs, non plus que le déporté lui-même, n'étaient pas admissibles dans leur réclamation avant la radiation définitive.

CINQUIÈME QUESTION. — *Un prêtre est déporté. Il est aussi inscrit. Sa sœur est envoyée en possession, à raison de sa déportation. Elle décède ensuite. On refuse à ses héritiers la mainlevée du séquestre réapposé. On leur demande les fermages dont ils ont joui.*

La réclamation du domaine était-elle fondée ?

Le domaine opposait que l'inscription n'avait pu être anéantie que par une radiation définitive; que, jusque là, le prêtre était réputé émigré; qu'il était censé vivre cinquante ans dans l'intérêt de l'état; que, dès lors, sa sœur, quoique décédée après lui, l'avait laissé pour son héritier, ou plutôt l'état, qui le représentait : d'où il suit que

____

(1) Décr. du 6 frimaire an 13.

les biens devaient être reséquestrés, et les fruits indûment touchés rétablis dans les caisses du domaine.

Mais, outre qu'il était absurde que le frère prédécédé
succédât à sa sœur, c'était à titre de déportation que la
remise de la totalité des biens lui avait été faite. Si le prêtre
eût existé, encore bien qu'il eût été relevé de l'état de déportation, il n'eût pu réclamer, ni de sa sœur, ni des héritiers de sa sœur, aucun des biens qui leur avaient été
dévolus par suite de sa mort civile. Comment donc et sous
quel prétexte le gouvernement aurait-il eu le droit de
s'en emparer?

C'est dans ce sens qu'il a été statué par décret des 27
juillet 1808 et 26 janvier 1809.

Sixième question. — *Le domaine était-il fondé à réclamer contre un arrêté qui avait maintenu la réintégrande, prononcée en l'an 6, d'un prêtre déporté, inscrit et amnistié, dans des biens provenus de successions?*

Une décision du ministre des finances, du 15 brumaire
an 6, distinguait entre les prêtres déportés, ceux inscrits
comme émigrés avant la déportation et ceux inscrits depuis. Quant à ceux-ci, regardant la formalité de la radiation définitive comme surabondante, le ministre disait
qu'une radiation provisoire pouvait suffire pour empêcher
la réapposition du séquestre; mais le règlement du 28 vendémiaire an 9, en assimilant les prêtres déportés, non encore relevés, aux émigrés, les avait soumis aux conditions
de l'amnistie.

Toutefois, s'ils avaient obtenu leur radiation définitive,

ou si des actes de mainlevée avaient été pris par les administrations locales, dans le sens d'une réintégrande définitive, d'après les instructions ministérielles alors en vigueur, les biens de successions à eux échus, et obtenus, par ce moyen, avant le 5 brumaire an 11, leur appartenaient irrévocablement. (1)

SEPTIÈME QUESTION. — *Les restitutions permises par les lois de déportation s'appliquaient-elles aux prêtres inscrits comme émigrés?*
La réserve des revenus antérieurs à la radiation s'étendait-elle aux revenus des anciens bénéfices ecclésiastiques éteints en 1789?

Sur la première question, l'article 6 de la loi du 22 fructidor an 5 ne faisait pas jouir de son bénéfice les ecclésiastiques qui étaient sortis de France sans y être autorisés, invités, ou contraints par une loi, ou par un arrêté publié dans la forme légale. Ainsi, quoique qualifié de déporté, si un prêtre avait été inscrit, puis rayé, la réserve des sommes versées au trésor jusqu'au jour de la radiation était ordonnée.

Sur la deuxième question, s'il était admis comme règle, depuis l'arrêté du 29 messidor an 8, que les revenus antérieurs au séquestre, et qui n'avaient pas été payés aux anciens propriétaires, seraient touchés par la caisse du domaine, c'est que ces revenus provenaient de biens qui avaient été séquestrés, et qui étaient des fruits de même origine et de même nature que ceux courus depuis la saisine. Or, on ne pouvait réputer, ni de même nature, ni de

(1) Décr. du 2 février 1808.

même origine, des revenus provenant de biens ecclésias-tiques qui n'étaient plus dans la main du prévenu lors du séquestre. Ces biens n'avaient pas été atteints; ils n'avaient pas produit de fruits depuis la saisine nationale; la saisine n'avait frappé sur les fermiers ou régisseurs comptables que comme débiteurs, et non comme redevanciers, puisque leur gestion était finie. On ne pouvait donc considérer les sommes restées dans leurs mains que comme des capitaux séquestrés. Ce qui en avait été touché pendant le séquestre appartenait à la caisse nationale; mais ce qui restait dû, quoique le compte en eût été fixé par l'administration, faisait partie des objets restitués en vertu de la radiation; il en était de même de celles de ces sommes versées depuis la radiation, puisque, n'ayant point de droit à la disposi-tion des capitaux non perçus sur les débiteurs, la caisse nationale n'avait pas celui de recevoir, après la réintégrande du propriétaire. (1)

Huitième question. — *L'état a-t-il pu recueillir les successions ouvertes après l'émigration des ex-reli-gieuses?*

Non, attendu que la loi du 2 fructidor an 4 porte que les biens échus et qui écherront aux ci-devant religieux frappés de déportation ou émigration, à l'époque de la promulgation des lois des 5 brumaire et 17 nivôse an 2, appartiendront exclusivement à leurs héritiers présomp-tifs. (2)

-----

(1) Décr. du 25 germinal an 13.
(2) Décr. du 8 floréal an 12.

SECTION VI.

DES ACTIONS DES TIERS.

Première question. — *Un arrêté de préfet qui, avant l'amnistie d'un prévenu d'émigration, l'avait réintégré dans les biens invendus de la succession de son oncle, prêtre déporté, devait-il être maintenu, au préjudice d'un cohéritier régnicole ?*
Cet envoi en possession empêchait-il le cohéritier d'exercer son action en partage, proportionnellement à son droit.

1° En principe, l'héritier étant sous les liens de la mort civile, l'acte d'envoi était irrégulier. Mais que serait-il résulté de son annulation ? Que l'état aurait succédé pour la part du prévenu. Le cohéritier régnicole était donc sans intérêt, et par conséquent sans action. Quant à l'état, il fallait considérer le long silence des agents du domaine ; et comme il s'agissait ici plutôt des biens d'un déporté, quoique inscrit à cause de sa déportation, que d'un véritable émigré, il fallait laisser subsister les choses telles que l'acte d'envoi en possession les avait faites.

2° Cet acte ne faisait pas obstacle à ce que la qualité et les droits des cohéritiers régnicoles sur la succession restituée fussent discutés et reconnus devant les tribunaux. (1)

____

(1) Décr. du 9 juillet 1810.
V. Questions de droit administratif, tom. 2, p. 509.

Deuxième question. — *Les ventes de biens des prêtres déportés et émigrés étaient-elles valables ?*
Devait-on maintenir la restitution faite, en l'an 4, à leurs présomptifs héritiers, de biens rentrés au domaine, par suite de la déchéance des acquéreurs ?

1º Le prêtre déporté était assimilé à l'émigré ; de plus, il était souvent inscrit : à ce double titre, les biens étaient confisqués et aliénables. La vente était donc valable.

2º Quant à la restitution pour cause de déchéance, à la vérité, l'arrêté du 29 messidor an 8 semblait s'y opposer, du chef de l'émigré (déporté) ; mais toutes les réintégrations antérieures à cet arrêté ont été maintenues. C'était chose consommée. (1)

Troisième question. — *Un tiers pouvait-il racheter un bien vendu, sous faculté de réméré, à un ecclésiastique déporté ?*

Voici les raisons de douter :
1º Le rachat avait été fait entre les mains du receveur des domaines sans autorisation ;
2º L'acte que l'on qualifiait de vente n'avait pas été précédé des formalités prescrites pour la vente des biens séquestrés ;
3º Il n'y avait pas eu de liquidation préalable d'après l'art. 6 du tit. 4 de la loi du 18 décembre 1790.
Voici les raisons de décider :

_____

(1) Décis. du ministre des finances du 26 prairial an 12 — Décr. du 18 septembre 1806.

1° Il ne s'agissait pas d'une vente, mais d'un remboursement ;

2° La liquidation n'était requise que pour empêcher le versement dans les mains des anciennes corporations, et ici le créancier n'était qu'un particulier ;

3° La liquidation ne servait qu'à déterminer la somme due, qui se trouvait fixée ici par l'acte de vente à réméré, et d'ailleurs, l'insuffisance du paiement ne donnait lieu qu'à supplément, et non à indemnité ;

4° L'arrêté du 28 vendémiaire an 9 obligeait tous les prêtres déportés à se faire éliminer, et la condition de l'élimination était de respecter les actes antérieurs. (1)

---

(1) Art. 16 du sénatus-consulte du 6 floréal an 10 ; — Décr. du 1er juin 1807.

TITRE III.

DES CONDAMNÉS A MORT.

SOMMAIRE.

La loi du 21 prairial an 5 restitua les biens des condamnés à mort à leurs familles, sous la condition de respecter les ventes et autres dispositions desdits biens faites pendant la confiscation.

Ce principe du maintien des choses consommées domine cette matière, comme toutes les autres; il pénètre la solution des questions suivantes.

PREMIÈRE QUESTION. — *Devait-on restituer des biens vendus en l'an 5 et réunis au domaine, par suite de la déchéance de l'acquéreur, et qui avaient appartenu à un individu condamné à mort par une commission militaire, et inscrit sur une liste d'émigré?*

L'article 9 de la loi du 21 prairial an 5 maintenait ces confiscations, et l'arrêté du 29 messidor an 8 prohibait la restitution des biens. (1)

DEUXIÈME QUESTION. — *Les résiliations de ventes et contrats intervenus entre des individus depuis condam-*

______

(1) Décr. du 24 frimaire an 14.

*nés et des tiers, faites par les administrations dépar-
tementales, ainsi que toutes autres transactions faites
pendant la confiscation, devaient-elles être maintenues?*

Oui, elles devaient être maintenues, à cause de ce principe, que la loi de restitution (21 prairial an 3) des biens
des condamnés à leurs familles astreignait celles-ci à ne
reprendre les choses que dans l'état où elles étaient. (1)

TROISIÈME QUESTION. — *Une succession de condamné,
susceptible d'être restituée, était tombée en déshérence.
Devait-on aux créanciers le paiement, en numéraire,
des produits de la vente faite en assignats avant l'an 5?*

Sans doute, en cas de déshérence, il y avait lieu au paiement des créances légitimes, pour leur valeur intégrale,
autant que l'actif de cette succession y pouvait fournir,
tandis que, dans la succession de l'émigré le plus riche,
les créanciers restaient soumis à la liquidation, et n'étaient
payés qu'en inscriptions de tiers consolidé, et en bons de
deux tiers ou l'équivalent. (2)

Mais ce n'était pas une raison pour que les sommes qui
étaient entrées en assignats dans la caisse des domaines
en sortissent en numéraire, même après réduction au
cours : cela n'a pas été admis, même pour les dépôts judiciaires de sommes en numéraire.

Toutefois, d'après la décision du ministre des finances

---

(1) Décr. du 5 brumaire an 13.

(2) Circ. du ministre des finances, du 8 frimaire an 7.

du 9 vendémiaire an 11, il n'y avait pas lieu au rétablissement du numéraire déjà payé au lieu d'inscriptions, sauf imputation sur la dette de l'état envers la succession, et sur celle de la succession envers son créancier.

C'est ainsi qu'a prononcé un décret du 10 février 1806, portant

« 1º Que, toutes sommes versées dans la caisse nationale « avant le 1er vendémiaire an 5 n'étant restituables qu'en la « forme prescrite par la loi du 24 frimaire an 6, un paie- « ment en numéraire ne peut pas plus être accordé à une « succession vacante ou à ses créanciers qu'à tout autre « demandeur en restitution ;

2º Que l'instruction du 8 frimaire an 7 n'est relative « qu'au mode de paiement des créances avec ce qui appar- « tient à la succession vacante, et non à celui de la resti- « tution à cette succession de ce qui peut lui être dû par « l'état ».

QUATRIÈME QUESTION. — *Les créanciers des condamnés à mort devaient-ils provoquer la vente judiciaire des biens confisqués sur eux, ou se faire liquider adminis- trativement?*

La législation relative aux émigrés a changé l'ancien principe de la confiscation. Toutes les confiscations, même celles qui ne se rapportaient pas à l'émigration, ont été soumises au nouveau principe. L'art. 1er de la loi du 26 fri- maire an 2 porte que les biens confisqués au profit de l'é- tat, *pour quelque cause et de quelque manière que ce soit, seront régis, administrés, liquidés* et *vendus* comme les biens nationaux provenant d'émigrés.

La conséquence de ce principe, c'est que les biens confisqués sur condamnés étaient devenus disponibles comme affranchis de toute hypothèque; que les créanciers ne pouvaient réclamer leurs droits que devant l'administration; qu'ils n'avaient eu de paiement à prétendre qu'en reconnaissances de liquidation et en inscriptions sur le grand-livre de la dette publique, intégrale d'abord, puis mobilisée, et réduite d'après la loi du 24 frimaire an 6.

La triste application de cette loi s'est faite jusqu'en 1806: c'est du moins ce qu'on peut induire du silence de la législation, et même de la jurisprudence, car le conseil d'état, provoqué sur cette grande question, en ajourna la solution.

On la remit à flot en 1806. On cherchait à tirer parti, en faveur des créanciers, et par voie d'analogie, des dispositions de la loi du 12 ventôse an 8, dont l'art. 5 porte « qu'en cas de condamnation de l'accusé, la confiscation « n'aura d'effet qu'après la distraction 1° des droits de la « femme et des autres créanciers, 2° d'un tiers du restant « des biens au profit de ses enfants et descendants ».

Au moins, disait-on, pour les condamnations postérieures, cette loi est-elle applicable à tous les condamnés. Les enfants, ajoutait-on, sont d'autant plus favorables, que l'état est, par privilége, remboursé préalablement de toute dépense. L'état détient les biens du condamné. Ses créanciers seraient-ils punis de sa faute, qu'ils n'ont pu prévoir ni empêcher? L'état bénéficierait-il sur le criminel, au préjudice des tiers, qu'il frapperait ainsi d'une condamnation indirecte, en ne leur offrant qu'une liquidation en valeurs dépréciées, au lieu du numéraire effectif que la vente judiciaire leur apporterait ?

Le décret qui a résolu cette question, à l'occasion de jouissances de biens confisqués sur un condamné aux fers, et décédé, jusqu'à ce que la dot de la femme fût assignée et assurée, porte :

« Considérant que, si, dans l'espèce, les créanciers avaient
« droit à provoquer la vente des biens du condamné, jusqu'à
« concurrence de ce qu'il leur est dû, rien ne pouvait, jus-
« qu'à cette vente, soustraire lesdits biens à la mainmise
« nationale.

« Art. 1er. La veuve *** est renvoyée à réclamer et à
« faire valoir ses droits, comme les autres créanciers, par les
« voies légales. » (1)

CINQUIÈME QUESTION. — *Les ventes de biens de condamnés, faites par leurs héritiers depuis la loi de réintégrande, étaient-elles valables, à défaut d'envoi en possession, et à raison des créances de l'état sur le condamné ?*

Le droit de l'état avait cessé par la loi de restitution, qui avait aboli la confiscation.

A la vérité, il fallait qu'il y eût levée du séquestre et remise par l'administration, si, indépendamment de la condamnation, il y avait inscription sur la liste des émigrés ; mais s'il n'y avait pas eu d'apposition de séquestre, s'il y

---

(1) Décr. du 4 janvier 1806.

Il ne s'agissait pas d'une condamnation pour causes poli-

avait eu continuité de jouissance, rien n'autorisait son apposition.

Quant aux sûretés de la créance sur l'état, elle était éteinte par confusion pendant le temps de la confiscation; mais l'article 7 de la loi du 21 prairial an 5 l'avait fait revivre: elle ne conservait que les hypothèques et séquestres établis avant la condamnation. Si donc il n'y avait ni inscription hypothécaire, ni opposition à la vente ou au paiement du prix, tout était consommé à l'égard de l'acquéreur de bonne foi; l'état n'avait plus qu'une action civile comme créancier, toute distincte de son droit comme confiscataire.

C'est dans ce sens qu'il a été statué par décret du 25 juin 1806, portant « que, n'y ayant point eu de séquestre ap- « posé, soit par suite de la condamnation, soit pour raison « de la créance de l'état, le gouvernement n'a conservé que « l'exercice de l'action civile, aux termes de l'article 7 de « la loi du 21 prairial an 5, qui a aboli la confiscation ré- « sultant de la condamnation ».

SIXIÈME QUESTION. — *Lorsque l'auteur d'une succession avait été condamné à mort, peut-on dire que son héritier, rayé seulement au 21 prairial an 5, avait été saisi de la succession au préjudice du domaine?*

Non: car si, à la vérité, cette loi a investi les héritiers des condamnés des biens dont la confiscation avait privé ceux-ci, il faut dire que la saisine des héritiers naturels s'opérait de droit à l'instant du décès. Or, l'héritier étant, lors du décès, en état de mort civile, c'était le domaine qui avait été saisi et irrévocablement des droits successifs.

Peu importe que le passif surpassât l'actif : il ne s'agissait pas de peser les forces de la succession, mais de savoir à qui elle était dévolue; d'ailleurs, même au cas d'insolvabilité, l'administration des biens, d'après la loi du 1ᵉʳ floréal an 3, appartenait à l'état.

Par le même principe, les oppositions frappées par l'héritier, entre les mains des débiteurs de la succession, n'avaient aucune valeur : car il était sans qualité, et par conséquent sans droit.

Et quant aux créanciers, ils pouvaient d'autant moins critiquer la dévolution à l'état, que la loi les avait détachés de la succession, et les avait appelés à liquidation : dès lors, toute attaque contre la gestion et disposition des biens leur était interdite. (1)

SEPTIÈME QUESTION. — *Le rachat de biens séquestrés par l'état pouvait-il, pendant le séquestre, être autorisé par l'administration, et était-il valable?*

La faculté du rachat est naturelle dans toute vente. C'est une stipulation légale; c'est une faculté réelle dont l'exercice suit le bien, dans quelques mains qu'il se trouve; elle passe aux héritiers du vendeur sur les héritiers de l'acquéreur, et ne se prescrit que par trente ans.

On pouvait dire que le père donateur avait le droit de reprendre, même en cas de confiscation, ce qu'il avait donné; qu'ainsi ce n'était pas dans les caisses de l'état que le prix du rachat devait être versé, mais dans les mains du père du condamné.

____

(1) Décr. des 11 août 1808 et 14 décembre 1809.

Toutefois, si le séquestre avait frappé à la fois sur le père et sur le fils, cela suffisait pour que le rachat aux mains de l'état fût valable. (1)

____

(1) Décr. du 23 avril 1807.
V. tit. 4, *des Remboursements*.

TITRE IV.

DES REMBOURSEMENTS.[*]

DIVISION DE LA MATIÈRE.

Les règles qui gouvernent cette matière embrassent :

1° La compétence des autorités;

2° La forme, le mode, et les conditions des remboursements;

5° Le fond du droit.

I. Sur la compétence,

1° Il n'appartenait qu'à l'autorité administrative de statuer, soit sur la validité et les effets des versements faits dans les caisses de l'état, pendant la mainmise nationale, par les débiteurs des émigrés, des communes et des établissements publics, soit sur la régularité des formes desdits versements, et sur la nature des valeurs versées.

2° Il n'appartenait qu'aux tribunaux de statuer sur les questions de savoir si l'état, qui avait reçu, était, d'après les titres constitutifs du prêt ou de la vente, le véritable créancier; si les transactions passées entre le débiteur et le créancier originaire, depuis le versement dans les caisses de l'état, étaient obligatoires; si le remboursement de la

____

(*) *V.* la législation de la matière, *Questions de droit administratif*, tom. 2, p. 564.

rente convenancière avait eu pour effet d'attribuer au domaine la propriété du fonds; et autres questions analogues,
à la solution desquelles l'état était devenu étranger, depuis
l'amnistie ou la mainlevée, et qui étaient de pur droit
civil.

II. Sur la forme des remboursements,

Il faut distinguer :

1° Les règles qui se rapportent aux exceptions tirées du
défaut d'autorisation et de liquidation préalable des versements opérés dans les caisses du district ou du domaine,
des anticipations de termes, des clauses prohibitives du
paiement, de son insuffisance, etc.;

2° Les règles qui se rapportent aux compensations, dépôts, tiers saisis, etc.;

3° Les règles qui se rapportent aux formes et effets des
quittances, au mode, aux valeurs et à la date des versements;

4° Les règles qui se rapportent aux transactions passées,
depuis le remboursement, entre les anciens créanciers et
les anciens débiteurs, et aux paiements faits *super non
domino,* ou en fraude de l'état ou des tiers.

III. Au fond,

La jurisprudence a posé les règles relatives à la validité
et aux effets des remboursements opérés dans les caisses
de l'état, pendant la mainmise nationale, par les débiteurs
des *absents,* des *ascendants,* des *communes,* des *condamnés à mort,* des *copropriétaires indivis,* des *émigrés,* des
femmes d'émigrés, des *hospices,* des *prêtres déportés* ou
réclus, et des *propriétaires de domaines congéables.*

C'est dans cet ordre que nous avons disposé le dévelop-
pement et la solution de toutes les questions de la matière.

SECTION PREMIÈRE.

DE LA COMPÉTENCE DES AUTORITÉS.

QUESTION UNIQUE. — *Etait-ce à l'autorité judiciaire ou à l'autorité administrative à statuer sur la validité et les effets des remboursements faits dans les caisses du domaine, en exécution des lois révolutionnaires, et pendant la mainmise nationale, par les débiteurs des émigrés, des déportés, des condamnés à mort, des hospices, des communes, etc.?*
Etait-ce aux administrations centrales, et depuis aux préfets, sauf recours au ministre des finances, ou aux conseils de préfecture, sauf recours au conseil d'état, à statuer?

I. Sur la première partie de la question :
L'examen des remboursements de rentes et capitaux d'emprunts faits dans les caisses de l'état se liait au contentieux des ventes de domaines nationaux. La facilité, le jeu et l'irrévocabilité des remboursements faisaient autant d'amis à la révolution. Les tribunaux auraient rompu beaucoup de libérations frauduleuses, extorquées et inégales. Les actions récursoires des débiteurs eussent fatigué le trésor de répétitions ruineuses. Enfin, la violence de l'administration avait elle-même contraint souvent les mains des débiteurs à se desserrer, et à verser précipitamment leur dette dans les caisses de l'état. Il n'en fallait pas tant pour que la matière devînt et restât administrative.

Aussi fut-il interdit aux tribunaux d'y toucher.

. C'est ce qu'exprime un arrêté du gouvernement du 25 thermidor an 11, en disant « que la question de savoir « si les remboursements faits à l'état, représentant des « prévenus d'émigration ou leurs ascendants, sont vala- « bles ou non, est de la compétence de l'autorité admi- « nistrative, et que les consentements qu'ont pu donner « les parties à procéder devant les tribunaux ne sauraient « changer cette compétence, qui est de droit public ».

C'est dans le même sens qu'un décret du 23 janvier 1806 porte « que, s'il s'agit de statuer sur un versement fait « dans les caisses nationales, la connaissance en appar- « tient exclusivement à l'autorité administrative ». (1)

C'est aussi ce qui résulte 1° d'un décret du 7 octobre 1807, portant « que, dès que le remboursement est *an-* « *noncé* fait dans la caisse nationale pour cause de pré- « vention d'émigration, le tribunal doit renvoyer devant « l'autorité administrative » ; (2)

2° D'un décret sur conflit, du 15 septembre 1810, por-tant « qu'il n'appartient qu'à l'autorité administrative de « statuer sur la validité d'un versement fait dans une caisse « nationale, en vertu d'une loi d'exception relative à l'é- « migration ; que l'incompétence du tribunal n'a pu être « couverte par le temps, ni par le fait des parties, et que, « d'ailleurs, le jugement donne ouverture à un recours en « restitution contre l'état » ;

3° D'un arrêté du 25 fructidor an 11, portant qu'il n'ap-

---

(1) Décr. des 21 brumaire an 13 et 10 brumaire an 14.

(2) Décr. du 22 fructidor an 13.

« partient qu'à l'autorité administrative de connaître de
« l'application des inscriptions sur la liste des émigrés, et
« de la validité ou invalidité des versements faits dans les
« caisses de l'état ». (1)

4° De deux arrêts de la cour de cassation des 3 frimaire
et 3 prairial an 10, qui statuent dans le même sens.

Il est vrai qu'un autre arrêt de la cour de cassation, du
5 thermidor an 6, a annulé le remboursement fait à des
hospices, représentés par l'état, d'une rente constituée à
prix d'argent, sans autorisation préalable des corps administratifs, par le motif que « les préposés de la régie des
« domaines, étant sous la surveillance des corps adminis-
« tratifs, ne pouvaient recevoir aucun remboursement sans
« y être autorisés ».

Ce motif aurait pu être appliqué à tous les remboursements, et n'était pas admissible; mais tout ayant été consommé par des jugements irrévocables, il n'était pas permis de revenir administrativement, dans l'espèce, sur la
chose ainsi jugée. (2)

II. Sur la seconde partie de la question,

Il faut faire observer que, dans l'origine, les administrations centrales prononçaient sur la validité des remboursements de rentes ou de prix de ventes de biens nationaux,
sauf recours au ministre des finances. (3)

---

(1) Décr. des 9 messidor an 13, — 10 brumaire an 14
— 23 avril 1807.

(2) Arr. des consuls du 9 brumaire an 10.

(3) Décr. des 20 novembre 1806, — 18 août 1807, — 20,
id. janvier 1811.

Mais, après l'organisation départementale du 28 pluviôse an 8, cette attribution passa aux conseils de préfecture, sauf recours au conseil d'état. (1)

Le conseil d'état prononçait, au second degré, sur les arrêtés des administrations centrales qui, par voie de jugement, annulaient ou confirmaient des remboursements. (2)

Les arrêtés des administrations centrales ou des directoires de département, qui avaient simplement autorisé et liquidé les versements, n'étaient pas considérés comme des actes de juridiction, mais comme des actes purement administratifs, qui ne faisaient pas obstacle à ce que les conseils de préfecture connussent, en première instance, de la validité intrinsèque et des effets de ces versements.

Cette doctrine a été confirmée par de nombreux décrets. Elle est exacte.

III. Néanmoins le conseil d'état a quelquefois dévié de ces principes,

1° Soit en confirmant ou en annulant des décisions du ministre des finances; (3)

2° Soit en jugeant *omisso medio*; (4)

---

(1) Arr. des 6 vendémiaire, 23 nivôse, 15 germinal, *id.*, 23 germinal, *id.*, 30 thermidor, 25, 28 fructidor an 11, — 13, *id.* pluviôse an 12; — Décr. des 26 floréal an 12, — 5 floréal, 4 messidor an 13, — 10 brumaire an 14, — 23 janvier, 19 avril, 11 juin, *id.*, 3 juillet, 27 octobre 1806, — 6, 25 janvier, 18 août, 18 septembre 1807, — 11 janvier, 2 février 1808, — 25 mars 1809.

(2) Décr. du 23 avril 1807.

(3) Décr. des 15 janvier et 16 mai 1806.

(4) Arr. du 17 nivôse an 12; — Décr. des 9 frimaire an 13,

Sur des arrêtés de district; (1)

Sur des arrêtés d'administration centrale; (2)

Sur des arrêtés de préfets; (3)

Sur de simples avis de conseils de préfecture; (4)

Ou sur de simples arrêtés d'autorisation; (5)

3° Soit en annulant, pour excès de pouvoirs, des arrêtés de conseils de préfecture, qui, malgré les arrêtés d'autorisation, avaient statué sur la validité d'un remboursement. (6)

Le conseil d'état annulait ici à tort des arrêtés qui statuaient, en matière contentieuse, sans qu'aucune autre autorité n'eût encore prononcé, et il commettait lui-même un excès de pouvoir en franchissant le premier degré de juridiction, réservé, par la loi du 28 pluviôse an 8, au conseil de préfecture.

4° Soit en renvoyant les parties à se pourvoir devant le préfet, pour y faire statuer sur la question de savoir si le versement dont on produisait la quittance avait éteint la créance réclamée contre le débiteur. (7)

Le conseil d'état confondait ici deux choses distinctes.

— 1er frimaire an 14, — 25 février, 13 mai 1806, — 25 janvier 1807, — 22 octobre 1808.

(1) Arr. du 20 thermidor an 11.

(2) Décr. du 27 septembre 1807.

(3) Décr. du 30 thermidor an 12.

(4) Décr. du 19 ventôse an 13.

(5) Décr. des 30 thermidor an 13 et 7 mars 1808.

(6) Arr. du 13 brumaire an 12.

(7) Arr. du 25 fructidor an 11.

Au préfet appartenait la question de savoir si une inscription sur la liste des émigrés était ou non applicable à tels ou tels individus.

Au conseil de préfecture appartenait la question de savoir si le versement était ou non libératoire.

IV. Quoi qu'il en soit de ces rares aberrations de la jurisprudence, il faut tenir pour constant qu'il n'appartenait, comme il n'appartient encore aujourd'hui, qu'aux conseils de préfecture en première instance, et au conseil d'état en appel, de statuer sur la validité et les effets des versements opérés dans les caisses de l'état.

C'est ce qui a été établi notamment :

1° Par un décret du 5 brumaire an 12, duquel il résulte que la validité et les effets d'un versement effectué dans la caisse nationale, par suite de séquestre, d'une somme due à des héritiers, dont plusieurs sont émigrés, ne pouvait se juger que d'après les lois relatives aux biens indivis avec les émigrés, et, par conséquent, par le conseil de préfecture;

2° Par un décret du 25 fructidor an 11, portant « que « la question de savoir si un acquéreur de bien national a « légalement versé dans les caisses de l'état la totalité du « prix de son acquisition, quoiqu'il en appartînt une por- « tion à des copropriétaires, est une question contentieuse, « du ressort des conseils de préfecture, et non du préfet, ni « des tribunaux »;

3° Par un décret du 11 juin 1811, qui dispose que la question de savoir si le versement dans les caisses du district, par un notaire, d'une somme remise entre ses mains, à titre de dépôt, avait pu libérer le débiteur envers le démaine, représentant le créancier émigré, était du ressort des conseils de préfecture, et non des préfets;

4° Par un décret du 26 floréal an 12, duquel il suit que, si un créancier opposant sur un prix de vente versé dans la caisse nationale demandait que, nonobstant le versement, l'acquéreur fût tenu de le payer, c'était à l'autorité administrative à statuer; qu'en effet, dénier la libération, c'était attaquer les paiements faits à l'état; que le pouvoir administratif qui avait prescrit le recouvrement pouvait seul connaître de la validité de la libération du débiteur; que c'était à l'administration qui avait exigé le paiement à décider s'il avait été régulièrement opéré; en un mot, « qu'il « n'appartient qu'à elle de juger de la régularité des paie-« ments faits dans la caisse nationale, pendant la durée « d'un séquestre, et des effets desdits paiements ». (1)

SECTION II.

DU MODE, DES VALEURS, DATES ET IRRÉGULARITÉS DES REMBOURSEMENTS.

§ Ier.

DU MODE DES REMBOURSEMENTS.

Première question. — *Le défaut de liquidation préa-*

V., *Questions de droit administratif*, tom. 2, p. 578 et suivantes, les règles établies par la jurisprudence sur la compétence, soit de l'autorité administrative, soit des tribunaux, en matière de remboursements, et les nombreux décrets et ordonnances qui y sont rappelés.

lable et d'autorisation des corps administratifs, inva-
lidait-il les rachats de rentes indivises avec l'état,
opérés depuis la loi du 1ᵉʳ floréal an 3?
Les remboursements faits malgré la prohibition de ne
pas rembourser, soit avant la mort du créancier, soit
avant un terme fixé, étaient-ils valables?
Étaient-ils valables nonobstant l'insuffisance des rem-
boursements, la nature et la vilité des valeurs ver-
sées?
Étaient-ils nuls pour vices de formes, soit dans les quit-
tances, soit dans l'inscription sur la liste des émigrés?

I. Le séquestre apposé au nom de l'état frappait la rente
en totalité, et rendait l'état seul créancier apparent, seul apte
à recevoir, sauf partage ultérieur de la somme reçue entre
les ayant-droit.

La loi du 29 décembre 1790, qui prononçait la nullité, à
défaut de liquidation préalable, était relative aux paiements
de rentes dues à des corporations, et non à des émigrés.

Pour ceux-ci, le rachat s'opérait, indépendamment de
toute autorisation, par le fait seul du paiement.

Il était indifférent que la liquidation eût lieu avant ou
après, pour déterminer la part afférente à l'état : la loi n'imposait pas cette obligation. C'est dans ce sens qu'une décision du ministre des finances du 3o floréal an 11 porte
« que la liquidation doit se faire, mais n'est pas de néces-
« sité préalable et à peine de nullité ». (1)

Les mêmes raisons de décider s'appliquent encore mieux

----

(1) Arr. du 29 thermidor an 11.

aux remboursements de rentes non indivises et non liquidées : en effet, c'était un principe constant que le défaut de
liquidation préalable ne viciait pas le remboursement.

Elles s'appliquent aussi aux rentes foncières : en effet, si
la loi du 29 décembre 1790 voulait que le rachat ne pût être
fait sans le concours de l'administration locale, c'était uniquement dans ce sens que les établissements ecclésiastiques
dépossédés, et dont il s'agissait dans cette loi, ne pouvaient
pas prendre prendre part au remboursement. Ainsi, la nécessité de la liquidation n'était établie que contre tout versement fait entre les mains de ces corps; mais elle ne concernait pas les versements faits entre les mains de l'état. (1)

Elles s'appliquent, *a fortiori*, aux rentes constituées; et
la raison en est que, s'il est de la nature des rentes foncières
et incorporelles d'avoir besoin de liquidation, il n'en est
pas ainsi des rentes constituées dont le capital est certain. (2)

Au surplus, même à l'égard des rentes foncières, si la
liquidation était incomplète et lésait les droits de l'état
tout ce qui en résultait, c'était que le débiteur, après rectification, faisait raison de la différence. (3)

L'intervention des corps administratifs n'était nécessaire
que pour viser la liquidation de la dette, qui se faisait par
l'agent national. Le visa ou autorisation ne constituait pas
l'une des conditions essentielles de la validité du paiement;

---

(1) Décr. des 26 vendémiaire an 13 et 2 février 1806.

(2) Décr. du 2 février 1806.

(3) Arr. des 10 floréal, 26 thermidor an 11, — 17 nivôs
an 12; — Décr. des 26 vendémiaire an 13, — 11 juin 1806,
— 25 janvier 1807.

seulement, il constatait mieux que la somme versée était réellement toute la somme due en valeurs bonnes à l'époque du paiement. (1)

II. Les clauses prohibitives ont pu être levées, dans l'intérêt de l'état, par l'état, devenu créancier. La faveur naturelle de la libération inspirait cette solution. D'ailleurs, pour remplir les coffres du fisc, on ôtait tous les empêchements; on ne distinguait pas l'assignat du numéraire; on accélérait par tous les moyens possibles, pour remonter le crédit public, le retirement des assignats, et, par conséquent, les paiements en valeurs ayant cours : voilà la raison fiscale. De plus, le défaut d'exigibilité se couvrait, s'il avait été stipulé en faveur du débiteur, par sa renonciation, et s'il avait été stipulé en faveur du créancier, par le consentement de l'état, qui le représentait : voilà la raison de droit. (2)

III. Si le remboursement n'était pas nul pour être incomplet, il ne l'était pas non plus quant à la nature des valeurs versées; on a pu payer en mandats jusqu'à la loi de démonétisation du 16 pluviôse an 5.

Quant à la vilité des valeurs, il suffisait que l'état les eût admises nominalement et qu'elles eussent cours, pour que le remboursement ne pût être critiqué.

---

(1) Arr. du 22 ventôse an 12.

V. les nombreux décrets et ordonnances cités dans les *Questions de droit administratif,* tom. 2, p. 583.

(2) Décr. des 26 vendémiaire an 13, — 19 avril 1806, — 25 janvier 1807. *V. Questions de droit administratif,* tom. 2, p. 584.

D'ailleurs, l'art. 16 du sénatus-consulte du 6 floréal an 10 s'opposait à toute attaque du créancier émigré, sous quelque prétexte que ce fût. (1)

IV. En vain on eût allégué que la quittance était irrégulière, que l'inscription des créanciers était l'effet de l'erreur, et que les biens avaient été séquestrés, par méprise, comme étant la propriété d'un émigré : dans ces diverses hypothèses, les tiers ne pouvaient souffrir de l'erreur de l'administration. Si elle avait considéré le propriétaire comme émigré, si elle avait sommé le débiteur de payer, si elle avait autorisé le remboursement, le débiteur pouvait invoquer la foi publique, sauf le recours du créancier contre l'état, s'il y avait lieu. (2)

C'est dans le même sens qu'il a été décidé, par décret du 21 octobre 1809, que la non-inscription d'un versement sur les sommiers du receveur ne pouvait détruire la validité d'un remboursement : en effet, l'omission du receveur ne pouvait nuire au débiteur; la quittance que cet officier du domaine avait délivrée faisait foi en justice, et ne pouvait être attaquée que par la voie de l'inscription de faux ; *a fortiori*, s'il était avéré qu'il n'y avait pas eu de collusion, et que c'était une simple erreur, depuis réparée.

Deuxième question. — *La loi suspensive du 25 messidor an 3 était-elle applicable aux remboursements faits à l'état ?*

Par décision du 8 nivôse an 6, le ministre des finances

---

(1) Arr. du 10 floréal an 11 ; — Décr. du 18 septembre 1807.
(2) Décr. des 23 mai 1806 et 25 janvier 1807.

avait établi que, depuis la promulgation de cette loi, on n'avait pu offrir à l'état, ni recevoir valablement en son nom, un remboursement de rente, attendu que la suspension était absolue, et qu'elle n'avait été levée que par la loi du 15 germinal an 4.

Mais, par décision postérieure, du 28 thermidor an 8, le ministre des finances décida contrairement que la loi du 25 messidor an 3 n'était applicable qu'aux particuliers; qu'ainsi, les remboursements de rentes, et les paiements de capitaux dus par obligations à l'état, en mandats ou assignats, étaient valables, et avaient pu se faire en mandats ou assignats, après comme avant la loi du 25 messidor an 3.

Cette décision se fondait sur la nécessité de maintenir les affranchissements consommés, et sur cet autre motif que le gouvernement ne pouvait refuser un papier-monnaie, valeur nominale, qu'il avait émis lui-même, et qu'il devait retirer de la circulation. (1)

§ II.

DES COMPENSATIONS, DÉPÔTS, ETC.

PREMIÈRE QUESTION. — *A quels caractères reconnaissait-on qu'une compensation de créance sur l'état, avec une dette du chef de l'émigré, avait été légalement opérée ?*

Une compensation est un paiement. Pour que le paie-

---

(1) Arr. des 23 nivôse an 11 et 17 nivôse an 12.

ment soit valable, il faut qu'il soit fait d'abord au créancier, et en second lieu, dans les valeurs et formes déterminées par la loi.

Ainsi, 1° le paiement de la rente au trésor était valable entre l'amnistie de l'émigré, créancier primitif, et la levée du séquestre, sauf la restitution de la somme versée au trésor, depuis le jour de la délivrance du certificat d'amnistie, date de la cessation de la confiscation. Cela vient de ce que, tant que le séquestre subsistait, le débiteur ne reconnaissait que l'état, qui l'avait apposé. D'ailleurs, le remboursement était, de sa nature, favorable ; mais, depuis la levée du séquestre, l'état, dessaisi de tous biens et actions, était sans qualité pour poursuivre et recevoir, comme, depuis le certificat d'amnistie, il était sans qualité pour retenir les sommes versées.

2° Quant à la validité de la compensation en elle-même, les lois des 24 août 1793 et 24 frimaire an 6 portaient qu'elle aurait lieu en inscriptions sur le grand-livre; mais la déclaration devant le préfet, le visa de la liquidation du préposé des domaines, l'autorisation donnée par ce magistrat, n'étaient ni des jugements, ni des contrats. Le préfet n'était pas le liquidateur général. Ce qui déterminait la valeur de la créance, ce qui la fixait, c'était l'inscription : c'était donc la date de l'inscription qu'il fallait consulter. Etait-elle postérieure à la date de la levée du séquestre, point de compensation.

En conséquence, on la déclarait nulle, sauf la réinscription, au profit des débiteurs, de la rente par eux transférée au gouvernement, ou de la portion de cette rente dont il n'avait pas été fait emploi en paiement des arré-

rages de la créance de l'émigré appartenant au trésor,
comme échue antérieurement à son amnistie. (1)

DEUXIÈME QUESTION. — *Une quittance donnée par un
receveur des domaines pendant l'émigration du créancier, pour restant du prix d'une vente d'immeubles,
était-elle libératoire de l'intégralité dudit prix de
vente?*

Si la quittance déclarait qu'on avait produit les quittances
d'à-compte, et si elle recevait pour solde les valeurs spé-
cifiées, cette quittance faisait foi, à moins de preuve contraire.

En vain eût-on objecté que la quittance finale ne tenait pas lieu des autres, et qu'alors le débiteur devait conserver celles-ci ; ou que, si elle en tenait lieu, elle aurait dû
alors les remettre au préposé public. L'acte était émané
d'un agent du gouvernement ; il libérait pour l'intégralité
le débiteur, qui ne pouvait être recherché à défaut de représentation des anciennes quittances. L'acte fût-il d'ailleurs irrégulier, le sénatus-consulte du 6 floréal an 10 défendait à l'amnistié de l'attaquer. (2)

TROISIÈME QUESTION. — *Une somme due à une succession vacante, recueillie par l'état, est versée le 13 vendémiaire an 4 dans les caisses du domaine, en vertu
d'une autorisation du district du 28 frimaire an 3. — Le
domaine demande à l'administration centrale la nul-*

---

(1) Décr. du 3o thermidor an 13.
(2) Décr. du 18 septembre 1807.

lité du remboursement. Arrêté conforme. Décision approbative du ministre des finances en l'an 7.

Le remboursement était-il libératoire?

I. Voici les objections réduites:

1° Le paiement était anticipé;

2° L'état n'était propriétaire incommutable que par la prescription trentenaire;

3° Dès lors, il y avait prohibition de remboursement, comme entre particuliers, à défaut de droit acquis à la nation;

4° Le versement avait été fait sans l'autorisation approbative du département;

5° Il était lésionnaire par la nullité des valeurs, nullité qui rendait la succession insolvable.

II. Voici les réponses:

1° Le contrat permettait l'anticipation, qui, d'ailleurs est favorable, et qui n'entraînait pas nullité;

2° Dès qu'il y avait saisine nationale, le domaine était habile à recevoir comme administrateur de la succession;

3° La loi prohibitive du 12 frimaire an 4 ne pouvait, sans effet rétroactif, s'appliquer à un versement du mois de vendémiaire même année;

4° L'autorité révolutionnaire des districts n'avait cessé que par la loi du 28 germinal an 3, et, au surplus, l'autorisation était inutile;

5° L'état avait pu et dû recevoir des valeurs qu'un particulier n'eût pu refuser. D'ailleurs, là dépréciation du papier-monnaie n'était pas un motif de nullité.

C'est dans ce sens que le décret du 13 janvier 1806

prononça l'annulation d'une décision du ministre des finances, par le motif « qu'aux termes de l'obligation du 3o
« janvier 1792, la somme exigible, un an après le décès
« du créancier, était payable plus tôt, à la volonté du débi-
« teur, et qu'il y avait eu saisine nationale, antérieurement
« au versement du 15 vendémiaire an 4 ».

QUATRIÈME QUESTION. — *Un tiers, saisi et condamné
envers le créancier d'un émigré, pouvait-il néanmoins
se libérer dans la caisse du séquestre ?*

En thèse, la somme dont le tiers saisi était dépositaire
n'avait pas cessé d'être celle de l'émigré. Si l'émigré eût
désintéressé son créancier, il n'aurait eu besoin ni de subrogation, ni de tout autre acte pour se faire remettre le
dépôt; seulement, le dépositaire ne pouvait le remettre au
détriment du créancier. Quant au jugement de condamna-
nation, son effet cessait par la loi qui avait saisi les propriétés des émigrés. Le créancier, par une novation légale,
changeait de débiteur. Il trouvait, dans la loi qui ordonnait à l'état de liquider et de payer, la sûreté qu'il trouvait
dans ce jugement, acte conservatoire du droit du créancier,
mais non attributif du droit de propriété; au surplus, si ce
jugement était postérieur à la prévention d'émigration, il
était nul. (1)

CINQUIÈME QUESTION. — *Un dépositaire était-il tenu de
verser au trésor, en assignats, valeur nominale, et
non en valeur numéraire représentative, des assignats*

---

(1) Décr. du 18 août 1807.

qu'il avait reçus en dépôt, et qui appartenaient à des émigrés?

Il faut distinguer entre le dépôt forcé et le dépôt volontaire :

Il était forcé, lorsqu'il existait une opposition légale à la remise des fonds entre les mains du déposant. L'article 4 de la loi du 23 septembre 1792 voulait que toutes les personnes qui avaient des fonds appartenant à un émigré fussent obligées de les verser au trésor public.

Mais si ce dépôt était fait depuis ladite loi, et s'il n'y avait pas eu d'opposition entre les mains des déposants, la thèse changeait. En effet, la caisse des dépositaires était, en quelque sorte, celle du domaine. Le dépositaire n'avait pas été mis en demeure ; il avait dû conserver le dépôt, et ne le rendre que dans la même nature qu'il l'avait reçu. (1)

§ III.

DES FORMES, DATES ET VALEURS DES VERSEMENTS.

PREMIÈRE QUESTION. — *Les remboursements faits après le 29 messidor an 4 étaient-ils valides ?*
Ont-ils pu être faits en mandats, valeur nominale?
Les remboursements faits en assignats, au mois de ventôse an 4, étaient-ils libératoires, pour leur valeur nominale, sans réduction ?

I. Les remboursements de cette espèce ont, pendant long-temps, été déclarés nuls ; le trésor avait un intérêt

----

(1) Décr. du 28 février 1810.

immense à faire prononcer cette nullité, parce que l'état éprouvait souvent une lésion de plus des dix-neuf vingtiè-mes ; mais le génie révolutionnaire sacrifia l'intérêt fiscal à l'intérêt politique. (1)

II. Il est certain que, depuis la loi du 29 messidor an 4, l'état ne recevait plus les mandats qu'au cours pour les contributions, pour le paiement des fermages et pour le quart du prix des biens soumissionnés; que les articles 2 et 3 de la loi du 15 germinal an 4 avaient été rapportés par la loi du 29 messidor même année; qu'il résultait de cette abrogation que les remboursements de rentes de toute nature ne pouvaient, comme le paiement des obligations contractées en numéraire, avoir lieu qu'en numéraire ou en mandats au cours, à compter du 9 thermidor, jour de la promulgation de la loi du 29 messidor. Mais la faveur de la libération du débiteur l'a emporté. (1)

III. La loi du 3 nivôse an 4 a déclaré que celle du 12 frimaire n'était pas applicable aux sommes dues au gou-vernement.

C'est ce que décide un décret du 18 août 1807, por-tant « que les remboursements en assignats, faits à l'état « postérieurement à la loi du 25 messidor an 3, sont va-« lables, et ont, valeur nominale, libéré les débiteurs ».

Deuxième question. — *La disposition rétroactive de l'arrêté des représentants du peuple, du 12 ther-*

----

(1) Décr. du 14 nivôse an 11 ; — Circ. du ministre des finances du 17 nivôse an 11 ; — Décr. du 21 octobre 1809.
(2) *Idem.*

*midor an 5, pouvait-elle s'appliquer aux rembourse-
ments de capitaux faits dans la Belgique, en assignats?*

Cet arrêté, en supposant qu'il eût eu force de loi, l'a-
vait perdue par la promulgation des lois françaises dans la
Belgique : dès lors, on avait dû appliquer la loi du 3 nivôse an 4, portant que celle du 12 frimaire précédent ne
concernait pas les capitaux dus au trésor public représentant un émigré. (1)

§ IV.

DES REMBOURSEMENTS IRRÉGULIERS.

PREMIÈRE QUESTION. — *Un préfet pouvait-il annuler
une transaction passée entre des émigrés amnistiés et
leurs débiteurs, relativement à un remboursement fait
par ceux-ci, au nom et pour le compte des premiers,
dans les caisses de l'état?*

La transaction souscrite était une renonciation volontaire à attaquer la validité du remboursement; un acquéreur qui, par transaction, rendrait les biens à l'ancien
propriétaire, ne serait pas admis à faire considérer cet arrangement comme sans effet à l'égard des biens vendus par
l'autorité administrative. Si la transaction est vicieuse,
c'est aux tribunaux à en prononcer la nullité.

C'est ce qui a été décidé par un décret du 18 août 1807,

____

(1) Arr. du 25 nivôse an 11 ; — Décr. des 31 août 1806,
7 octobre 1807.

portant 1° « que le droit d'attaquer un arrêté d'annulation
« d'un remboursement ne peut plus être exercé par le
« remboursant qui a transigé sur ledit remboursement;
« 2° que la question de savoir si la transaction oblige tous
« ceux qui y ont paru, ou pour lesquels il a été stipulé,
« est du ressort des tribunaux ».

C'est dans le même sens qu'il a été décidé, par décret du
21 brumaire an 13, que, si le débiteur légalement libéré
traitait ensuite avec le créancier, son nouveau contrat ou
sa renonciation au bénéfice du remboursement l'enchaînait.

C'est également dans ce sens qu'un autre décret du
même jour interdit au débiteur « toute réclamation ayant
« pour objet la validité du remboursement, attendu qu'il
« avait passé au créancier reconnaissance des rentes liti-
« gieuses ».

DEUXIÈME QUESTION. — *Si, postérieurement au remboursement d'une rente due à un émigré et fait à l'état,
le débiteur s'obligeait néanmoins à rembourser le
créancier amnistié, le premier remboursement a-t-il
éteint sa dette vis-à-vis de celui-ci?*

Si le débiteur reconnaissait qu'il était encore obligé, il
renonçait au bénéfice de son remboursement et en caractérisait lui-même le sens et les effets; ce n'était plus alors
un remboursement libératoire qu'il a entendu faire, mais
un simple dépôt qui ne lui donnait qu'une action en restitution de la somme déposée.

Aussi le conseil d'état a-t-il décidé que le débiteur ne
pouvait se prévaloir d'un pareil remboursement, lorsque

postérieurement il avait fait soumission envers son créancier de servir de nouveau la rente, et de lui rendre le capital, et qu'il avait ainsi renoncé implicitement à opposer au créancier l'exception du remboursement originaire. (1)

TROISIÈME QUESTION. — *Des remboursements anticipés étaient-ils libératoires malgré un engagement d'honneur?*

Si un tel engagement avait été pris entre le débiteur et le créancier, il n'enchaînait pas l'état, qui représentait celui-ci, et qui avait pu affranchir le débiteur de sa parole. Il ne faut pas oublier non plus que le désordre jeté dans les affaires publiques et privées, par l'immense quantité des assignats circulants, faisait désirer au gouvernement la prompte rentrée de toutes ses créances actives. En effet, les lois rendues, dans ces circonstances, offraient des primes à certains débiteurs, et, dans la crise de la dépréciation des assignats, interdisaient au trésor de profiter des dispositions suspensives des remboursements. (2)

QUATRIÈME QUESTION. — *Des paiements faits à l'état par des sous-fermiers de biens d'émigrés étaient-ils valables au préjudice du fermier principal?*

Les sous-fermiers, à moins qu'ils n'aient été substitués au fermier principal, sont étrangers au propriétaire; ils ne sont comptables qu'au fermier; tout paiement fait sans son au.·

---

(1) Décr. des 18 août, 14 novembre 1807, — 6 janvier 1810.

(2) Décr. du 20 pluviôse an 13.

torisation, en d'autres mains que les siennes, n'est pas, à son égard, libératoire : telle est la règle commune. La législation d'exception était la même : les biens ecclésiastiques avaient été declarés nationaux comme les biens d'émigrés. Or, l'art. 34 de la loi des 6 et 11 août 1790 autorisait le sous-fermier à se libérer dans les mains du fermier principal, en donnant préalablement au receveur du district connaissance de son bail : c'était leur seule obligation. Or, il y avait assimilation de ce cas-ci à l'autre : donc même raison de décider. Il n'y aurait eu d'exception qu'en cas d'absence du fermier principal, ou d'insolvabilité constatée par le recours exercé contre le sous-fermier, par voie de contrainte domaniale, ce qui aurait mis le sous-fermier à couvert.

C'est ce que le conseil d'état a décidé par le motif :

« 1° Que les réclamants ne sont pas les débiteurs de l'émigré, mais bien ceux du fermier;

2° Qu'aucun acte de l'administration ne les a astreints à payer à la décharge de celui-ci. (1)

CinquiÈme question. — *Les remboursements faits en l'acquit d'un émigré par son débiteur à son créancier, en fraude de la saisine nationale, étaient-ils nuls ?*

Cette question est résolue affirmativement par les dispositions de la loi du 9 février 1792, et de l'article 46 de celle du 28 mars 1793. (2)

----

(1) Loi du 11 août 1790; — Décr. du 4 messidor an 13.

(2) Loi des 9 février 1792, — 28 mars 1793, art. 46; — Arr. du 9 frimaire an 12.

Sixième question. — *Le remboursement d'une rente dont l'usufruit seulement appartenait au mari émigré, et la nue propriété aux héritiers régnicoles de la femme, était-il valable?*

Encore bien que le séquestre eût pu être apposé sur les biens du mari, le débiteur ne pouvait ignorer, par l'acte constitutif de la rente, que la propriété en appartenait aux héritiers régnicoles de la femme. Il avait donc fait une fausse déclaration; il avait surpris la religion de l'administration qui avait autorisé son remboursement. Ce remboursement était nul. (1)

Il en était de même si, par un faux exposé du débiteur, la rente avait été remboursée à l'état postérieurement à un partage administratif, que ce débiteur connaissait, et qui rendait des régnicoles propriétaires irrévocables de ladite rente. (2)

SECTION III.

DE LA VALIDITÉ ET DES EFFETS DES REMBOURSE-
MENTS OPÉRÉS AU NOM DES ABSENTS, ASCENDANTS,
COMMUNES, ETC.

§ Ier.

DES REMBOURSEMENTS A L'ÉGARD DES ABSENTS.

Première question. — *Les remboursements versés dans les caisses du domaine pour des personnes qui,*

---

(1) Arr. du 15 brumaire an 12.
(2) Décr. du 11 prairial an 12.

ayant des biens sis hors du département où elles avaient leur résidence, n'avaient pas, aux termes de la loi du 13 septembre 1792, additionnelle à celle du 8 avril, fait, en temps utile, l'envoi des certificats exigés par l'article 9, étaient-ils libératoires ?

Cette question a été résolue affirmativement.

Les motifs de cette solution sont que le séquestre de droit résultant de l'inaccomplissement de cette formalité suffisait pour obliger le débiteur à se libérer entre les mains de l'état. (1)

Il résulte également d'un décret du 23 vendémiaire an 13 « que la prévention est, indépendamment du séquestre, « suffisamment présumée par le fait constant de l'absence; « qu'alors l'exercice de la représentation par l'état n'est « pas réputé illégal ».

Et d'un décret du 18 août 1807, qu'indépendamment de toute inscription ou séquestre, la déclaration d'une simple municipalité, qui présumait émigré un absent, suffisait pour que le débiteur ne pût payer qu'à l'état.

Deuxième question. — *Un individu n'est ni inscrit dans sa personne, ni séquestré dans ses biens ; mais, pour cause d'absence, son débiteur va demander au district l'autorisation de se libérer. — Le district décide qu'il est réellement émigré, et que, par voie de confiscation, ses biens sont dévolus à l'état. — Paiement. — Quittance. — Réclamation du créancier devant les tri-*

---

(1) Arr. du 28 fructidor an 11.

bunaux. — Conflit. — Renvoi à l'autorité administra-
tive. — Le conseil de préfecture déclare le paiement
valide. — Recours au conseil d'état.
    Le remboursement était-il libératoire?

Il est constant qu'il n'y avait eu ni inscription ni séquestre ; mais l'émigration résultait d'actes administratifs
qui la constataient, c'est-à-dire de l'arrêté du district : cela
suffisait. (1)

TROISIÈME QUESTION. — *Un créancier sort de France en*
    1787. — *Demande du débiteur de compenser avec sa*
dette une inscription sur le grand-livre par voie de trans-
fert au domaine. — Autorisation accordée, après liqui-
dation, par l'administration centrale. — Rentrée du
créancier et poursuite devant les tribunaux. - Conflit. —
—Le conseil de préfecture saisi de la réclamation déclare
le remboursement valide.—Pourvoi au conseil d'état.
    Le remboursement était-il libératoire?

La raison de douter se tirait de ce qu'il n'y avait eu ni
inscription, ni séquestre, ni absence punie par les lois.
    Voici les raisons de décider :
    1° L'article 3 de la loi du 25 brumaire an 3 mettait sous
la main de la nation les biens des Français absents, non
rentrés en France au 11 brumaire an 2.
    2° La loi du 28 août 1792 ordonnait la déclaration des

---

(1) Décr. du 25 germinal an 13.
    V. tit. 1er, sect. 2, *des Caractères et des effets généraux*
de la prévention d'émigration et du séquestre.

sommes dues à des Français domiciliés en pays étrangers.

3° Les décrets des mois d'octobre et novembre 1792 prescrivaient, articles 1, 11 et 18, à tout débiteur des émigrés ou absents, de déclarer la dette et de la verser à la caisse du domaine.

4° Il suffisait que les actes administratifs continssent une présomption d'émigration, et, dans tous les cas, l'arrêté d'autorisation valait établissement de séquestre pour absence : partant, le remboursement est valide. (1)

QUATRIÈME QUESTION. — *Les remboursements faits à des absents de la Belgique, lors et depuis la conquête du pays, par les armées françaises, étaient-ils libératoires?*

Aux termes de l'arrêté des représentants du peuple en Belgique, du 27 messidor an 2, tous dépositaires de fonds et débiteurs des absents ne pouvaient se dessaisir ou se libérer qu'en versant ce qu'ils devaient dans les caisses de l'armée.

Or, les arrêtés des représentants du peuple en mission avaient force de loi; ils avaient assimilé les absents aux émigrés. Que le versement ait été fait dans la caisse du domaine plutôt que dans celle du payeur de l'armée, peu importait, s'il était vrai que l'état en eût profité : l'une et l'autre caisses servaient à renfermer les deniers du trésor.

____

(1) Décr. du 17 prairial an 15.

V. question précédente, etc.

D'ailleurs, le domaine était spécialement chargé de la perception de tous les biens séquestrés. (1)

CINQIÈME QUESTION. — *Le paiement fait au mois de brumaire an 4, au nom d'un prêtre absent, qualifié de déporté, était-il libératoire?*

On eût objecté en vain qu'il n'y avait preuve, ni d'inscription, ni de séquestre, ni de déportation; qu'ainsi, l'état était sans capacité pour recevoir.

La raison de décider se tire de ce que le créancier était absent. Or, l'article 11 de la loi du 25 juillet 1793 voulait que tout débiteur d'une personne absente de son domicile déclarât sa dette à la municipalité; l'article 16 établissait même une amende contre les non-déclarants; l'article 19 voulait que les sommes dues à des personnes qui, dans le mois, n'auraient pas justifié de leur résidence en France, fussent versées dans la caisse du domaine. Or, la déclaration avait été faite à la municipalité; le créancier était qualifié de déporté : c'était donc à la municipalité à faire juger par le directoire du département l'état politique du créancier; c'était à celui-ci à justifier de sa résidence. Quant au débiteur, l'ordre de la loi et l'absence du créancier avaient donné lieu à la déclaration et au paiement : c'était assez pour lui. (2)

____

(1) Décr. du 11 janvier 1811.
(2) Décr. du 25 janvier 1807.

§ II.

DES REMBOURSEMENTS A L'ÉGARD DES ASCENDANTS.

PREMIÈRE QUESTION. — *Les débiteurs pouvaient-ils se libérer valablement dans les caisses du domaine, pendant l'existence du séquestre, de rentes de toute nature ou capitaux d'emprunt dont les ascendants d'émigrés étaient créanciers personnels?*

I. La raison de douter se tirait de ce que, les ascendants n'étant frappés d'aucun séquestre pour prévention d'émigration personnelle, les sommes dont il s'agit leur appartenaient en propre; qu'en admettant qu'il y eût séquestre, le séquestre n'enveloppait que les revenus; et que, frappât-il sur le fonds même, il était nul, s'il était postérieur à la loi suspensive du 25 messidor an 3; que d'ailleurs les remboursements faits dans la caisse du domaine étaient nuls, aux termes de la loi du 10 juillet 1793.

II. La raison de décider se tirait :

1° De ce que les ascendants étaient véritablement, par l'effet de l'émigration de leurs enfants, dans les liens du séquestre, au moins de droit; qu'en effet, la loi du 17 frimaire an 2 ordonnait une dépossession réelle, puisqu'elle porte « que les biens des père et mère qui ont des enfants émigrés sont séquestrés et mis dès ce moment sous la main de la nation »; que la consommation du partage faisait seule cesser le séquestre; que si, pendant sa durée, on eût vendu nationalement l'immeuble d'un ascendant, il n'aurait pas été admis à faire déclarer cette vente nulle; qu'il en était de même *a fortiori* d'un simple remboursement; qu'il suit de là que la saisine nationale investissait l'état du droit de recevoir le remboursement de tous capitaux, et interdisait aux débiteurs la faculté de se libérer autrement qu'entre les mains du domaine, seul gérant, seul administrateur, seul habile à recevoir;

2° De ce que la loi du 25 messidor an 3 n'était pas applicable au domaine; qu'ainsi, tout remboursement, même postérieur à cette loi, était valable;

3° De ce que, si la loi du 10 juillet 1793 avait désigné les caisses du district pour recevoir le remboursement des capitaux dus aux ascendants d'émigrés, c'est qu'ils avaient alors l'administration de leurs biens; que cette faculté était la conséquence de la loi du 28 mars 1793, qui interdisait aux ascendants de faire des dispositions au préjudice de l'état, représentant leurs enfants émigrés; que, depuis, la loi du 17 frimaire an 2 ayant frappé ces biens de séquestre, le domaine avait été saisi de leur actif; que, par conséquent, les débiteurs devaient verser dans ses caisses capitaux et arrérages, comme et aussi valablement qu'ils l'eussent fait entre les mains de l'ascendant lui-même;

4° De ce que, si les rentes remboursées avaient été mises dans le lot de présuccession de l'ascendant, il y avait lieu seulement de l'indemniser du déficit résultant pour lui de leur extinction, soit par l'abandon d'objets composant le lot de l'état, soit par voie de liquidation, d'après la loi du 24 frimaire an 6;

5° De ce qu'il en serait *a fortiori* de même si la rente ou somme remboursée était due à la fois au fils émigré et au père régnicole. (1)

---

(1) Lois des 28 mars, 10 juillet 1793, art. 4, — 17 fri-

DEUXIÈME QUESTION.—*Le rachat d'une rente omise dans un partage de présuccession devait-il être maintenu, ou ne devait-il être considéré que comme un commencement de remboursement, et complété par le versement intégral dans les caisses du domaine?*

L'intérêt des cohéritiers de l'émigré du chef duquel l'état avait reçu était d'obtenir la différence du prix du rachat au montant réel de la somme due. Il est vrai de dire que les lois sur le rachat et l'aliénation des rentes n'étaient faites que pour les rentes dont l'état était seul propriétaire. Or, l'état n'était pas propriétaire de rentes dues aux ascendants d'émigrés ; et s'il faut convenir que le partage de présuccession ouvert par la déclaration donnait à l'état un droit dans les biens de l'ascendant, ce n'était qu'un droit d'indivis. Le rachat ou la demande en transfert, qui se payait en ordonnances des ministres, pouvait-il s'appliquer à la part des copropriétaires? Ne fallait-il pas une valeur que l'état pût rendre aux copropriétaires? Et ne résultait-il pas de là que la rente pouvait se rembourser, et non devenir l'objet d'un rachat ou d'un transfert : cela n'était-il pas d'autant plus vrai, dans l'espèce, que les actes administratifs provoqués par le débiteur lui-même n'autorisaient qu'un remboursement?

---

maire an 2 ; — Arr. des 7 pluviôse an 9, — 23 germinal, 20, 25 thermidor an 11, — 29 vendémiaire an 12 ; — Décr. des 30 thermidor an 12, — 19, 23 ventôse an 13, — 10 brumaire an 14, — 11 juin 1806, — 23 avril 1807, — 7 mars 1808, — 15 septembre 1810.

Quoiqu'il en soit, la libération était tellement favorable que, dût même l'état en être lésé, et pour ne pas porter atteinte à une chose consommée, on assimilait le rachat à un remboursement, et on le déclarait valable. (1)

TROISIÈME QUESTION. — *Si un décret impérial avait annulé un partage de présuccession par lequel une rente avait été, au préjudice de l'état, mise dans le lot de l'émigré, et si, antérieurement à la connaissance du décret qui rétablissait le domaine dans son droit, un débiteur avait remboursé cette rente, si enfin une quittance notariée faisait foi de la date, le remboursement était-il valable ?*

Il y avait chose consommée avant la notification du décret. L'intérêt des tiers de bonne foi l'emportait sur l'intérêt fiscal. Le versement était libératoire à l'égard du débiteur. (2)

§ III.

DES REMBOURSEMENTS A L'ÉGARD DES COMMUNES.

PREMIÈRE QUESTION. — *Les rachats de rentes emphytéotiques dues à des communes, effectués par les débiteurs dans les caisses de l'état, pendant la mainmise nationale, et autorisés par les corps administratifs, étaient-ils libératoires ?*

La loi du 29 décembre 1790 permettait le rachat des

---

(1) Décr. du 18 août 1807.
(2) Décr. du 11 juin 1806.

I. 25

rentes procédant de baux emphytéotiques à perpétuité.

Mais n'y avait-il pas lieu à distinguer?

Le contrat emphytéotique est celui qui ne laisse aucune ouverture au retour, soit déterminé, soit incertain et éventuel, du bien emphytéosé, dans les mains du propriétaire. Il ressemble alors au bail à rente perpétuelle; mais le bail emphytéotique, qui conserve au bailleur, dans le cas de mutation par vente, un droit de préférence, en vertu duquel il peut rentrer dans la jouissance du fonds, moyennant le remboursement du prix de la vente, n'est pas de la nature des baux à durée illimitée. C'est un bail à longues années, qui ne transfère qu'une propriété précaire, et dont la redevance n'est pas susceptible d'être rachetée, d'après le principe que celui qui n'a pas acquis incommutablement la propriété foncière ne peut la rédimer.

Mais on répondait que les clauses insérées dans le bail pouvaient attribuer à la rente un caractère foncier; qu'il y avait lieu, par conséquent, d'appliquer l'avis du conseil d'état du 5 nivôse an 12, qui permettait ces sortes de rachats; enfin, que, dans le doute sur la nature de la rente, on devait pencher pour la libération.

C'est dans ce dernier sens que la question a été résolue par décret du 25 pluviôse an 13.

Deuxième question. — *Le remboursement de rentes dues à des communes, fait à l'état, dans l'intervalle de la loi du 24 août 1793 à celle du 2 prairial an 5, était-il nul?*

On objectait que, si l'état n'avait pas acquitté les dettes

de la commune , ou si elle n'en avait point , la rente
due à la commune n'avait pu , aux termes de la loi , devenir propriété nationale ; qu'ainsi, le rachat de cette rente
fait entre les mains du domaine était nul.

Mais le conseil d'état, contre l'avis du ministre des finances, pensa différemment, attendu « que les motifs qui
« ont déterminé le législateur à valider , par la loi du 2
« prairial an 5, les aliénations des biens des communes,
« faites au profit de l'état, en exécution des art. 82, 91 et
« 92 de la loi du 24 août 1793 , sans distinguer si les
« communes dépossédées étaient ou non grevées de dettes,
« ne permettent pas d'invalider les remboursements de
« rentes dues aux communes, effectués dans les caisses pu-
« bliques, dans l'intervalle qui s'est écoulé entre la loi du
« 24 août 1793 et celle du 2 prairial an 5. (1) »

§ IV.

DES REMBOURSEMENTS A L'ÉGARD DES CONDAMNÉS A MORT.

PREMIÈRE QUESTION. — *Un débiteur pouvait-il rembourser un capital entre les mains de l'état pendant la
contumace de son créancier, condamné à mort, et dont
les biens avaient été confisqués?*

S'il y avait confiscation en vertu du jugement, l'état
pouvait aliéner, et *a fortiori* recevoir le paiement d'un capital.

Au cas de simple séquestre, l'état représentait le contu-

---

(1) Arr. du 5 nivôse an 12.

max; il ne pouvait refuser de consentir à la libération de son débiteur. (1)

Deuxième question. — *Le paiement fait dans la caisse du district, avant la loi du 14 floréal an 3, de deux sommes dues, l'une à la succession, l'autre à la veuve d'un créancier, par le débiteur de cette veuve, condamnée à mort, était-il valable?*

Quant à la somme due à la succession, le versement était nul comme étant fait *super non domino :* car la somme appartenait aux héritiers non prévenus d'émigration, sauf restitution au débiteur, par l'état, de la somme indûment versée.

Quant à la somme appartenant à la veuve condamnée à mort, on disait que, si la loi du 5o ventôse an 3 défendait d'aliéner les biens des condamnés, elle ne prohibait pas les remboursements; que, si l'esprit de la loi semblait les empêcher, sa lettre ne les interdisait pas; qu'ainsi les débiteurs avaient le droit de se libérer; tant que le séquestre subsistait, ils ne pouvaient reconnaître que l'état, qui gérait et administrait; il suffisait d'ailleurs que le versement fût antérieur à la loi du 14 floréal an 3, qui avait ordonné la restitution des biens des condamnés. En vain eût-on objecté que la loi du 26 frimaire an 2 voulait qu'on remboursât aux seuls agents du domaine : car la loi n'attachait pas à l'inobservation de cette forme la peine de nullité. La caisse du district était aussi une caisse nationale; les fonds

____

(1) Arr. du 15 germinal an 11; — Décr. des 9 messidor an 13, —23 avril 1807.

qu'on y déposait se reversaient comme les autres au trésor
public.

C'est dans le sens de cette distinction que le conseil
d'état a statué, par décrets des 23 janvier et 19 avril 1806,
et par le motif « 1° que le paiement de ces sommes, ap-
« partenant au père, et après son décès à ses enfants, ne
« pouvait pas être fait au domaine, qui ne représentait que
« la veuve du créancier;

« 2° Qu'à l'égard de la somme due à la succession de la
« veuve, le versement en ayant été fait dans une caisse na-
« tionale, pendant l'existence du séquestre et lorsque rien
« n'avait ôté au débiteur la faculté de se libérer, ce verse-
« ment était valable, dans quelque caisse nationale qu'il
« eût été fait ».

TROISIÈME QUESTION. — *Le remboursement d'un capital
d'emprunt, effectué entre les mains du domaine, du
chef d'un condamné à mort, était-il valable, quoique
le paiement eût été faussement qualifié d'une rente,
qu'il n'eût pas eu lieu au domicile du créancier, qu'il
eût été fait par anticipation à l'état, et non à la
veuve ni aux enfants?*

1° L'intention de la loi était de favoriser les libérations:
il suffisait donc que les déclarations et les paiements se fissent au lieu du domicile, non du créancier, mais du débiteur.

La qualification de la nature de la dette était sans im-
portance; au surplus, si l'on pouvait rembourser un capital aliéné, à plus forte raison, un capital non aliéné.

3° L'anticipation est le droit du débiteur, quoiqu'il y ait terme, surtout s'il n'y a pas de clause prohibitive.

4° Si le paiement avait été fait avant les lois de restitution, l'état avait reçu comme administrateur.

5° Quant à la veuve, elle aurait dû, tout au moins, faire signifier au créancier qu'elle voulait être appelée à la liquidation, et réclamer dans le capital remboursé les droits résultant de ses conventions matrimoniales : le remboursement était donc libératoire de son chef, sauf restitution par l'état, après liquidation;

6° Quant aux enfants, les biens et droits de leur père ayant été confisqués, ils n'étaient pas ses héritiers : ils devaient être repoussés par l'exception du défaut de qualité. (1)

Quatrième question. — *Les versements de capitaux d'emprunt dus à un condamné à mort, inscrit avant sa condamnation, et faits depuis cette condamnation, et après la loi du 21 prairial an 3, étaient-ils libératoires?*

Dans ce cas, y avait-il lieu, par le domaine, de restituer les sommes versées dans ses caisses aux héritiers amnistiés du condamné?

Voici les raisons de douter en faveur du créancier :

1° Les versements faits postérieurement à la loi du 21 prairial an 3, qui restituait les biens des condamnés, étaient nuls.

---

(1) Décr. du 3 juillet 1806.

2° Il y avait prohibition de payer par anticipation.

3° Il n'y avait pas eu de liquidation préalable.

Voici les raisons de décider en faveur des débiteurs :

1° La loi du 21 prairial an 3 avait éteint la confiscation pour condamnation : dès lors, le domaine n'était plus propriétaire des biens du condamné ; les sommes versées ne lui appartenaient plus. Toutefois, le domaine avait conservé l'administration des biens ; l'existence du séquestre se perpétuait dans la représentation des créanciers ; l'état était obligé de stipuler pour eux, vis-à-vis de leurs débiteurs : conséquemment, ceux-ci ne pouvaient s'adresser qu'au domaine, et payer que dans sa caisse ; la saisine nationale, quelle qu'en fût la cause, indiquait au débiteur quel était le créancier ou le substitué qui avait qualité pour recevoir.

2° Quant à l'anticipation, si le créancier avait joui de l'avantage de se faire payer avant le terme fixé, le débiteur avait pu encore mieux user de la faculté d'avancer sa libération, parce que c'était un bénéfice qui lui appartenait, le délai étant toujours présumé dans l'intérêt du débiteur ; d'ailleurs, la clause était sans bénéfice pour le gouvernement : la loi fiscale et révolutionnaire méconnaissait toutes les stipulations qui éloignaient le recouvrement des dettes, et en prescrivait la prompte rentrée, nonobstant leur inexigibilité, si le débiteur y consentait.

3° Quant au défaut de liquidation, elle n'était requise que pour les rentes foncières, et non pour les capitaux déterminés ; d'ailleurs, il n'y avait pas de nullité légalement attachée au défaut de liquidation préalable.

4° Si les héritiers avaient été eux-mêmes prévenus d'émigration, le sénatus-consulte leur défendait d'attaquer les opérations faites pendant leur absence;

5° Il suffisait qu'il y eût eu inscription, sans radiation depuis la condamnation, et qu'un acte administratif eût prononcé sur le matériel de l'inscription, pour que les sommes versées fussent acquises irrévocablement à l'état.

C'est dans ce sens qu'il a été prononcé par décret du 8 juillet 1807, dont les motifs sont :

« Qu'indépendamment de la condamnation révolution-
« naire du créancier, il avait été mis en prévention d'émi-
« gration, et n'en a été relevé que par une décision du mi-
« nistre de la police générale ».

§ V.

DES REMBOURSEMENTS A L'ÉGARD DES COPROPRIÉTAIRES INDIVIS.

PREMIÈRE QUESTION. — *Les remboursements de rentes foncières indivises avec l'état pouvaient-ils être opérés intégralement dans les caisses du trésor, depuis la loi du 1er floréal an 3.*

Voici l'objection :

Aux termes de l'article 99 de la loi du 1er floréal an 3, le domaine ne devait recevoir que sa portion afférente; les indivisaires, d'ailleurs, devaient être appelés au rembourse-ment.

Voici la réponse :

1° Le séquestre frappait la totalité de la rente indivise.

2° Il faut distinguer :

Si le partage avait spécialisé la portion de l'état, il ne pouvait recevoir que ce que le partage lui attribuait.

Si le partage n'était pas consommé, l'indivision subsistait ; le séquestre l'atteignait dans toutes ses parties ; le dépôt devait être fait dans les caisses communes. La libération dans toute sa latitude n'était pas interdite.

3° La loi n'imposait pas au débiteur le devoir d'appeler les copropriétaires indivis. Si l'administration ne l'avait pas fait, il pouvait y avoir responsabilité de l'état vis-à-vis des copropriétaires; mais il y avait libération du débiteur vis-à-vis de l'état : donc le remboursement était valide. (1)

DEUXIÈME QUESTION. — *Les remboursements de rentes indivises, faits pendant la loi suspensive du 25 thermidor an 3, étaient-ils nuls?*

La décision du ministre des finances du 28 thermidor an 8 déclarait la loi suspensive non applicable aux paiements faits à l'état.

Le remboursement était libératoire, sauf la liquidation ultérieure à faire par le préfet, et sauf à l'héritier régnicole à répéter sa part du remboursement, en la forme prescrite par l'art. 2 de la loi du 24 frimaire an 6. (2)

TROISIÈME QUESTION.— *Les remboursements de la portion afférente dans le prix des ventes consommées sous l'empire de la loi du 13 novembre 1795, aux copropriétaires indivis avec l'état, étaient-ils libératoires*

---

(1) Arr. du 6 ventôse an 11 ; — Décr. des 9 frimaire , 50 thermidor, 8 fructidor an 13 , — 25 février, 20 novembre 1806.

(2) Arr. du 29 thermidor an 11.

s'ils avaient été faits dans les caisses du domaine, soit avant, soit après la loi du 1er floréal an 5 ?

La loi du 13 septembre 1793 (art. 8) ne s'exprimait pas sur le mode de paiement; on ne savait pas, d'après cette loi, si le débiteur devait payer directement au copropriétaire, ou par l'intermédiaire des receveurs du domaine qui auraient reçu la part afférente. La loi du 1er floréal an 5 a levé ces doutes. Les art. 106, 107 et 108 s'appliquaient aux ventes futures. Le prix devait être payé, moitié au domaine, moitié directement au copropriétaire.

L'art. 109 s'appliquait aux ventes déjà consommées. C'est par les mains du receveur des domaines que les copropriétaires recevaient leur portion. (1)

QUATRIÈME QUESTION. — *Le remboursement d'une créance mobilière indivise a-t-il pu être fait en l'an 4, après le partage?*

Nul doute d'abord que les créances mobilières ne soient, comme les immeubles, susceptibles d'indivision. Tout ce ce qui fait partie d'une succession est nécessairement indivis jusqu'au partage. Il pouvait arriver que la totalité de la créance mobilière tombât dans le lot d'un copartageant, et que ce copartageant fût l'état; de plus, le séquestre, frappant l'un des émigrés, atteignait la totalité de la succession.

Mais en était-il de même lorsque la succession était divisée et qu'il y avait eu partage? Il faut distinguer : l'indivis subsistait à l'égard du débiteur, tant qu'il ne lui avait

---

(1) Arr. du 5 nivôse an 12.

pas été fait de notification légale du partage, qui l'eût alors constitué de mauvaise foi. Par conséquent, le fait de la consommation du partage n'invalidait pas toujours le versement, sauf aux régnicoles à requérir la liquidation de la portion qu'ils justifieraient leur appartenir dans le prix de vente versé au trésor. (1)

CINQUIÈME QUESTION.— *Le remboursement d'une rente fait au mois de thermidor an 4 était-il nul, parce qu'elle appartenait indivisément à la femme de l'émigré pour son douaire, à ses enfants, pour leur tiers coutumier, à sa mère, pour ses reprises de succession, à ses sœurs, pour le paiement de leur dot?*

L'insuffisance des paiements était-elle un motif de nullité?

La circonstance qu'à l'époque du rachat, la femme de l'émigré était envoyée en jouissance provisoire des biens de son mari, invalidait-elle le remboursement?

On répondait, sur la première partie de la question, que les lois favorisaient la libération des débiteurs; qu'ainsi, le rachat de la rente indivise était légal, sauf distribution ultérieure des parts afférentes, s'il y avait lieu, aux copropriétaires régnicoles;

Sur la seconde partie de la question, que le liquidateur était celui-là même qui avait droit de recevoir; qu'au surplus, il ne s'agissait que d'ordonner une liquidation supplémentaire;

Sur la troisième partie de la question, que le droit sur

----

(1) Arr. du 3o thermidor an 11.

le capital était indépendant de la jouissance des intérêts, que ce droit était resté dans les mains de l'état, qui représentait le créancier; que la jouissance provisoire de la femme ne lui donnait action que relativement aux revenus; qu'elle n'en avait aucune relativement à la disposition des fonds ou capitaux, et que les débiteurs ne pouvaient connaître que l'état. (1)

SIXIÈME QUESTION. — *L'acquéreur, en brumaire an 3, avait-il pu verser dans les caisses du domaine le prix de la portion à laquelle les copropriétaires indivis avaient droit dans les biens meubles, nonobstant la clause des procès verbaux d'adjudication, qui obligeaient l'acquéreur à payer cette portion directement auxdits propriétaires?*

Il faut distinguer :

Si la liquidation était faite, et que les copropriétaires l'eussent notifiée à l'acquéreur avant la loi du 1ᵉʳ floréal an 3, le paiement de la portion à eux afférente aurait dû être fait dans leurs mains. Cette marche était conforme à l'art. 8 de la loi du 13 septembre 1793. Mais l'art. 109 de la loi du 1ᵉʳ floréal an 3 n'imposait plus cette obligation pour les ventes antérieures : c'était au receveur des domaines à s'acquitter. D'ailleurs, l'art. 130, ayant abrogé toutes dispositions contraires, avait implicitement rapporté la loi du 13 septembre 1793. Il en résultait que le paiement était valable. (2)

____

(1) Décr. du 2 complémentaire an 12.
(2) Décr. du 17 nivôse an 13.

Septième question.— *Si le remboursement de la portion afférente au copropriétaire avait été fait, après des offres aux créanciers, par voie de consignation dans les caisses du domaine, postérieurement à la loi du 1ᵉʳ floréal an 3, était-il valable?*

Si le dépôt avait été fait après la loi du 1ᵉʳ floréal an 3, c'était dans une caisse publique, et le receveur était chargé d'acquitter la portion des copropriétaires. Or, il fallait bien qu'il la reçût pour la leur remettre.

En matière civile, et sur le refus des offres, on consigne par autorisation de justice. Mais ici, et en matière de ventes nationales, tout était faveur pour les acquéreurs; on ne leur imposait pas l'obligation d'une autorisation préalable des corps administratifs. Le simple versement au domaine les libérait : la loi était précise. (1)

Huitième question. — *Le copropriétaire, par indivis, d'une rente qui, avant le versement, avait signifié au débiteur son opposition au versement, pouvait-il le faire déclarer nul en ce qui le concernait proportionnellement?*

1° Quant à l'indivision, si la rente appartenait à une succession dont plusieurs héritiers étaient émigrés, le séquestre, qui englobait confusément les droits de tous les copropriétaires par indivis, autorisait le remboursement intégral.

2° Quant à l'obstacle de la signification, on l'écartait, si, d'une part, les arrêtés d'autorisation pour se libérer

---

(1) Décr. du 10 mars 1807.

étaient antérieurs, et si, d'autre part, le copropriétaire s'était opposé seulement à ce qu'on payât les arrérages de la rente en valeurs dépréciées : car le débiteur n'avait fait qu'exécuter simplement des arrêtés émanés de personnes qui avaient capacité pour autoriser le versement, liquider le montant et approuver la nature des valeurs versées.

3° Quant à la dépréciation du papier-monnaie, tant qu'il a été la monnaie de l'état, il a pu être versé dans ses caisses.

4° Quant à la division de la rente avant tout arrêté d'autorisation, des actes de partages privés, inconnus du débiteur, ne pouvaient paralyser l'effet du séquestre.

Le copropriétaire pouvait répéter de l'état la portion à lui afférente dans le prix versé; mais s'il avait laissé expirer les délais, son action était frappée de déchéance. (1)

NEUVIÈME QUESTION. — *Lorsqu'une terre avait été aliénée par un individu depuis émigré, avec la clause que l'acquéreur garderait entre ses mains un capital, pour sûreté du douaire de la femme et du tiers coutumier des enfants du vendeur, le remboursement de ce capital, fait au domaine pendant l'émigration du vendeur, était-il libératoire?*

La clause dont il s'agit ne dessaisissait pas le vendeur et ne transférait pas la propriété à la femme et aux enfants. C'était une précaution prise pour le moment où le droit s'ouvrirait.

La copropriété des enfants avec le père n'était que fic-

---

(1) Décr. 28 octobre 1808.

tive : elle était une assurance contre les aliénations. Elle n'empêchait pas le père de disposer sans le consentement de ses enfants. Il avait vendu comme seul propriétaire : c'était donc sur lui seul, comme émigré, que la propriété reposait lorsqu'elle avait été confisquée.

Quant au douaire, les lois sur l'émigration n'autorisaient pas l'exercice de ce droit. Il n'était pas un obstacle à la vente des biens, et *a fortiori* au remboursement. Quoique séparée avant la révolution, la femme n'avait d'action, relativement aux gains de survie, que par la mort de son mari. (1)

Quant aux enfants, le tiers coutumier avait été supprimé par la loi du 17 nivôse an 2. (2)

Le remboursement était donc libératoire, même s'il y avait eu cession de biens à des créanciers du vendeur, car la question ici ne concernait que la femme et les enfants. (3)

DIXIÈME QUESTION. — *Y avait-il lieu d'annuler le remboursement, fait en prairial an 3, d'un capital indivis entre les régnicoles et le gouvernement, représentant un émigré ?*

On opposait en faveur du créancier les art. 95 et 96 de la loi du 1ᵉʳ floréal an 3; on ajoutait qu'on devait attendre, avant de verser, l'expiration du délai de cinq années ; que

---

(1) *V.* tit. 1ᵉʳ, sect. 10, *des Droits des femmes.*
(2) *V.* tit. 1ᵉʳ, sect. 9, *du Tiers coutumier.*
(3) Décr. du 10 février 1806.

d'ailleurs il fallait, d'après l'art. 112, qu'il y cût eu une liquidation administrative préalable.

Mais on répondait que l'art. 93 mettait provisoirement les biens indivis sous le séquestre : d'où il suit qu'il fallait payer dans la caisse du séquestre; que l'art. 95 voulait qu'il fût sursis, à la vérité, à toutes ventes, et que l'art. 96 accordait un délai de trois mois aux copropriétaires ou cohéritiers pour provoquer le partage; mais que ces articles ne s'appliquaient pas aux débiteurs des successions.

Nous ajouterons qu'il y avait différence entre l'acte volontaire par lequel le gouvernement s'interdisait de vendre, et l'acte forcé de recevoir un remboursement qu'un tiers qui en avait la faculté voulait exécuter. L'administrateur général, la nation, avait donc qualité pour recevoir, sauf l'exercice ultérieur des droits des intéressés. Enfin, il ne faut pas perdre de vue que l'art. 112 n'était relatif qu'aux créanciers sur les biens indivis, et non aux débiteurs. Quant au défaut d'autorisation, il ne viciait pas le remboursement : il suffisait qu'il fût admissible et complet. S'il était incomplet, c'était le cas d'un versement supplémentaire.

C'est dans ce sens que le conseil d'état a décidé ces diverses questions, et par le motif « qu'il y avait séquestre « à cause de l'émigration d'un des fils; que, dès lors, et jus- « qu'à partage fait et notifié, l'administration était garante « de l'indivis et avait qualité pour recevoir ». (1)

C'est également dans ce sens qu'il a été décidé que le remboursement d'une créance indivise, fait par le débi-

---

(1) Décr. du 21 août 1806.

teur, à raison et depuis l'émigration de l'un des associés d'une maison de commerce, était libératoire, et qu'il importait peu que le dépôt eût été versé dans la caisse du domaine, au lieu de l'être dans celle du receveur du district, puisque c'était toujours le trésor public qui, en résultat, avait reçu. (1)

Onzième question. — *La loi du budget du 3o ventôse an 9 était-elle applicable aux sommes versées à la caisse du domaine avant l'an 7, et provenant du séquestre des biens indivis ?*

Cette loi avait créé des rentes, savoir : à trois pour pour cent pour les sommes dues pour le service des années 5, 6 et 7, à cinq pour cent pour celles de l'an 8.

On douta si, la loi du 3o ventôse an 9 n'ayant parlé que des dettes du service du trésor public, elle pouvait être appliquée aux sommes que la caisse du domaine restituait en numéraire comme les ayant touchées pour le compte d'autrui. En effet, les sommes versées par suite de séquestre pour indivision de biens d'absents, ou tombés en déshérence, n'étaient touchées par les caisses publiques qu'à titre de dépôt ; elles n'étaient perçues que pour être rendues, et elles étaient conséquemment restituables dans les mêmes valeurs qu'elles avaient été versées.

Mais le ministre des finances décida que la prohibition de paiement était générale et absolue, et que, pour toute restitution effective de deniers à faire par le trésor public, il y avait lieu à l'application de la loi du 3o ventôse an 9,

____

(1) Décr. du 10 prairial an 13.

<table>
<tr><td>I.</td><td style="text-align:right">24</td></tr>
</table>

et cette décision fut confirmée par deux décrets des 4 août
1806 et 25 mars 1809, portant « que ladite loi s'appli-
« que à toutes les sommes provenant de séquestre, soit de
« biens indivis, soit de biens d'absents, ou de succession
« vacante, même de tous dépôts ». (1)

§ VI.

DES REMBOURSEMENTS A L'ÉGARD DES ÉMIGRÉS.

PREMIÈRE QUESTION. — *Les remboursements faits à
l'état, au nom et pour le compte des émigrés, pendant
la confiscation, étaient-ils libératoires?*

La loi du 28 août 1792 et celle du 25 juillet 1793, art.
11, obligeaient tout débiteur d'émigré à se libérer dans les
caisses de l'état, et les articles 40 et 43 de la loi du 28 mars
1793 annulaient toute cession ou transport de sommes
ou créances faits depuis le 9 février 1792, ou par actes antérieurs, mais non authentiques.

Il suit de là que l'état représentait les émigrés; que tout
remboursement de rentes, ou capitaux d'emprunt ou, billets
à ordre, versés dans les caisses de l'état, avait déchargé le
débiteur; que le débiteur n'était pas tenu de faire rectifier
les erreurs et irrégularités d'inscriptions commises sur les
listes; que l'existence des inscriptions suffisait à sa libération; que, quels que fussent d'ailleurs les vices de forme,

----

(1) Nous ajouterons que le domaine ne devait restitution,
par ses caisses, que des versements faits depuis le 1er vendémiaire an 9.

l'article 16 du sénatus-consulte du 6 floréal an 10 défendait à l'émigré rayé, éliminé, amnistié, ou à ses héritiers ou ayant-cause, de revenir sur de tels actes. (1)

DEUXIÈME QUESTION. — *Le remboursement d'un prix de vente dû à un émigré a-t-il pu être fait par l'acqué- reur dans les caisses de l'état, après l'émigration du vendeur?*
Était-il libératoire, soit vis-à-vis de l'émigré, soit vis-à- vis des créanciers hypothécaires de celui-ci?

La question est complexe; dégageons-la:

1° A l'égard de l'émigré, il était représenté par l'état; le défaut de liquidation de la rente ou somme due et de ses arrérages n'invalidait pas le remboursement opéré pendant le séquestre; il était libératoire. L'article 16 du sénatus= consulte du 6 floréal an 10 s'opposait à toute répétition de la part de l'émigré.

2° A l'égard du créancier hypothécaire, on pouvait, pour l'écarter, invoquer l'application de l'article 16 de la loi du 3 juin 1793, qui ordonnait la vente des biens des émi- grés, avec affranchissement d'hypothèques, et qui char- geait l'état de l'acquittement des dettes après liquidation.

Il suit de là que, si l'administration avait la faculté de vendre l'immeuble d'un émigré, franc et quitte de toute hy-

______

(1) Arr. des 4 prairial, 28 fructidor an 11, — 11 bru- maire, 17 nivôse an 12; —Décr. des 27 octobre 1806, — 25 janvier 1807, — 7 février, 21 octobre 1809.

V. Questions de droit administratif, tom. 2, p. 583 et suiv.

pothèque, elle avait celle de recevoir, nonobstant toute hypothèque, l'entier prix d'un immeuble vendu par l'émigré. Dès que l'état se chargeait de toutes les dettes, il en garantissait le paiement, et dès lors, l'hypothèque d'un tiers ne pouvait plus faire obstacle au recouvrement des sommes dues à l'émigré. En un mot, quand l'état dégageait de toute action hypothécaire l'individu à qui il vendait, il ne pouvait pas y laisser assujetti l'individu de qui il recevait le prix de la vente.

De plus, les articles 11, 16 et 17 de la loi du 25 novembre 1792, ordonnaient de payer les sommes dues à des personnes absentes de leur domicile, et ce, nonobstant toutes oppositions des créanciers des émigrés, par conséquent, nonobstant toute hypothèque, qui tenait lieu d'opposition vis-à-vis du détenteur de l'immeuble, et dont la toute-puissance de la loi l'affranchissait.

La libération, en résumé, était valable par ces trois motifs réunis : 1° que tous les créanciers des émigrés étaient déclarés créanciers de l'état; 2° que les biens des émigrés devaient être vendus francs et quittes de toute hypothèque; 3° que tous débiteurs, sans exception, étaient tenus, nonobstant opposition, de se libérer dans la caisse nationale. (1)

TROISIÈME QUESTION. — *La délégation faite à un tiers régnicole, pour sûreté de ses propres créanciers, par un créancier depuis émigré, et acceptée par le débiteur,*

---

(1) Décr. du 25 vendémiaire an 13.

pouvait-elle empêcher celui-ci de rembourser la rente
à l'état?

La raison de décider se tire de ce que les créanciers de l'é-
migré étaient devenus ceux de l'état : dès lors, ils avaient
dû se faire liquider par l'état ; dès lors, toute délégation
cessait, qu'elle eût ou non pour but d'assurer le remplacement en biens-fonds des sommes remboursées, au profit des
sœurs de l'émigré.

C'est ainsi qu'il a été jugé par décret du 25 novembre
1806, dont voici les motifs :

« Considérant que, par l'émigration du sieur *** et par
« l'effet des lois relatives aux émigrés, ses créanciers de-
« venaient créanciers de l'état, et ses débiteurs étaient te-
« nus de se libérer envers le trésor public, nonobstant tou-
« tes dispositions conservatoires, dont le séquestre national
« faisait cesser l'effet. »

QUATRIÈME QUESTION. — *Les remboursements de ren-*
tes transférées à des tiers, depuis émigrés, étaient-ils va-
lables à l'égard de ceux-ci?

L'affirmative se tire de ce qu'il importait peu de quel
chef l'état avait reçu, pourvu qu'il eût droit de recevoir. (1)

On agitait même, en 1806, la question de savoir si un
remboursement ne devait pas être validé, comme on aurait validé une vente, encore que le propriétaire, soit du
bien, soit de la rente, ne fût pas émigré.

---

(1) Décr. du 24 frimaire an 14.

Mais cette opinion tombait devant l'article 94 de la constitution de l'an 8, qui ne maintenait que les ventes du bien d'autrui. Cette exception était déjà assez monstrueuse pour qu'on ne l'étendît pas.

CINQUIÈME QUESTION. — *Le remboursement d'une rente était-il valable nonobstant la cession antérieure à un tiers ?*
Qu'est-ce qui constituait la prévention d'émigration ?

I. Pour obtenir la saisine d'une créance, il faut justifier de la notification du transport au débiteur : jusque là, l'ancien créancier restait investi. Ainsi, dans l'espèce, le gouvernement, subrogé aux droits de l'ancien créancier émigré, le représentait vis-à-vis du tiers débiteur, et avait seul capacité pour recevoir.

II. La prévention d'émigration s'établissait :

1° Par l'injonction faite aux municipalités d'apposer le séquestre;

2° Par l'injonction faite, par le directoire de district, aux débiteurs de l'émigré, de se libérer, sous les peines portées par les lois;

3° Par la contrainte décernée, par le domaine, contre les mêmes débiteurs, à fin de paiement dans les caisses nationales. (1)

---

(1) Décr. du 25 mars 1807.

V. tit. 1er, sect. 2, *des Caractères généraux de la prévention d'émigration et du séquestre.*

SɪxɪÈᴍᴇ ǫᴜᴇsᴛɪᴏɴ. — *Les remboursements faits après
la radiation des créanciers étaient-ils valables?*

Oui, si le séquestre de fait avait subsisté malgré la radiation, et si le créancier n'avait pas signifié cette radiation
au débiteur. (1)

SᴇᴘᴛɪÈᴍᴇ ǫᴜᴇsᴛɪᴏɴ. — *En thèse, et spécialement en
matière de remboursement, la prévention d'émigration
résultait-elle seulement de l'inscription ou du séquestre?*

La prévention résultait encore de l'arrêté qui considérait le créancier comme émigré, en autorisant le débiteur à
se libérer entre les mains du domaine. L'administration devait garantie à celui qui n'avait agi que par son ordre ou de
son avis, après liquidation et autorisation, sauf à rembourser le créancier indûment désinvesti, si ses agents s'étaient
trompés. (2)

C'est ainsi qu'il résulte d'un décret du 18 août 1807 que
la déclaration de la dette devant la municipalité opérait,
indépendamment de tout séquestre, et avant toute inscription, la saisine nationale; que, par cette déclaration, le débiteur s'était interdit la faculté de payer en d'autres mains
qu'en celles du domaine, et que les arrérages de rentes viagères, courus jusqu'à l'amnistie du créancier, devaient être
répétés par l'état.

---

(1) Arr. du 18 thermidor an 11.

(2) Arr. du mois de thermidor an 11; — Décr. du 6 janvier
1807.

Huitième question. — *Un débiteur rayé provisoire-*
ment a-t-il pu, en l'an 3, verser dans la caisse du do-
maine un capital dû à un émigré?

D'après les dispositions de la loi du 25 brumaire an 3 , il
est certain que la radiation provisoire du nom et la levée
du séquestre conféraient au débiteur la faculté de faire
tous les actes de gestion et d'administration de ses biens : il
avait donc pu les liquider de toutes créances hypothécaires. Le versement ne pouvait d'ailleurs nuire à l'état : car,
dans le cas de rétablissement du séquestre, les propriétés
du débiteur seraient rentrées dans les mains du domaine,
dégagées de toute hypothèque. (1)

Neuvième question. — *Un remboursement fait à l'é-*
tat, au nom d'un émigré, était-il valide et libératoire,
nonobstant la levée du séquestre?

A la vérité, l'état ne représentait plus l'émigré, depuis
la levée du séquestre : il n'avait donc plus de capacité légale pour recevoir à sa place; mais il suffisait, pour que le
débiteur fût libéré, qu'il eût été tenu de verser, tant par
la contrainte des agents du domaine que par la force de la
loi. L'erreur de l'administration ne pouvait lui préjudicier;
sa bonne foi couvrait tout; les radiés avaient d'ailleurs à se
reprocher de n'avoir pas notifié au débiteur, antérieurement au remboursement, la levée du séquestre qu'ils
avaient obtenue. Ce remboursement était donc valide,

______

(1) Décr. des 7 février et 21 octobre 1809.

.auf restitution, de la part de l'état, au radié, s'il y avait lieu. (1)

Dixième question. — *La délégation faite avant l'émigration, par le vendeur, rendait-elle invalide, à l'égard du créancier du vendeur, le paiement de la somme déléguée, fait par l'acquéreur, entre les mains de l'état?*

Il faut distinguer :

Si la délégation avait été acceptée, elle était parfaite : car elle avait renouvelé le créancier, du consentement unanime du délégant, du délégué et du délégataire.

Mais si la délégation n'avait pas été acceptée, elle n'avait que l'effet d'une opposition : elle n'avait donc pu changer le créancier. Or, les lois sur l'émigration avaient affranchi les biens de toute hypothèque et dégagé le débiteur de toute opposition; l'état avait représenté librement l'émigré vendeur; autorisé par l'administration, averti par la menace des lois, frappé de contraintes, saisi dans ses biens, l'acquéreur s'était valablement libéré dans les caisses du domaine. (2)

§ VII.

DES REMBOURSEMENTS A L'ÉGARD DES FEMMES D'ÉMIGRÉS.

Première question. — *Le remboursement fait avant la loi du 1er floréal an 5, durant l'émigration du*

____

(1) Arr. du 5 nivôse an 12.
(2) Arr. du 13 pluviôse an 12.

mari, d'une rente propre à la femme, non émigrée, était-il valable?

La raison de douter vient de ce que, la femme n'étant pas émigrée, l'état n'avait pas eu capacité pour recevoir à sa place, puisqu'il ne la représentait pas.

La raison de décider se tire de ce que le mari pouvait recevoir le remboursemeut d'une rente réputée meuble à son égard, et que l'état, qui le représentait, le pouvait aussi ; que la loi du 1er floréal an 3, qui considérait la communauté comme dissoute à compter du 9 février 1792, ou de l'émigration, si elle était postérieure, avait été rendue après le versement ; que, l'administration, sur la demande du débiteur, ayant décidé qu'il paierait non à la femme, mais au mari, cette autorisation emportait implicitement la garantie de l'état ; qu'il aurait fallu qu'il y eût liquidation de la communauté et remise des propres à la femme, ou tout au moins notification de sa part au débiteur. (1)

DEUXIÈME QUESTION. — *Le remboursement d'une rente foncière propre à une femme mariée sous le régime de la communauté a-t-il pu être fait valablement au trésor, pendant l'émigration du mari?*

La solution de cette question rentre tout-à-fait dans celle qui précède. Les lois des 18 décembre 1790 et 20 août 1792 autorisaient le rachat des rentes foncières. En vain disait-on que le mari était sans capacité pour recevoir : le

---

(1) Décr. du 30 juin 1806.
V. les Questions de droit administratif, tom. 2, p. 585.

mari, comme maître de la communauté, a la faculté de recevoir tous capitaux de rentes, même sans le consentement de la femme, à la différence des aliénations d'immeubles, et ce, dans l'intérêt de la libération des débiteurs, sauf le remploi desdits capitaux.

A la vérité, l'émigration, emportant mort civile, avait dissous la communauté et restitué à la femme sa pleine capacité, et, par conséquent, la jouissance de ses biens personnels. C'est en effet ce qui résulte des articles 55 et 56 de la loi du 1er floréal an 3 ; mais outre l'autorisation légale, il fallait un arrêté spécial de réintégrande, après justification du droit : jusque là, les biens ne pouvaient demeurer sans régisseur, et l'état, au lieu du mari, avait pu recevoir. (1)

§ VIII.

DES REMBOURSEMENTS A L'ÉGARD DES HOSPICES.

QUESTION UNIQUE. — *Les remboursements de créances et rentes foncières et constituées, originairement dues aux pauvres et aux hôpitaux, faits dans les caisses du domaine pendant la mainmise nationale, étaient-ils valables ?*

2° *Devant quelle autorité les contestations relatives à la validité desdits remboursements devaient-elles être portées ?*

3° *Les remboursements faits aux hospices eux-mêmes, en 1793, étaient-ils nuls pour défaut d'autorisation préalable ?*

---

(1) Décr. du 27 septembre 1807.

4° Ceux faits dans les caisses du domaine, après le mois de messidor an 4, étaient-ils valables ?

I. Nul doute que de tels remboursements, s'ils avaient été faits pendant la mainmise nationale, et antérieurment à la loi du 9 fructidor an 3, ne fussent valables et libératoires. (1)

II. Nul doute que ce ne fût aux conseils de préfecture à statuer, puisque la question rentrait dans le contentieux des domaines nationaux.

III. On pouvait objecter que la loi du 5 novembre 1790, en autorisant les corps et communautés, dont la vente des biens était suspendue, à recevoir les capitaux à eux dus, et le rachat de leurs rentes, pour acquitter leurs dettes, exigeait préalablement une autorisation du directoire de département; et qu'ainsi, les remboursements privés de cette formalité étaient nuls.

Mais on répondait, avec avantage, que le gouvernement, par son arrêté du 9 fructidor an 10, avait voulu tarir la source d'une multitude de procès; que, si cet arrêté ne parlait que de versements faits dans les caisses nationales, il n'en était pas moins applicable, et *a fortiori*, aux versements faits dans les caisses des hospices, qui les avaient employés à leurs propres besoins; que les remboursements faits dans les caisses de la régie des domaines, en exécution de la loi du 25 messidor an 2, étaient restés soumis à la même formalité, ce qui ne les empêchait pas d'être valables, aux termes de l'arrêté du 9 fruc-

____

(1) Arr. du gouvernement des 14 fructidor an 10 et 24 ventôse an 12.

tidor an 10, quoiqu'elle n'eût pas été remplie; que, d'ailleurs, l'approbation donnée aux comptes des hospices et établissements de charité, par les autorités surveillantes, avait couvert les irrégularités de ces remboursements.

IV. On pouvait objecter que la loi du 9 fructidor an 3, qui ordonnait de surseoir à l'aliénation des biens des hospices et des pauvres, s'appliquait également à l'extinction de leurs capitaux par voie de remboursement;

Que, d'ailleurs, à partir de la promulgation de cette loi, et notamment de celle du 2 brumaire an 4, qui a rendu aux établissements d'humanité la jouissance provisoire de leurs biens, les mêmes établissements avaient dû jouir du bénéfice des lois des 25 messidor an 3 et 12 frimaire an 4, suspensives des remboursements; qu'en conséquence les capitaux qui leur appartenaient n'avaient pu s'éteindre légalement, par voie de remboursement ou autrement, sans l'adhésion de leurs administrateurs.

Mais les raisons de décider sont qu'un avis du conseil d'état du 23 ventôse an 13 a consacré la validité des remboursements de rentes ou obligations contractées au profit d'établissements de bienfaisance, faits dans les caisses nationales, dans l'intervalle qui s'est écoulé entre les lois des 25 messidor an 3 et 16 vendémiaire an 5;

Que déjà même une circulaire du 17 nivôse an 11 établissait que le conseil d'état avait déclaré valides les remboursements de rentes ou capitaux faits à l'état, savoir, en assignats postérieurement à la loi du 25 messidor an 5, et en mandats après celle du 29 messidor an 4. (1)

______

(1) Décr. des 5 floréal, 10 thermidor an 13, — 24 fri-

§ IX.

DES REMBOURSEMENTS A L'ÉGARD DES PRÊTRES RÉCLUS.

PREMIÈRE QUESTION. — *Le versement fait dans les caisses du domaine, le 4 thermidor an 3, d'un capital d'emprunt dû à un prêtre réclus, mais inscrit sur la liste des émigrés, était-il valable?*

La raison de douter se tirait, en faveur du prêtre créancier :

1° De ce que la loi du 15 messidor an 3, en ordonnant de surseoir à la vente des biens des prêtres réclus et déportés, ordonnait par cela même de surseoir à tout remboursement de créances ;

2° De ce qu'il y avait anticipation de paiement ;

3° De ce qu'il y avait contravention à la loi du 25 messidor an 3, qui avait suspendu toute espèce de remboursement;

4° De ce qu'il n'y avait pas eu de liquidation préalable.

La raison de décider se tirait, en faveur du débiteur:

1° De ce que la loi du 13 messidor an 3 n'était relative qu'aux biens immeubles, et non aux sommes mobilières dues aux prêtres réclus ;

2° De ce que l'anticipation de paiement était un obstacle qui disparaissait devant le consentement du créancier ;

---

maire an 14, — 4 août 1806, — 4 juin 1815 ; — Avis du conseil d'état inédit, du 19 octobre 1813, rapporté dans les *Questions de droit administratif*, tom. 2, p. 586.

5° De ce que la loi du 5 nivôse an 4 avait déclaré que la suspension prononcée par la loi du 25 messidor an 3 n'était pas applicable aux sommes dues au trésor public.

Or, le trésor représentait le prêtre inscrit sur la liste des émigrés, et non encore rayé ni amnistié. Au surplus, qu'il eût été amnistié depuis, peu importe, car le sénatus-consulte défendait d'attaquer les actes faits pendant le séquestre, ni judiciairement, ni administrativement. Or les héritiers n'avaient pas plus de droits à cet égard que leur auteur.

4° De ce que tout débiteur opérait sa libération par le seul fait du paiement du capital et des intérêts de la somme ou rente due. (1)

DEUXIÈME QUESTION. — *Pouvait-on rembourser une rente viagère constituée au profit d'un prêtre réclus dont les biens avaient été confisqués ?*

Les lois anciennes et celles de la révolution ne permettaient que le rachat des rentes foncières perpétuelles, et non le remboursement des rentes viagères. Comment en effet arbitrer le fonds de la rente, puisque les probabilités de la vie sont incertaines ?

Cependant, on considéra, dans l'intérêt de la libération, que les émigrés réintégrés ne pouvaient attaquer aucune des opérations administratives faites pendant le séquestre.

On assimilait aux émigrés les prêtres réclus frappés de

____

(1) Loi du 18 messidor an 5 ; — Circ. du ministre des finances du 14 prairial an 11 ; — Décr. du 11 janvier 1808.

confiscation. C'était donc par le motif politique qu'on se décidait, et non par celui tiré de la loi civile. (1)

§ X.

DES REMBOURSEMENTS A L'ÉGARD DES PROPRIÉTAIRES DE DOMAINES CONGÉABLES.

PREMIÈRE QUESTION. — *Le remboursement fait à l'état, par le domaine, d'une rente convenancière assise sur un domaine congéable, pendant l'émigration du propriétaire du domaine, était-elle valable?*

Les préfets pouvaient-ils, en levant le séquestre des biens invendus, déclarer qu'ils ne comprenaient pas dans cette mainlevée le fonds des domaines convenanciers, dont les rentes avaient été remboursées conformément à la loi du 27 août 1792 ?

Le remboursement avait-il eu pour effet de transférer au domanier la propriété du domaine congéable?

Les tribunaux étaient-ils compétents pour juger cette question, soit entre le domaine et le colon, soit entre celui-ci et l'ancien propriétaire réintégré?

I. Le remboursement était valable en lui-même, et inattaquable d'après l'article 16 du sénatus-consulte du 6 floréal an 10. (2)

II. Si l'état, avant la radiation ou l'amnistie, a agi ou

____

(1) Arr. du gouvernement des 5 frimaire et 8 pluviôse an 11 , rapportés dans les *Questions de droit administratif,* tom. 2 , p. 5o3.

(2) Décr. du 23 mai 18o6.

transigé, tout est consommé entre les parties; mais s'il n'a ni agi ni transigé, son droit passe à l'ancien propriétaire par l'effet de la mainlevée générale du séquestre. Cette mesure n'admet d'exception qu'à l'égard des objets aliénés ou réservés par l'état; l'état était d'ailleurs sans intérêt depuis la réintégration de l'ancien propriétaire.

C'est dans ce sens que dispose un décret, portant « que, « si le gouvernement avait une action à exercer relative- « ment au domaine qui fait l'objet du litige entre le do- « manier et l'amnistié, cette action se trouve, par l'arrêté de « mainlevée, remise, comme elle devait l'être, dans la « main de l'amnistié, pour être portée devant les tribunaux « civils ». (1)

III. Il n'appartenait qu'aux tribunaux de juger si, à raison du remboursement légalement opéré, et d'après les lois des 27 août 1792, 2 prairial an 2 et 9 brumaire an 6, le domanier était ou non propriétaire du domaine sur lequel la rente convenancière reposait. (2)

Par l'ancienne jurisprudence de Bretagne, consacrée par un arrêt du 4 juin 1740, et par le sentiment des auteurs, la distinction et la séparation de la rente convenancière du fonds du convenant étaient admises en droit. Cette jurisprudence avait pour base la coutume de Bretagne, qui porte, chap. 6, art. 2 : « Les domaniers ont les droits conve- « nanciers et réparatoires, ainsi nommés parce qu'ils sont « maîtres des édifices et superfices de leurs tenues, et qu'ils

---

(1) Add. arr. des 25 brumaire an 12 et 4 messidor an 13.

(2) Arr. des 14 nivôse an 11, — 25 brumaire an 12; — Décr. des 4 messidor an 13, — 2 février 1809, — 22 juin 1810.

« sont en possession de disposer desdits droits réparatoires
« comme de leur héritage. — Art. 5. Les domaniers sont en
« possession de partager entre eux leurs tenues, fonds et
« superfices, sans appeler leurs seigneurs fonciers, bien
« est vrai qu'ils ne peuvent diviser la rente du seigneur
« sans son consentement. — Art. 21. Les tenanciers, trou-
« vant leurs tenues trop arrentées et chargées, les peuvent
« déguerpir, en appelant le seigneur foncier pour lui dé-
« clarer judiciellement qu'ils n'entendent plus icelles pro-
« fiter, ni lui payer la rente accoutumée de sa terre, re-
« nonçant à leurs droits convenanciers, moyennant que le
« dernier bail soit fini, et non autrement. »

Les lois de mai et de juin 1791, qui avait changé le sort
des propriétaires fonciers, avaient adopté elles-mêmes la
distinction et la séparation de la rente convenancière du
fonds du convenant. L'art. 1er de celle du 27 août 1792, depuis abrogée par la loi du 9 brumaire an 6, portait « qu'à
« l'avenir, les fonds des convenants appartiendraient aux
« colons, ainsi que leurs droits, conservant néanmoins au
« propriétaire l'ancienne rente convenancière, comme fon-
« cière et remboursable ainsi et en même temps que les
« autres rentes foncières ». Ces remboursements étaient autorisés par l'article 11 en ces termes : « Il sera libre aux ci-
« devant domaniers de racheter leurs redevances ci-devant
« convenancières. » Et l'art. 12 leur prescrivait de continuer,
jusqu'au rachat effectué, à les payer annuellement, comme
par le passé et aux termes ordinaires, en nature de rente
purement foncière. Quant à la loi du 29 brumaire an 6,
elle a abrogé celle du 27 août 1792; elle a ordonné que
celle de 1791 serait exécutée. Les propriétaires fonciers ont

été, par une dernière disposition, maintenus dans la propriété de leurs tenues ; le conseil des cinq-cents avait aussi proposé ce maintien, même pour le cas où les remboursements avaient été effectués par suite de la loi de 1792, en obligeant les propriétaires de restituer le montant du remboursement aux domaniers. Cette partie de la résolution fut séparée ultérieurement de la disposition principale, puis rejetée par le conseil des anciens, le 18 thermidor an 6. (1)

DEUXIÈME QUESTION.— *Les rachats de redevances à portions de fruits, effectués par les détenteurs des biens sur lesquels ces redevances étaient assises, en vertu d'autorisation des corps administratifs pendant la prévention d'émigration des propriétaires des fonds, étaient-ils nuls?*

On invoquait, pour la nullité du remboursement :

1° Qu'il y avait réserve expresse de la propriété dans le contrat, chose inconciliable avec le rachat de la redevance, qui ne pouvait être éteinte qu'en la considérant comme une véritable rente foncière ; que le détenteur ne jouissait pas même comme fermier ordinaire et à temps, à titre de tacite réconduction ;

2° Que, d'après la loi du 9 frimaire an 6, les propriétaires de biens concédés avaient été rétablis dans leurs droits,

---

(1) On peut voir dans le *Moniteur* de l'an 6, page 1295, quel fut le motif du rejet.

Arr. du 25 brumaire an 12.

V. Questions de droit administratif, tom. 2, p. 581.

nonobstant les rachats effectués, dont le montant avait seulement été imputé sur les arrérages échus ;

3° Que les avis du conseil d'état des 4 messidor an 8 et 23 messidor an 10, relatifs aux baux à complant et aux tenues à devoir du tiers et du quart, autorisaient les poursuites en annulation ;

4° Enfin, on disait, sur le défaut de qualité de l'émigré, que sa radiation était antérieure au sénatus-consulte, et à l'arrêté du 29 messidor an 8, et qu'il ne faisait que ce que l'état aurait fait et dû faire si les biens lui fussent restés.

On répondit que l'avis du conseil d'état ne portait inhibition des rachats de cette espèce que pour l'avenir ; que les aliénations antérieurement commencées étaient irrévocables.

C'est ainsi qu'il a été jugé par décret du 30 frimaire an 13.

On peut ajouter à cela que la stipulation d'une portion de fruits ne nécessitait pas la retenue de la propriété, et que l'abandon à perpétuité de la jouissance se rapprochait d'une aliénation complète.

Ce fut sans doute par ces motifs que la convention pensa que ces sortes de redevances pouvaient être rachetées, et que, sur les questions présentées à cet égard par le tribunal du district de Lyon, elle rendit, le 26 prairial an 2, un décret dont voici les dispositions :

« La convention nationale,

« Considérant que, d'après les dispositions des lois des « 18 décembre 1790 et 27 août 1792, sur les baux à loca- « tairie perpétuelle et à domaine congéable, il est impos- « sible de ne pas considérer les baux à culture perpétuelle

« comme soumis au rachat, suivant le mode déterminé par
« la première de ces lois 'pour le rachat des redevances
« ou rentes consistant en quotité de fruits, et que, suivant
« les principes reçus en cette matière, ce rachat ne peut
« être exercé que par celui qui détient et possède réelle-
« ment le bien grevé de la prestation rachetable, consé-
« quemment par le preneur;

« Déclare qu'il n'y a pas lieu à délibérer. »

C'est dans le même sens qu'un décret du 8 nivôse an 13 a validé, en considération de la bonne foi des détenteurs, et sans tirer à conséquence, des rachats de redevances qui n'étaient que des prix de baux temporaires. L'état aurait eu, sans doute, intérêt à aliéner le fonds à l'expiration des baux; mais il y avait chose consommée.

TROISIÈME QUESTION. — *Les domaniers qui avaient exécuté les arrêtés d'annulation de leurs rembourse-ments, par le paiement volontaire et continué des arrérages de la rente convenancière, soit au domaine, soit à l'ancien propriétaire, pouvaient-ils invoquer le bénéfice de la décision générale du 17 nivôse an 11 ?*

La négative ne saurait être douteuse, car la décision du 17 nivôse an 11 ne pouvait, sans effet rétroactif, s'appli-quer aux affaires terminées. La justice s'accordait d'au-tant mieux avec cette solution, que le remboursement au-rait eu pour effet, non seulement de libérer le domanier de la rente, mais encore de le rendre propriétaire du fonds. Ce détriment était plus grave encore si le rayé, sur la foi des arrêtés d'annulation, avait été remis en possession tant des droits fonciers que de la rente convenancière.

C'est dans ce sens qu'il a été prononcé par un décret du 16 frimaire an 14, portant « que le domanier, en payant « les arrérages de la rente convenancière, au lieu de se « pourvoir contre la décision d'annulation du rembourse- « ment, a exécuté cette décision, et ne peut plus ré- « clamer contre ». (1)

---

(1) Arr. du 14 nivôse an 11.

Pour bien saisir et compléter l'intelligence de cette juris-prudence intermédiaire, il sera utile de la conférer avec les arrêts d'application que le conseil d'état a rendus par suite de la loi du 27 avril 1825, et qui viennent d'être recueillis et analysés très diligemment par M. Naylies, secrétaire de la commission d'indemnité, dans son *Code des émigrés*.

FIN DU TOME PREMIER.

www.ingramcontent.com/pod-product-compliance
Lightning Source LLC
LaVergne TN
LVHW050132060726
842524LV00001B/182